*zum Schmökern*

*zum Amüsieren*

*zum Entspannen*

*zum Mitpraktizieren*

*zum Anregungen sammeln*


*und*


*um beherzt den eigenen Weg zu beschreiten !*

Cover
designed by Daniel Kneißler

Die Autorin:
Ute Elisabeth Kneißler, ist Yogalehrerin aus Leidenschaft
und liebt das Wandern.
Nachdem sie viele Jahre im Personal Management der
Automobilindustrie tätig war, begann sie 2008 ihre
2-jährige Ausbildung bei Yoga Vidya zur Yogalehrerin.
Weitere Ausbildungen wie z. B. zur Pilates-Trainerin,
Fachkraft für betriebliches Gesundheitsmanagement,
Ayurveda Gesundheitsberaterin, … reihten sich dazu.
Seit 2010 ist sie „Yogalehrerin aus Leidenschaft", hat ihre
Berufung zum Beruf gemacht und unterrichtet
hauptberuflich.
In Herrenberg führt sie ein großes Yogastudio mit mehre-
ren Yogalehrern und bietet Yoga-Reisen und Retreats an.

© 2022, Ute Elisabeth Kneißler
Herstellung und Verlag: BoD – Books on Demand,
Norderstedt
ISBN: 9783754395431

Ute Elisabeth Kneißler

# Ein Yogi auf dem Jakobsweg

Yogische Reise auf dem Camino del Norte

Ein inspirierender und unterhaltsamer Begleiter
auf dem eigenen spirituellen Weg

mit vielen praktischen Tipps,
Übungen, Meditationen, Impulsen
und leckeren Rezepten

Vorwort von Sukadev Bretz

Leben ist eine Reise vom Begrenzten zum Unbegrenzten, von der Individualität zur Einheit. Leben ist ein Weg zu einem Ziel, zum Göttlichen hin.

Ein Symbol für diese Reise ist die bewusste Pilgerreise. In vielen Religionen gibt es die spirituelle Praxis der Pilgerreise, um für eine Weile aus dem Alltag herausgerissen zu werden, ein einfacheres Leben zu führen, sich für den Moment zu öffnen – und dann an einem Heiligtum, einer Kirche, einem Tempel oder einem anderen heiligen Ort anzukommen.

In früheren Zeiten gehörte es zum Leben vieler Christen, Moslems, Buddhisten und Hindus, mindestens einmal im Leben eine längere, oft monate- oder gar jahrelange Pilgerreise zu Fuß bewusst zu erleben. Heutzutage werden solche heiligen Stätten oft mit Auto, Bus oder gar Flugzeug bereist.

Dabei geht dieses bewusste Aus-dem-Alltag-treten verloren.

Als Gegenbewegung hat sich der „Camino", der Jakobsweg, entwickelt. Immer mehr Menschen gehen diesen Jakobsweg auf der Reise zu ihrem wahren Selbst.

Ute Elisabeth Kneißler, Yoga-Vidya-Yogalehrerin und ernsthafte Aspirantin, beschreibt in diesem Buch „Ein Yogi auf dem Jakobsweg", was sie dazu bewegt hat, welche Erfahrungen sie gemacht hat, welche Einsichten sie gewonnen hat.

Mit ihrem besonderen Schreibstil lässt sie den Leser, die Leserin, ihre Begegnungen, ihre Gefühle miterleben. Manchmal muss sie Entscheidungen treffen, die nicht immer einfach sind.

Wie fast jeder Jakobspilger erlebt sie auch Momente des Schmerzes und des Zweifels. Aber mit Yoga und Meditation bekommt sie immer wieder neue Kraft und Inspiration. Gottesdienste und Erlebnisse in Kirchen sind für sie besondere Höhepunkte auf dem Camino. Und manchmal lässt sie den Leser, die Leserin, teilhaben an tiefen Erfahrungen des Geführtseins, der spirituellen Tiefe, Überlegungen zu Leben und Tod, zu Christentum und christlicher Religionspraxis.

Ute Elisabeth Kneißler möchte mit dem Buch aber nicht einfach nur von sich selbst berichten. Sie möchte inspirieren, Tipps geben. So gibt sie viele Ratschläge für Menschen, die den Jakobsweg selbst gehen wollen.

Besonders wertvoll sind ihre Tipps zu Yoga-Übungen, Ayurveda-Praktiken, Meditationsanleitungen und Achtsamkeitsübungen.

So wird das Buch lebendig, zu einem inspirierenden und unterhaltsamen Begleiter auf dem eigenen spirituellen Weg der Selbstfindung, der Bewusstheit und der Gottessuche.

Bad Meinberg, im Mai 2021

Sukadev Bretz

Gründer und spiritueller Leiter von Yoga Vidya und Autor.

Für alle Yogis und Yoginis,
die auf dem Weg sind
oder sich auf den Weg begeben!

# Inhalt

**Die Specials der Regionen:**

**Workbook – hier geht´s direkt zur Praxis!**

## Endlich - es geht los!
## „Panta rhei – alles fließt"

Kennst du das? Du nimmst ein Projekt in Angriff, aber nichts will so richtig klappen, überall gibt es Hindernisse, jede Menge Gegenwind. Du hast eine riesige Mauer vor dir, boxt dich aber trotzdem durch, kämpfst, rackerst dich ab, brauchst unendlich viel Kraft, um schließlich doch zu scheitern und aufzugeben.

Ein anderes Projekt fließt hingegen mit Leichtigkeit, die guten Ideen sprudeln nur so, von überall bekommst du Unterstützung und dein Plan bringt dir einen Triumph nach dem anderen.

Was in meinem bisherigen Leben reibungslos anlief, wurde meist zu einem erfolgreichen Projekt, alles was „im Fluss" war, war auch gut für mich. Vorhaben hingegen, die schleppend angelaufen sind, waren eher zum Scheitern verurteilt und so manches Hindernis entpuppte sich als knallharte Betonwand, auf die ich ungebremst knallte.

Und wenn es die Yogaphilosophie auch verspricht, vieles konnte ich nur mit sehr viel Optimismus als Einladung zum Wachstum und zur Entwicklung verstehen. Manche Dinge waren einfach nur sch..... .

Von der erfolgreichen HR-Managerin zur alleinerziehenden Sozialhilfeempfängerin. Beziehungsdramen, gesundheitliche Einschnitte, Jobwechsel. Mein Leben war oft wie eine Achterbahn, hoch und tief, hin- und her.

Und während ich immer wieder versuchte, die Auf's und Ab's nach der Geburt meines Sohnes und dem jähen Beziehungsende zu seinem Vater, den Umzug sowie den Verlust der Karriere etwas abzufangen, um nicht im Burnout oder in der Depression zu versinken, lernte ich – eher zufällig – Yoga kennen.

Noch heute bin ich meiner damaligen Yogalehrerin am Bodensee, die inzwischen sicherlich über 90 Jahre alt ist, dankbar, dass sie mich auf den Yoga-Weg geführt und begleitet hat. Sie half mir, mich aus dem Karussell, in dem ich mich unaufhörlich drehte, zu befreien. Dass sie meinen „Zugang" zum tiefen Yogawissen entdeckt und aufgeweckt hat, ihr keine Frage zu viel war.

Ich erinnere mich gerne an ihr freundliches Wesen, an ihre unaufdringliche Art, uns in die Yoga-Philosophie einzuweihen und uns oberschwäbischen Katholiken den Zugang zu einem anderen, höheren Wissen eröffnet hat. Ein Schatz, so groß und reich an wundervollen Gaben – ein Wissen, dass mich seit her jeden Tag aufs Neue in ganz vielen Lebensbereichen unterstützt.

Bei ihr habe ich zum ersten Mal eine „Murti" von Ganesha gesehen, Mantras gechantet und über Texte philosophiert, die heute noch mein Leben in großartiger Weise beeinflussen und mir immer wieder Kraft geben. Fast nebenbei sind meine Beschwerden wie Rückenleiden, Schlafstörungen, Gereiztheit, Überbelastung, Magenprobleme, Migräne, … weshalb ich eigentlich zum Yoga ging, weniger geworden.

Noch heute profitiere ich von ihrem sanften Wesen und ihrem großen Wissen, denn ich möchte meinen Yogaschülern genau das vermitteln, was mir damals so sehr geholfen hat, zurück in ein erfülltes, entspanntes und lebenswertes Leben zu finden und eine komplett andere Einstellung zum Dasein zu entdecken.

Durch diese Einstellung habe ich Menschen in mein Leben eingeladen, die mir gutgetan haben, die mich unterstützt haben, vieles aufzuarbeiten. Ein großes Himmelsgeschenk war eine Heilpraktikerin und Psychotherapeutin, mit der ich in unzähligen Einzelsitzungen mein bisheriges Leben und die bis dahin desaströs verlaufenden Beziehungen aufgearbeitet habe. Immerhin scheine ich mich seit geraumer Zeit (17 Jahren) mit meinem neuen Partner und auch beruflich wieder auf der Kurve nach oben zu bewegen.

Bereits während der (äußerst dürftigen) Planung meiner Reise lief alles optimal – auch wenn oder gerade weil – ich sehr wenig Zeit dazu hatte.

\* \* \*

Vor ein paar Jahren habe ich mir meinen großen Traum vom eigenen Yogastudio erfüllt. 150 m², zentral gelegen in einer Kleinstadt. Drei komplette Monate haben wir renoviert, bis aus dem herunter gewirtschafteten Altbau geschmackvolle und ansprechende Räumlichkeiten wurden. Mit einem super Konzept, einem großartigen Yogalehrerinnenteam und einem breiten Angebot von Ashtanga- über Yin-Yoga bis zum Zumba.

Viele denken „die hat es geschafft" – die macht nur noch Yoga. Doch ganz so entspannt, wie sich das anhört, ist es bei Weitem nicht – 25 Yogakurse pro Woche zu unterrichten kann auch ziemlich anstrengend sein.

Denn auch die komplette Organisation hängt an mir, die ganze Verwaltung, die Buchhaltung, die Korrespondenz mit den Krankenkassen, Abrechnung, Werbung, Einkauf, Raumpflege, … bis hin zur Programmierung der Homepage. Eine Bürokraft einzustellen wäre schlichtweg zu teuer.

Dann gibt es noch meinen Lebensabschnittsgefährten (den ich im Buch einfach „Mann" nenne), meinen Sohn, die beiden Söhne meines Mannes, zwei Katzen, Haus und Hof. Der ganz normale Wahnsinn. Und oft zum „Davonrennen".

Auf dem Camino möchte ich alles auf mich zukommen lassen, einfach laufen, Schritt für Schritt und so wenig wie möglich organisieren. Und da ich nicht abschätzen kann, wie viele Kilometer am Tag mit meinen kaputten Knien machbar sind, wie ich in den Herbergen schlafen kann und wie sehr mich die Hitze und meine Lebensmittelallergien plagen, kann und will ich auch nicht wirklich planen. Trainiert habe ich ehrlich gesagt auch nur drei Tage in den Bergen und nur mit leichtem Gepäck.

Aber Yogis planen ja eh nicht so viel, vertrauen eher darauf, dass alles was kommt gut für einen ist. Nur der Startpunkt (Bilbao) und das Ziel (Santiago) sind klar. Auch das erste Zimmer in Bilbao möchte ich buchen und dann soll sich alles so ergeben.

In meinen letzten Yogastunden hat es sich langsam herumgesprochen, dass ich mich auf den Camino wage. Viele staunende Gesichter, unterschiedliche Meinungen. „Dass du dich das traust, so ganz alleine!", „Da würde mir echt der Mut fehlen!", „Hältst du das auch durch?", „Klasse, ich bewundere dich!", „Das wird bestimmt toll und du bekommst viele Eindrücke!", „Ihhh … bring nur keine Bettwanzen mit!", „Wie kannst du nur?", und … und … und …

Von Kerstin und Harald, zwei meiner Yogaschüler, bekomme ich eine große Jakobsmuschel mit den Worten „Wir wollten auch immer auf den Jakobsweg – jetzt kommt wenigstens unsere Muschel dahin" geschenkt. Andächtig nähe ich sie an meinen Rucksack.

Wolfgang, der jedes Jahr auf einem anderen Pilgerpfad unterwegs ist, versorgt mich mit einem grünen Regencape, das so groß ist wie ein Zweimannzelt und einem kleinen Spanisch-Wörterbuch.

Ich mag es, bei unserem Sommerfest in meinem Studio, der „Yogalounge Herrenberg", mit den Erzählungen zu meiner bevorstehenden Reise der Mittelpunkt zu sein. Erzähle leidenschaftlich von meinem geplanten Abenteuer. Doch, sollte ich als Yogi nicht lieber Vairagya üben? Die Verhaftungslosigkeit, Leidenschaftslosigkeit? Darf ich als Yogi überhaupt an etwas anhaften? Und was suche ich? Wirklich Shubheccha, die Wahrheit? Das uneingeschränkte Interesse meiner Yogaschüler schmeichelt mir trotzdem. Zumindest ein wenig.

Gut gemeinte Ratschläge häufen sich: „Mein Mann ist auch schon auf dem Jakobsweg gewesen. Nimm leichte Schuhe mit!", „Vergiss die Sonnencreme nicht!", „Hast du genug trainiert?", „Pass auf, dass du dir keine Bettwanzen holst!" „Du musst unbedingt einen WhatsApp Verteiler für uns machen" und „Du kannst mich doch nicht 4 Wochen alleine hier zurücklassen".

Moni aus meiner Yogabalance Gruppe ist gleich total begeistert. Sie kennt eine Familie in Bilbao und diese vermieten Zimmer – Bingo. Prompt ruft sie bei ihren Bekannten in Bilbao an. Zwar ist die Ferienwohnung belegt, doch dank Monis Connections kann ich bei der Familie privat schlafen, im Zimmer der in Deutschland studierenden Tochter. Wie geil ist das denn?

Moni stellt unbürokratisch den Kontakt her und sogleich gibt es die WhatsApp-Gruppe „Trip Bilbao". Arrate, die Tochter von Monis spanischen Bekannten, studiert gerade in Memmingen und bietet sich an, meine Übernachtungsmöglichkeit bei ihren Eltern zu managen. Ich glaub, ich träume. Es hat noch gar nicht richtig angefangen, schon fließt es und fühlt sich so richtig an.

Ich freue mich schon auf Bilbao.
Zu früh gefreut.

Die Eltern von Arrate sind noch auf einem Urlaubstrip! Ich seufze – doch Arrate hat bereits die Lösung parat. Ihre Schwester würde mich in Empfang nehmen. Per WhatsApp erfahre ich jedoch am Vortag, dass diese just an meinem Anreisetag auch nicht da ist. Wie war das mit dem „Panta rhei"?

Muss ich jetzt meine erste Nacht doch in irgendeiner Absteige verbringen? Habe ich mich doch schon so auf die nette Stadtwohnung mit Familienanschluss gefreut! Mit der nächsten WhatsApp kommt schon eine weitere Info.

Der Houseboy der Großmutter wird zur Wohnung kommen, mir den Schlüssel geben und mir alles zeigen.

### „No es un problema!"

Na ob das alles so klappt?!

**Der Rucksack:**

In meinen orangefarbenen 34-Liter Rucksack mit der gelben Lilie und der Jakobsmuschel quetsche ich noch schnell am Vorabend der Reise meine Habseligkeiten, die mich die nächsten 4 Wochen begleiten sollen:

- Reiseführer, Unterkunftsverzeichnis, Pilgerpass
- 1 Paar Wanderstöcke (Lekies Super light, die mich ein Vermögen gekostet haben)
- 1 Paar leichte Turnschuhe, 1 Paar Trekkingsandalen
- Je ein lang- und ein kurzarmiges Shirt aus Merino
- 1 schickes Wanderkleid (man gönnt sich ja sonst nix)
- 2 Strings (die brauchen ja nicht wirklich viel Platz)
- 2 Paar Socken
- 1 leichter Pulli
- 1 Hemdchen
- Blasenpflaster
- 2 Trinkflaschen
- kleines Duschgel
- Shampoo
- Seife
- Franzbranntwein
- Hirschtalg
- Zahnbürste & -pasta und Interdentalbürsten für meine Zahnzwischenräume
- Sonnencreme
- Gesichtscreme
- Regencape
- Regenschirm
- Coffea Globulis (da ich schon nach einer Tasse Kaffee-entzug Migräne bekomme)
- Tapes (hab mal einen Tapeing-Kurs besucht)
- Magnesium & Kalziumpulver
- Studentenfutter und 3 Müsliriegel für den Härtefall
- unzählige Migräne-Tabletten, Ibuprofen, Kapseln gegen meine Histaminintoleranz
- und meine Mala

**Kleine Anmerkung:**

Bitte nicht alles genauso in deinen Rucksack stecken, denn du brauchst wirklich nicht alles! Am Ende des Buches findest du eine vollständige Packliste mit allen <u>nützlichen</u> Dingen!

Allein meine Tabletten wiegen gefühlt ein halbes Kilo, ich hoffe zwar, dass ich sie nicht brauche, aber wenn ich sie nicht dabeihabe, dann ist das schon so ein Stress, dass ich ganz sicherlich Migräne bekomme und ohne meine Histamin-Tabletten wird mir jedes nicht frisch gekochte Essen zum Verhängnis.

Dazu kommen noch Laptop, Foto, Handy und alle dazugehörigen Ladekabel, denn ich möchte meine Erlebnisse ja aufschreiben und später eine Fotoshow daraus machen! Und natürlich meine rote, schlappe 600 Gramm schwere Traveller-Yogamatte, ebenfalls super light, die ich extra für meinen Trip gekauft habe.

Alles in allem finde ich, dass sich das wie 15 Kilogramm anhört (je mehr ich aufzähle, desto erstaunter bin ich selbst) – es sind aber nur 9,8! Inklusive Rucksack.

Ziel erreicht. Ich wollte unter 10 Kilo bleiben!

„Du spinnst", sagt mein Mann, als er den Rucksack hochhebt, „den möchtest du quer durch Spanien schleppen? Der wäre mir jetzt schon viel zu schwer. Vielleicht solltest du dir einen Sherpa nehmen – oder einen Esel!" „Weichei", denke ich und verschweige, dass die Trinkflaschen bei den 9,8 kg noch leer sind und der Proviant noch fehlt.

Wenn ich einen Tag in den Bergen bin, dann schaffe ich es locker, das Fassungsvermögen genau diesen Rucksacks komplett auszureizen. Ich lächle zufrieden.

Heimlich schmuggel ich am nächsten Morgen noch den Bikini, Arnika Globuli, eine Nagelschere, ein hübsches Oberteil und eine Leggings in den Rucksack. „Es wird ja von Tag zu Tag leichter" – ich verbrauche ja Duschgel, Shampoo, Magnesium, Creme, Franzbranntwein, … beschönige ich selbst.

## 1.Tag    Herrenberg – Bilbao
## „ein guter Gedanke sei dreimal gesegnet"

Alles läuft reibungslos! Ich sitze mit meinem Sohn, der mich freundlicherweise noch ein Stück begleitet, in der S-Bahn zum Flughafen. Im Zug muss ich niesen. Wo ist dieses blöde Taschentuch?

In den Tiefen meines Rucksackes finde ich … nichts! Die Tücher haben sich versteckt. Als ich meine Hand aus der Rucksackhöhle wieder herausziehe, blutet sie. Hätte ich die Nagelschere vielleicht doch nicht so unachtsam in den Rucksack werfen sollen? Zahle ich schon am ersten Tag Lehrgeld?

Wäre es denn nicht sinnvoll, Dinge, die ich ständig benötige, griffbereit zu haben und solche, die vielleicht scharf oder kantig sind, besser zu verpacken? Beherzt frage ich die junge Frau, die mit ihrem Kind in der Reihe vor mir sitzt. Muttis haben doch immer alles dabei! Natürlich hat sie ein Tempo. Strahlend zieht sie einen mittelgroßen Beutel (so groß ist mein ganzes Tütchen mit Kosmetiksachen für die nächsten 4 Wochen) heraus, in dem sich so viel Verbandsmaterial befindet, dass man ein ganzes Lager jugendlicher Pfadfinder versorgen könnte. Spray, Tabletten, usw. Ich bin begeistert.

„Das hast du doch sicherlich auch alles mit dir herumgeschleppt, als ich noch klein war, oder?" „Nee – ich hatte immer nur Essen und Trinken dabei – und eine Freundin, die immer alles dabeihatte!" „Rabenmutter", schmunzelt mein Sohn.

Der Nachbar gegenüber zückt einen zerfledderten Lederbeutel aus dem ebenso in die Jahre gekommenen Rucksack, gibt mir eine Runde Bepanthen-Salbe aus und versorgt mich noch mit zwei extra Pflaster, die ich mitnehmen darf.

„Im Laufe der Zeit weiß man, was man braucht", sagt er und grinst auf meinen Pressrucksack mit der Muschel, in dem es nicht einmal Pflaster gibt. „Gute Reise!".

Nun ja – ehrlicherweise habe ich Pflaster auch in Erwägung gezogen, aber eben gedacht, sollte ich tatsächlich eines benötigen, dann kann ich ja auch ein Blasenpflaster draufklatschen.

Kleber ist doch Kleber, oder? Doch auch die sind in den Untiefen meines Rucksackes verschwunden.

Ich sitze im Flieger. Endlich weg. Alleine!

Auf mich selbst gestellt. Keiner ist mehr da und schon kommen die Zweifel.

Im Yogaunterricht sage ich immer, dass das Ziel des Yogas ein freier Geist ist. Harmonie mit sich selbst. Und doch bekomme ich den Kopf jetzt selbst nicht frei. Was ist, wenn ich es nicht schaffe? Wieder umdrehen muss? Meine Beine doch nicht so durchtrainiert sind und mich nicht mehr tragen? Wie ist es um meine Kondition gestellt? Zweifel plagen mich. Ich fühle mich schlecht. Wenn meine Allergien und meine Migräne schlimmer werden? Ich nicht schlafen kann? Nein!!!!!

Langsam sinke ich immer tiefer und tiefer in den Flugzeugsitz. Werde immer kleiner. Gott sei Dank kennt mich hier keiner.


**Ich schaffe es ... Ich schaffe es nicht ... Ich schaffe es ... ich schaffe es nicht ...**


**ICH SCHAFFE ES! ! !**

**Ein guter Gedanke sei dreimal gesegnet.**

„Du bist umgeben von einem Ozean von Gedanken.
Du treibst im Ozean der Gedanken.
Du nimmst bestimmte Gedanken auf und gibst andere in die
Gedankenwelt ab.
Jeder deiner Gedanken hat auf jede erdenkliche Weise
tatsächlichen Wert für dich.

Die Kraft deines Körpers, die Kraft deines Geistes, dein Erfolg im
Leben und die Freude, die deine Gesellschaft anderen bereitet –
alles hängt von der Natur und Eigenschaft deiner Gedanken ab.

Du musst wissen, wie du mit den Gedanken umgehen musst.
Der Umgang mit den Gedanken ist eine exakte Wissenschaft.
Der Mensch wird vom Gedanken geschaffen.

Ein Mensch wird das, woran er denkt.
Denke, du bist stark; du wirst stark werden.
Denke, du bist schwach; du wirst schwach werden.

Wenn du über Mut meditierst, wird dein Charakter
mutig werden.
Genauso verhält es sich mit Reinheit, Geduld,
Selbstlosigkeit und Selbstbeherrschung.

Wenn du edel denkst, wird dein Charakter allmählich edel.
Wenn du niedrig denkst, wird sich ein niedriger Charakter
bilden.

*Ein guter Gedanke sei dreimal gesegnet.*

*Swami Sivananda*


Das Flugzeug setzt zum Landen an. Der Blick aus dem Fenster
erstaunt mich sehr, denn anstatt der von mir erwarteten,

wüstenartigen Landschaft die man erblickt, wenn auf Mallorca der Flieger landet, ist alles grün.

Ich seufze – Mallorca! Fast jedes Jahr verbringe ich ganz entspannt und schick den kompletten August direkt am Meer im noblen 4-Sterne-Hotel „Cala Santanyi" mit 2 Pools, Bars sowie Wellnessbereich und gebe für die Hausgäste auf der Hotelterrasse mit Meerblick Yogakurse. Im August ist dort alles trocken und verwelkt, das Gras ist braun, die Straßen staubig und außerhalb der landwirtschaftlich genutzten Flächen und Siedlungen alles vertrocknet.

Doch hier gibt es sattes Grün, dunkelgrüne Wälder soweit das Auge reicht – fast wie im Schwarzwald.

Den Bus finde ich auf Anhieb, was bei meinem nicht vorhandenen Orientierungssinn gar nicht so selbstverständlich ist. Nach einigem Suchen – ich bin jemand, der weder Karten lesen, noch sich die Streckenbeschreibungen ortsansässiger Spanier merken kann – finde ich dann auch meine Unterkunft.

Durch die Sucherei habe ich mich etwas verspätet. Doch Oskar, der Houseboy der Granny, empfängt mich und strahlt mich mit weißen Zähnen an. Prompt bekomme ich den Schlüssel und mein Schlafzimmer gezeigt, den Kühlschrank und den Herd erklärt und schon lässt mich Oskar allein in der schicken Villa zurück.

Arrates Wohnung liegt direkt an der Alameda Uriquijo, ist charmant eingerichtet und so riesig, dass ich mich fast darin verlaufe. Die Räume sind großzügig, geräumig und stilvoll, teils antik ausgestattet. Die hohen Zimmerdecken sind mit Stuck verziert, an den Fenstern hängen schwere Vorhänge. Der Kühlschrank ist voll und es liegt ein Zettel auf dem Tisch:

**"Bienvenido – siéntete como en casa"**

"Herzlich willkommen – fühl dich ganz wie zu Hause". Wow – welch ein Vertrauensvorschuss. Hätte ich das auch gemacht, einer wildfremden Person das ganze Haus zu überlassen?
Sightseeing in Bilbao. Irgendwie erinnert es mich hier an Stuttgart – viele Läden von Decathlon bis Desigual – hohe Häuser, viele Leute, ein paar Kirchen. Nichts Weltbewegendes, stelle ich nach

ein paar Stunden fest. Das Guggenheim Museum ist mein High-light, doch irgendwie kann ich es nicht genießen – zu gespannt bin ich auf die Abenteuer, die mich erwarten.

Sicherlich komme ich noch mal hier ins Museum zurück – vielleicht sogar mit meiner Familie. Bereits jetzt halte ich Ausschau nach den gelben Pfeilen, die mir die Richtung verraten sollen, aber mein ungeschultes Auge kann noch keine finden.

Am liebsten wäre ich gleich los. Ich bin froh, dass es morgen raus aus der Stadt geht.

Keine einzige Muschel habe ich bisher gesehen und mein Reiseführer spricht in Rätseln zu mir. Die Dame an der Haus-rezeption (so was gibt´s in schicken spanischen Häusern tatsäch-lich) versucht mir eine Stunde lang die verschiedenen Möglichkei-ten heraus aus der City aufzuzeigen – Bus, Bahn, Tram – doch wir verstehen uns einfach nicht richtig und ich erkenne immer nur ein-zelne Wortfetzen. Ist denn mein Spanisch so schlecht oder ist es der Dialekt der Dame? Das kann ja heiter werden.

Konnte ich doch vor 20 Jahren bei meinem Rucksacktrip durch Mexiko sogar auf Spanisch fluchen. Schade, dass man eine Spra-che so schnell wieder vergisst – und mein Optimismus, mich mit den Einheimischen über Land und Leute unterhalten zu können, schwindet zusehends. Dann mischt sich auch noch eine Spanierin ein, die etwas Englisch kann. Nach weiteren 20 Minuten stelle ich zwar fest, dass die Leute hier überaus freundlich sind und sich redlich bemühen, ich nun aber von den verschiedenen Varianten komplett durcheinander bin und dieses Kauderwelsch aus Eng-lisch und spanischem Dialekt kaum verstehe.

Desillusioniert krieche ich die Treppe hoch. Jetzt brauche ich erst mal ein paar Runden Yoga.

Nachdem ich wieder klar denken kann, entscheide mich dafür, morgen erst mal der Großstadt zu entfliehen und mit der Tram die paar Kilometer nach Portugalete zu fahren. Hoffentlich finde ich dann endlich eine gelbe Muschel auf der Straße!

Erkenntnis des Tages: Panta rhei, alles fließt (fast)!

\* \* \*

***

**Im Baskenland**
170 Kilometer führt der Camino durchs Baskenland und endet in
Bilbao.

Durch meinen Start in Bilbao kann ich nicht so viel darüber berichten. Beim nächsten Mal dann!

***

**2. Tag**    **Bilbao – Pobeña**
**Glas halb voll oder halb leer?**

Nach einer ruhigen Nacht wache ich leider erst um 7.30 Uhr auf und erschrecke, als ich auf die Uhr schaue. Eigentlich wollte ich doch um 7 Uhr aufbrechen! Was ist mit meiner inneren Uhr los? Ich gönne mir ein paar Sonnengrüße und lasse aus Zeitgründen das Meditieren sein. Das fängt ja schon gut an.

In meiner Luxus-Unterkunft braue ich mir erst mal einen Kaffee – perfekt– die gleiche Kapselmaschine wie auf unserem kleinen Segelboot, auf dem ich sonst gerne meine freie Zeit verbringe.

Das Brot von gestern schmeckt wie Brot von gestern und wird nur mit einer dicken Butterschicht und einem Berg „Mermelada de naranja", leckerer mallorquinischer Orangenmarmelade, genießbar. Mit einem kleinen Blumengruß und ein paar Zeilen in Spanisch bedanke ich mich für die außerordentliche Gastfreundschaft.

Da es jetzt schon kurz vor neun ist, werde ich mit der Metro aus der City flüchten und nach Portugalete fahren, zumal ich gestern beim Sightseeing keinen einzigen Pfeil, geschweige denn eine Muschel entdeckt habe und mich große Zweifel plagen, überhaupt heraus zu finden. Kann ja die nächsten 4 Wochen noch genügend wandern, oder?

Gedankenverloren blättere ich im Reiseführer. Der Zug wird immer leerer und plötzlich geht das Licht aus. Endstation! Ich hätte vor drei Stationen aussteigen sollen! Am Nachbargleis pfeift ein Schaffner – dort geht es vermutlich wieder zurück! In aller Eile schnappe ich meinen Rucksack – und fliege fast aus dem Zug, damit ich irgendwie wieder zurückkomme!

Mist – jetzt habe ich in der Eile auch noch meinen vielgeliebten Mallorca-Hut samt meiner bunten Haarspange liegen lassen. Achtsam ist anders! In meinem Hirn dämmert es – die erste Etappe gleich mit dem Zug fahren? Kleine Sünden bestraft der heilige Jakobus wohl sofort.

In Portugalete angekommen schlage ich mich zum Hafen durch. Das erste, sehnsüchtig erwartete, blau-gelbe Schild und die erste strahlend gelbe Muschel springen mir hier sofort ins Auge. Mir wird ganz mulmig.

Mein persönlicher Weg hat nun endlich begonnen und es fühlt sich so richtig an!

* * *

Juhu! Ich sehe das Meer! Ich liebe es!

Das Wasser, Meeresluft und Meeresrauschen!
Mit ein Grund, weshalb ich den Camino del Norte gewählt habe!
Mein Herz hüpft vor Freude, ich bleibe stehen, halte inne – atme.
Mein Blick versinkt in den blauen, hellen Spiegelungen. Wasser fasziniert mich immer wieder von neuem. Mal ist es hell und klar, dann wieder dunkel und unergründlich, fast beängstigend.

Portugalete, ein kleines Provinzstädtchen liegt am „Rio de Bilbao". Größte Sehenswürdigkeit ist die „Puente Colgante", eine rund 60 Meter lange Hängebrücke. Über diese kann man mit einer Schwebebahn, einer sogenannten Tram, den Fluss überqueren. Diese Brücke zählt zum UNESCO-Weltkulturerbe. Clever, diese Spanier. Kann man sich so doch den Bau einer Brücke sparen und bekommt eine grandiose Touristenattraktion dazu.

In der Tourist-Info werde ich sehr freundlich in Englisch angesprochen. Auf meine Frage, wo ich denn hier einen Stempel bekomme (die Kirche hatte nämlich geschlossen) grinst er mich breit an und sagt „Here!" „I´s my first sello!", meine Stimme wird ganz wackelig, „What a holy moment" und sein Grinsen wird noch breiter. In aller Sorgfältigkeit drückt er mir meinen allerersten Stempel in mein Credencial! Endlich. Startschuss ins Abenteuer!

Halt. Ich brauche noch einen neuen Hut! Für ganze 3,50 Euro ergattere ich in einem kleinen Laden einen hübschen Strohhut mit Band, ein Haargummi gibts um 5 Cent dazu. Auf Mallorca hätte der sicherlich viermal so viel gekostet und vermutlich wäre die Verkäuferin nur halb so freundlich gewesen. Scheint sich Jakobus zu meinen Gunsten umgestimmt zu haben?

Das Treiben in den Geschäften und Bars ist überschaubar. Diese spanische Mentalität gefällt mir! Überall sitzen die Leute gelassen in den Cafés, Bars oder am Straßenrand, trinken, essen Tapas (kleine Häppchen) und es scheint immer etwas zu erzählen zu geben. Die kleinen dunklen Augen in den mit Falten gesäumten Gesichtern strahlen um die Wette. Kaffeeduft steigt mir in die Nase. Nein- ich lasse mich nicht ablenken, nicht jetzt schon!

Und so laufe ich weiter, suche die Muscheln und gelben Pfeile. Mühsam schleppe ich mich und meinen nun 12 Kilogramm schweren Rucksack die asphaltierte Hauptstraße stadtaufwärts.

Zur Feier des ersten Pilgertages habe ich mein schickes, petrolfarbenes Wanderkleid angezogen. Meine knöchelhohen, fürs hochalpine Gelände gedachten Bergstiefel passen zwar farblich perfekt dazu, entpuppen sich aber bereits am ersten Tag als völlig überproportioniert.

Während ich das Gefühl habe, dass meine Füße dampfen und meine Socken patschnass sind, tropft mir der Schweiß von der Stirn. Es wird immer wärmer und der Berg immer steiler.

Zum ersten Mal entdecke ich die goldenen Muscheln auf dem Asphalt und bin ganz überwältigt. In der Zwischenzeit ist es gähnend heiß geworden. Fast unerträglich!

Es geht immer der asphaltierten Straße entlang, über die lange Autobahnbrücke oberhalb des mit Betonbauten überladenen Industriegebiets. Ich will schon die Lust am Wandern verlieren, als mir ein sehr alter Mann entgegen kommt und mir mit einem freundlichen Lächeln „Buen Camino" zuruft.

Ich kämpfe mit den Tränen, so glücklich bin ich, dass ich mich endlich auf den Weg gemacht habe. Welch ein erhabener Moment. Mein erstes „Buen Camino". Ich gehöre nun dazu – zur großen Pilger-Community. Diesen lieben Gruß höre ich an diesem Tag noch öfters. Ist ja auch nicht zu übersehen ...

Mein knallorangener, vollgestopfter Rucksack mit Muschel, meine Wanderschuhe, mein Sonnenhut, die Stöcke und meine knallrote etwas zu groß geratene Nase (die strahlt bei Sonne und Alkohol besonders leuchtend) outen mich eindeutig als Jakobuspilger.

Die Straße führt über eine hässliche, diesmal auch noch nach Urin stinkende Autobahnbrücke, die links und rechts mit Graffiti beschmiert ist. Haben wohl nichts Besseres zu tun, die jungen Spanier, als Wände zu besprühen. Erschrocken denke ich an den Sohn meines Mannes, der schon des Öfteren beim Sprayen ertappt und nicht nur damit mit dem Gesetz in Konflikt geraten ist. Stopp! Ich ermahne mich, erst mal vor meiner eigenen Türe aufzuräumen. Ein Yogi sollte unvoreingenommen sein. Also fort mit den Vorurteilen.

Mit großen Schritten verlasse ich diesen fürchterlichen Ort und lasse meine dazu passenden Gedanken gleich dort.

Der Landstrich, in den ich nun komme, wirkt auf mich wie ein Pfad im Allgäu. Blaue Kornblumen und weißes Kraut, ein paar Sträucher und Bäume finden sich am Straßenrand. Das weiche, hügelige Gelände in der Ferne mutet in hellem grün und erinnert mich irgendwie an das Auenland bei den Hobbits. Ein Traktor fährt knatternd aus einer Hofeinfahrt und ich fühle mich fast wie zu Hause in meinem Wohnort auf dem Lande. Jetzt fehlt nur noch eine Kuh!

Und weiter geht es durch die Hitze. Immer wieder kommen mir Radfahrer entgegen und wünschen mir einen „Buen Camino". Fühlt sich gut an.

Meine Füße beginnen in den Bergwanderschuhen zu kochen. Als ich die knöchelhohen hochalpinen Schuhe öffne, dampft es mir entgegen. Wozu schleppe ich eigentlich drei paar Schuhe durch die Gegend? Zeit zum Wechseln. In meinen neuen, schicken und zum Marathon geeigneten hellblauen Sportschuhen fühle ich mich gleich wohler. Doch mein Gepäck wird noch schwerer, da meine mächtigen Wanderstiefel nun von außen am Rucksack baumeln.

Es wird noch heißer, die Sonne steht fast senkrecht am Himmel – kein Baum weit und breit, der etwas Schatten spenden könnte. Und auch meine neuen Hyperschuhe sporteln nicht von alleine. Nach nur drei Stunden schmerzen meine Beine, meine Füße sind platt und der Rucksack drückt.

Vielleicht sollte ich heute Abend mein Studentenfutter essen, um etwas an Gewicht einzusparen? Oder meine Wanderstiefel anziehen anstatt sie auch noch im Rucksack mit mir herumzuschleppen? Im Vergleich zum ersten Tag hat sich das Gewicht des Rucksacks schon etwas verringert, denn Shampoo und Fußcreme habe ich bereits in Bilbao stehen lassen. Langsam glaube ich Jakobus zu verstehen – er war wohl der Meinung, dass ich nichts Doppeltes mitschleppen sollte, denn mit Franzbranntwein und Hirschtalg sowie Duschgel und Seife bin ich ja bestens versorgt.

Monoton laufe ich auf ein dreieckiges Schild mit einem roten Rahmen und einer Kuh zu. Ich blicke auf und bin sofort wieder hellwach! Häääähhh?

Ich fasse es nicht. Kuhschilder sehe ich sonst nur beim Bergwandern. Irgendwie hätte ich das hier in Spanien an der Küste nicht erwartet. Schnell noch ein Foto – sicher ist sicher, denn wenn ich es heute Abend in meiner Fotogalerie nicht finde, war es wohl eine Fata Morgana und ich muss mir ernsthaft Sorgen machen, ob der Sonnenhut was taugt oder ob ich nicht doch lieber mit der Bahn reise.

Hinter einem kaputten Zaun entdecke ich einen kleinen Esel. Seine langen Ohren sind mir zugewandt und er blickt mich mit seinen großen dunklen Augen erwartungsvoll an. Sein Fell ist zerzaust und mit seinem langen Schwanz wehrt er die vielen Fliegen ab, die sich um ihn tummeln.

Ich liebe diese zotteligen, störrischen Tiere. Die immer das tun, was sie wollen. Esel sind nach Katzen meine Lieblingstiere. Das Maultier kommt zu mir her und möchte wohl, dass ich es streichle. Tiere auf der Weide zu streicheln geht gar nicht, denn danach sollten sofort die Hände gewaschen werden. Doch dafür ist das Wasser in der Trinkflasche viel zu schade.

Ich suche in meinem Rucksack nach etwas Essbarem und finde tatsächlich in dessen Tiefen einen schrumpeligen, viel zu warmen Apfel, den ich gerne mit ihm teile. Kauend und zufrieden schaut er mir nach.

Die Route führt mich an gepflegten Bauernhöfen, großen Gewächshäuser, Feigenbäumen und Weinreben vorbei. Hunde bellen mich durch den Zaun an und man könnte meinen, dass die Welt hier noch in Ordnung ist.

Auf einem schattigen Parkplatz mache ich auf einem Bänkchen eine kleine Rast und entdecke meine ersten Mitstreiter. Ein Pärchen überholt mich mit schnellem Schritt. Die sind bestimmt auch Zug gefahren, denke ich, so frisch wie die noch aussehen.

Als ich die beiden in einem deutschen Reiseführer blättern sehe, spreche ich sie kurzerhand an. Wer weiß, wann sich diese

Gelegenheit wieder bietet, ein paar deutsche Wörter los zu werden. Es stellt sich heraus, dass sie aus Ungarn sind und deutsch sprechen. Endlich ein kleiner Austausch. Die beiden sind in Irun – dem offiziellen Beginn des „Camino del Norte" – gestartet und schon ein paar Tage on tour.

Ich bekomme fast ein schlechtes Gewissen, dass ich die erste Etappe bereits abgekürzt habe. Dass ich mit dem Zug gefahren bin, erzähle ich lieber nicht. Warum auch. Sie erzählen von „Albuerges", die mal mehr, mal weniger sauber sind und erklären, dass es hier immer wieder Trinkbrunnen gibt, man also nicht so viel Wasser mit sich herumschleppen muss. Super Tipp, denn mein Rucksack wird gefühlt immer schwerer.

Ich ziehe weiter, bald überholen mich die beiden wieder. „Vor 20 Jahren hätte ich das auch noch hingekriegt", beschwichtige ich noch.

Nach einer Weile gesellt sich eine junge Frau zu mir. Ihre rötlichen Lockenhaare, die das mit Sommersprossen übersäte Gesicht umrahmen, hat sie gekonnt unter einer Sonnen-Cappy versteckt. Ihre rehbraunen kleinen, aber aufmerksamen Augen mustern mich und mein Gepäck. „Finja" – und schon streckt sie mir ihre verschwitzte klebrige Hand entgegen. Finja kommt eigentlich aus Hamburg, studiert in Rostock und hat bis gestern ein Praktikum in Madrid gemacht – um das deutsche Ausbildungssystem in Spanien einzuführen und die Kids von der Straße zu holen.

Da ich in meinem früheren Leben Ausbildungsleiterin bei einem Automobilzulieferer im Schwarzwald war, haben wir jede Menge Gesprächsstoff.

Da ist es – das Meer! Auf diesen Augenblick habe ich so lange gewartet. Nun ist es zum Greifen nah und schimmert in den faszinierendsten Blautönen. Wir können es kaum erwarten, uns ins Wasser zu stürzen und so beschleunigen wir unser Tempo noch. Tiefblau schimmert das Wasser, Wellen treiben an den Sandstrand, ein paar Leute baden im rauen Atlantik oder sonnen sich im warmen, hellen Sand. Ich höre die Schreie der Möwen und sofort kommt Urlaubsstimmung bei mir auf. Welch Belohnung für einen noch gar nicht so harten ersten Wandertag. Wieder denke ich an die Abkürzung mit dem Zug und komme mir fast ein wenig schäbig und so gar nicht yogisch vor, denn ich verschweige Finja, dass ich bereits bei der ersten Etappe geschummelt habe.

Die Route führt uns direkt am Strand vorbei. Finja möchte hier in der Herberge übernachten und ich beschließe, nach ausgiebiger Erkundung der sanitären Anlagen und des Schlafsaales ihr zu folgen. So schlecht scheint es gar nicht zu sein. Schließlich will ich die Herbergen irgendwann ja eh ausprobieren. Warum also nicht gleich am Anfang!

Im kleinen Schlafsaal stehen 10 Stockbetten, alle mit Kissen ausgestattet. Für die Gringos ohne Schlafsack oder für Leute wie mich, die nur einen leichten seidenen Hüttenschlafsack dabeihaben, gibt es Decken. Die Betten sind einigermaßen sauber, was ich bei der kargen Beleuchtung aber nur ungefähr erkennen kann.

Der Mann an der Rezeption drückt einen Stempel in meinen Pilgerpass (von mir liebevoll Sticker-Album genannt) und ich bekomme ein Bett ganz hinten zugewiesen. Mit meinen paar Spanischbrocken mache ich ihm klar, dass ich gerne gleich an den Eingang möchte. Vielleicht ist die Luft dort besser? Mal sehen. Ihm ist es jedenfalls egal, wo ich schlafe und der Saal ist erst halb voll – oder halb leer?

Durch dieses Wortspiel werde ich an die psychologisch-philosophische Auseinandersetzung zwischen den Weltanschauungen und Lebenshaltungen des Pessimismus und des Optimismus erinnert, die ja auch Bestandteil des Yogas ist.

Bei einem Glas antworten Optimisten üblicherweise, es ist halb voll; Pessimisten dagegen nennen es halb leer. Doch im Schlafsaal? Bin ich nun ein Optimist oder ein Pessimist, wenn ich sage, er ist halb voll? Egal, sicher ist es besser optimistisch durchs Leben zu gehen. Und das tue ich!

Ob ich bei diesen vielen eingeschalteten Handys und meiner Überempfindlichkeit Strahlen gegenüber im Raum wohl schlafen kann? Zu Hause merke ich sofort, wenn nachts ein Handy an ist und ich suche dann im ganzen Haus den Übeltäter. Seit geraumer Zeit übernachten die Handys im Keller, das WLAN ist aus und ich kann wieder besser schlafen. Mein Mann belächelt das nur.

Gibt es vielleicht auch einen „medialen Strahlenschutz"? Ich werde es auf jeden Fall testen. Denn wenn ich die Schlaf- bzw. Strahlensituation in den Herbergen nicht ausprobiere, weiß ich nicht, ob ich es aushalten kann. Dass meine Empfindlichkeiten hier zum Problem werden können, war mir schon klar, zumal auch ich den August, den Monat mit dem größten Pilgeraufkommen, gewählt habe, aber leider geht es nicht anders.

In einer normalen Kurswoche gebe ich bis zu 25 Kurse pro Woche. In den Ferien bieten wir jedoch nur ein reduziertes Kursprogramm an, das meine Kolleginnen, die keine oder schon ältere Kinder haben, gerne durchführen. So sind die Sommerferien für mich die einzige Möglichkeit, länger zu verreisen. Und das nutze ich immer aus!

In jedem Fall ist es für mein nicht allzu großes Reisebudget besser, in Herbergen als in Hotels zu übernachten. Andererseits bin ich kein armer Student mehr und kann mir auch ab und zu was leisten. Erholsamer Schlaf ist ja auch sehr wichtig fürs Durchhaltevermögen. Wir werden sehen. Immerhin betrachte ich die Unvoreingenommenheit als yogische Tugend.

Aus allen Richtungen strömen nun Wanderer in die Herberge und das geruhsame Pilgerdasein hat ein Ende. Der Schlafsaal ist voll! Ringsum ist nun ein geschäftiges Treiben. Matratzen werden überzogen, überall raschelt es, Rucksäcke plumpsen auf den Boden. Hier ein Stöhnen, da ein Brummeln und aus manchen Betten schnarcht es schon. Die alten Metall-Stockbetten quietschen und hier und da kichert jemand.

Ständig plätschert das Wasser und aus den nicht weit entfernten Duschen steigt Wasserdampf auf. Alter Achselschweiß vermischt sich mit dem Duft von Duschgel und Shampoo.

In der spärlich eingerichteten Küche macht sich ein Pärchen zwei Konservendosen warm. Eine mit Mais, die andere mit Bohnen. Sie stochern mit ihren Gabeln in den Dosen, jeder isst eine halbe und dann wird gewechselt. Andere kochen Reis, Nudeln mit Tomatensoße oder schmieren sich ein Brot. Alles sehr spartanisch, aber kalorienreich und sättigend.

Ich bin froh, nicht mehr jeden Cent umdrehen zu müssen und mir ein ordentliches Essen, das „Menu de peregrinos", leisten zu können.

Draußen an den Waschbecken waschen die meisten mit Duschgel oder bestenfalls Handwaschmittel ihre Wäsche. Blusen, Socken und Schlüpfer hängen an der Wäscheleine, die feuchten Schuhe trocknen in der Sonne. Bei manchen Wäschestücken sieht man, dass sie schon öfters von Hand ausgewaschen wurden, die sonst weißen Unterhemden sehen gelblich oder sogar grau aus. Es ekelt mich schon etwas an und ich beschließe, mir wenigstens einmal pro Woche eine Waschmaschinenfüllung inkl. Trocknung zu leisten, denn in nahezu allen Herbergen stehen Maschinen, die man gegen Gebühr benutzen kann. Manche Herbergen sollen sogar einen Wäscheservice haben. Morgen hängt auch meine Wäsche an einer Leine – ich habe ja nur zwei Garnituren dabei. Also bedeutet es auch für mich ab morgen jeden Abend „waschen & trocknen".

Finja und ich entfliehen dem lauten Treiben, ziehen los zum Playa, dem Strand, und genießen die ausgelassene Zeit am Atlantik, schwimmen, planschen, lassen uns immer wieder von den Wellen treiben. Nach dem ausgiebigen Badespaß wärmen wir uns in der Sonne und unterhalten uns über Yoga, bis sie unbedingt mit mir üben möchte! Jetzt und sofort!

Gerne bringe ich ihr ein paar Yogaübungen bei. Der Held (Vira Bhadrasana) steht für Mut & Selbstbewusstsein, der Baum (Vrikshasana) für Stabilität. Wir machen Fotos und haben viel Spaß miteinander. „Wenn wir uns wieder treffen, dann machen wir nochmal miteinander Yoga." Klasse Idee.

Was sie auf dem Camino sucht? „Ruhe und Abstand".
Sie hat sich erst kürzlich von ihrem Freund getrennt und in Madrid ein nervenaufreibendes Praktikum gemacht. Auch im Studium wird viel verlangt und da kommt sie zu kurz. Gott? Wird nicht erwähnt.

Leider darf man aufgrund der Wellen nur an einem kleinen Teil des Strandes ins Wasser. Aber es macht einen riesigen Spaß, mit den Wellen zu tanzen.
Wie im Urlaub.
Bin ich denn im Urlaub? Bin ich auf Entdeckertour? Bin ich auf der Suche? Nach was? Oder nach wem?

Meine Nase brennt vom Salzwasser und der Sonne und wir beschließen, zurück in die Herberge zu spurten, um gleich zu duschen.

Eine neue Episode des Pilgerdaseins: es gibt nur eine Dusche für alle Mädels! Aus dieser dampft es feuchtwarm und ich stelle mich lieber mal auf eklige Umstände ein.

Doch die Dusche ist gar nicht so schmutzig wie ich gedacht habe. Fuß- und Nagelpilz sowie eine Warze habe ich selbst im Angebot. Es gibt also nix zu verlieren. Ich schlüpfe in meine Wandersandalen, denn die möchte ich auch beim Duschen an den Füßen haben. Sonst wäre es mir doch zu eklig. Mein Handtuch und meinen Bikini kann ich am hauseigenen Wäscheständer aufhängen. Nach dem Duschen setze ich mich vor die Herberge zu den anderen und massiere meine Füße mit Franzbranntwein und creme sie großzügig mit Hirschtalg ein. Massieren habe ich ja auch gelernt. Alle sind irgendwie beschäftigt, mit ihren Füßen, mit Essen, mit ihrer Wäsche oder in Gespräche vertieft. Ich konzentriere mich auf die Schadensbegrenzung an meinen Füßen und beobachte. Erst mal mit den Gepflogenheiten vertraut werden.

Finja gesellt sich zu mir. Heute Abend gönnen wir uns im Lokal bei der Herberge das „Menu de peregrinos" zu 10 Euro. Hab schon viel von denen gehört. Viel Essen und eine Flasche Wein. Bin mal gespannt, ob es da etwas Leckeres gibt. Ich lege beim Essen eher Wert auf Qualität als auf Quantität und Wein vertrage ich aufgrund meiner Histaminintoleranz sowieso gar nicht.

## Vom Vegetarier zum Flexitarier

Meine beiden erfahrenen Wanderfreunde Alf und Wolfgang, die mich vor der Reise beraten haben, sind Fans dieser Menüs. „Für 10 Euro bekommst du eine Vorspeise, ein Hauptgericht, einen Nachtisch und eine Flasche Wein". Hört sich gigantisch an. Doch mein erstes „Menu de Peregrinos" war, milde gesagt, „horrible".

Die Gaststätte scheint ganz ok zu sein, die Bedienung ist überfreundlich und so richtig süß. Aus dem Zwinger im hinteren Teil des Gartens schaut uns ein müder, klappriger Hund aus traurigen Augen an.

Ob ich hier ein yogisches Essen finde?!

Die Yogalehre besagt, dass man sattwige Nahrung zu sich nehmen soll. Nahrung, die dem Körper wertvolle Nährstoffe bringt, leicht verdaulich ist, neue Energie gibt und den Geist klar und friedvoll macht.

Sattwige Nahrung besteht aus vollwertigem Getreide, Gemüse, Salate, Obst und Milchprodukten. Genau mein Ding. Nicht auf dem Speiseplan stehen Fleisch und Fisch und das aus ethischen Gründen. Der Mensch ist was er isst – und schon in meinem Yogalehrerbuch steht geschrieben, dass die Art der aufgenommenen Nahrung den Charakter bestimmt.

Vegetarische Nahrung macht den Verstand aktiv, subtil und scharf. Alle Sinne sollen mit reiner Nahrung versorgt werden. Nur so wird der Geist rein und einpünktig werden.

Doch das ist hier gar nicht so einfach. Es gibt weder genügend Linsen noch Vollwertprodukte und meine Hoffnung, in Spanien, dem Land, aus dem ein Großteil unseres Gemüses in den Supermärkten herkommt, könnte ich mich vegetarisch ernähren, sollte sich nicht bestätigen. Nudeln mit Tomatensoße und Schnitzel mit Pommes gibt es auch hier überall, aber die kann ich aufgrund meiner Histaminintoleranz nicht essen, denn Tomaten und Schweinefleisch sind so richtige „Histamin-Bomben". Sonst gibt es eine satte Migräne und ich kann nur unter Einfluss meiner „Triptan-Drogen" weiter.

Leider enthält auch Rotwein, den ich übrigens sehr gerne trinke, sehr viel Histamin. Schade, denn gerade der fließt hier in rauen Mengen und sorgt für die abendlich gelassene Stimmung.

Schließlich sind nach ein paar Gläsern sowohl die Blasen, als auch die Knieschmerzen vergessen und die Kommunikation wird barrierefrei lallend geführt. Vermutlich haben die meisten Peregrinos nach 6 Wochen eine Fettleber oder brauchen den abendlichen Dämmerschoppen.

Mir dämmert´s jetzt auch – deshalb macht Pilgern süchtig!

Kommen so viele wegen des Weines immer wieder? Oder steckt doch etwas anderes dahinter?

Zurück zur Speisekarte.

Pollo ist Hühnchen, Puerco Schwein, Pescado Fisch. Kein Gemüse. Ganz wenig Salat.

Als ich den Fisch auf Nachbars Teller sehe, wird mir schlecht.

Das letzte Mal, als ich Fisch gegessen habe, war an Karfreitag.
Meine Gedanken schweifen in den Schwarzwald. Im Haus meiner
Eltern geht es sehr katholisch zu und Katholiken essen an Karfrei-
tag traditionell Fisch, dazu gibt's Kartoffeln.
In dem kleinen Ort, in dem ich aufgewachsen bin, gibt es einen
Forellenteich, der an Karfreitag immer leer gefischt wird. Die
Bachforellen werden mit dem Kescher herausgefischt und gleich
umgebracht, ausgenommen und landen kurz darauf in der
Pfanne. Frischer geht's nicht und für mich war das bisher auch
kein Problem.
Die Fische werden dort als Babyfische ausgesetzt, leben zwei
Jahre idyllisch und vor dem Fischreiher behütet in super klarem,
reinen Schwarzwaldwasser – sonst könnten Bachforellen nicht
überleben. Dann stellt sich doch die Frage, wenn wir sie nicht essen würden, dann würden sie doch gar nicht leben, sie wären vermutlich erst gar nicht geboren worden, weil ja dann kein Bedarf
da gewesen wäre.
Als ich letztes Jahr am Schwarzwaldteich für die Forellen an-
stand, musste ich zusehen, wie die taffe Fischersfrau die zappeln-
den Tiere mit dem Kescher aus dem Wasser geholt und mit einem
Schraubenschlüssel auf den Kopf gehauen hatte. Manche der glit-
schigen Dinger hatte sie wohl nicht richtig erwischt, denn sie zappelten ungehalten weiter.
Der engagierte Fischer stach noch mit einem Messer auf die
Fische ein und entfernte ihre Innereien. Diese zappelten immer
noch. „Das sind die Nerven!", erklärte der Fischer selbstgefällig.
Mir wurde schlecht und mein Sohn wurde auch ganz bleich. Die
armen Kreaturen wurden in eine Plastiktüte verpackt und in unsere Kühltasche gesteckt. In der Tasche zappelten sie immer noch
weiter. Das war vielleicht gruselig. Danach bekam ich einen riesigen Herpes, denn den bekomme ich gratis dazu, wenn ich mich
ekle. Nachdem wir uns bei meinen Eltern mit dem Ostereier be-
kleben abgelenkt hatten, fuhren wir nach Hause. Wenigstens zap-
pelte es in der Kühlbox im Kofferraum nicht mehr. Doch mir war
immer noch schlecht.

Zudem hatten wir auch noch Gäste zum Karfreitagsfischessen eingeladen. Mein Mann musste die Fische zubereiten. Ich war raus.

Doch was meint die Philosophie?

Habe ich jetzt diesen Fischen zwei Jahre Leben geschenkt oder ihnen nach zwei Jahren das Leben genommen? Glas halbvoll oder halbleer? Das obliegt dem Auge des Betrachters.

Irgendwie versuche ich, mir das Essen von Fisch zurecht zu rücken. Waren nicht viele von Jesus' Jüngern Fischer? Ist das nicht ein „heiliger" Beruf? Bei der heiligen Hochzeit von Kanaan wurde doch auch Brot, Wein und Fisch vermehrt und gegessen und weder Gemüse noch Salat fanden in der Bibel große Ehre?

Essen nicht viele Geistliche – vor allem in den Klöstern – Fisch und Fleisch? Die Speisekarte des Klosters, in dem ich jedes Jahr ein Wochenend–Yogaseminar anbiete, ist als reichhaltig, fleischlastig und sehr schmackhaft bekannt. Und trinken nicht alle vom „Kelch" des Weines?

Und die Yogis?

Nein, die „richtigen Yogis" essen weder Fleisch noch Fisch und trinken auch keinen Alkohol. Essen die „richtigen Yogis", also die meditierenden Asketen in den Höhlen, denn überhaupt etwas? Was gönnt sich ein Guru?


Zurück zum Menü.

Ich zeige meinen guten Willen. Irgendetwas werde ich schon finden! Finja, die fließend Spanisch spricht, übersetzt mir die Speisekarte. Unterschiedliches totes Tier – gebacken, gebraten, frittiert, als Beilage Pommes, Nudeln oder Kartoffeln. Die Enttäuschung ist mir ins Gesicht geschrieben. „Ich hab was für dich – Anchovas fritas con patatas – in fettgebackene Artischocken mit Kartoffeln", meint Finja. Super! Ein vegetarisches Menü. Das ist besser als erwartet.

Der Salat wird serviert, Finja bekommt ihr escalope, ein in Fett schwimmendes Schnitzel, eingebettet in triefenden Kartoffeln. Dann kommt auch mein Essen, die Bedienung singt: „Anchovas fritas por la Seniorita" und stellt einen Teller voller kleiner frittierter Fische auf den Tisch. Ich erstarre, fassungslos schaue ich die Kellnerin an.

Wo sind meine Artischocken? Wir starten das Übersetzungs-programm. Artischocken sind alcachofas, anchovas sind Sardellen. Fast gepasst!

„Die habe ich schon mal in Griechenland in Piräus, im Hafen von Athen, gegessen", fällt mir ein, „da waren so viele hungrige Katzen im Hafen, so dass ich, als ultimativer Katzenfreund, gerne geteilt habe." Mir wird schlecht. Das kann ich nicht essen. Die immer noch sehr freundliche Bedienung nimmt den Teller wieder mit und kommt mit der Botschaft „Pollo–Hühnchen" zurück. Ok. Dann esse ich eben Hühnchen. Vom Vegetarier zum Flexitarier. Besser als verhungern.

Der Gockel kommt, doch auch er badet in Fett (zu Lebzeiten hätte sich der Gockel bestimmt darüber gefreut) ebenso die Kartoffeln. Lustlos stochere ich in dem toten Huhn herum. Da mussten schon die Fische für mich sterben und jetzt auch noch ein Gockel (denn auch dieses mickrige Hühnerteil kann ich nicht essen). „Ich brauche einen Schnaps!"

Ich versuche, den Nachtisch in einen Digestif umzutauschen, was leider nicht möglich ist. Das Dessert kommt. Das ziemlich künstlich aussehende braun-weiß-rote Fürst-Pickler-Eis im Plastikbecher lasse ich unangetastet stehen.

Der Schnaps ist in Ordnung.

In der Albergue versuche ich noch zu erreichen, dass ich nachts raus darf. Um 22.00 Uhr ist Nachtruhe und die Herberge wird abgeschlossen. Da kann ich nicht mal draußen schlafen, wenn mir die Strahlen der Handys um die Ohren fliegen. Mist. Ich hatte mich schon auf meiner Yogamatte im Garten schlafen sehen. Wäre doch eine Alternative zu den schnarchenden und stinkenden Gesellen, die sich die Nacht und das Essen schön getrunken haben.

Ich stopfe mir die Ohropax in die Ohren, wundere mich noch, dass alles so ruhig ist und nicht die von mir erwarteten individuellen Gerüche im Schlafsaal ausdünsten. Es scheinen alle brav geduscht zu haben. Oder liegt mir etwa der Gestank des Friteusenfetts noch in der Nase?

Komischerweise stört mich das WLAN und die vielen Handys nicht. Ich schlafe ganz ordentlich.

Der „mediale Strahlenschutz" scheint zu funktionieren.

Irgendwann mitten in der Nacht wache ich auf. Da meine, nun doch nicht ganz wasserdichte, Hippie-Uhr beim Baden im Meer draufgegangen ist, weiß ich nicht, wieviel Uhr es ist. Draußen ist es noch dunkel und ich traue mich nicht, die schnarchende Idylle im Schlafsaal zu unterbrechen. Nur bin ich definitiv fertig mit schlafen. Im hinteren Teil klingelt der Wecker eines Handys. Eigentlich unverschämt, finde ich, in aller Herrgottsfrühe den ganzen Schlafsaal aufzuwecken.

Nach und nach beginnt ein Geraschel und Getuschel – die Nacht im Saal ist zu Ende! Selbst die Frau unter mir im Bett, die mich gestern angeraunt hatte, weil ich um 21.30 Uhr in den Untiefen meines Rucksackes nach meinem Schlafshirt gesucht habe, beginnt nun laut raschelnd herum zu gruschdeln (für alle Nichtschwaben: gruschdeln = suchen).

Die ist gleich bei den Ersten am Start. 5.30 Uhr. Bingo. Der Run beginnt. Ich kann gerade noch vor der Community aufs Klo und dann nix wie los! Meinen Rucksack habe ich gestern schon gepackt, denn wenn ich nachts geflüchtet wäre, hätte ich nicht mehr in die Herberge zurück können.

Es ist immer noch stockdunkel – von den anderen sehe ich nur noch ab und zu eine Taschen- oder Stirnlampe blinken. Ich suche mir den Pfad durch die Dunkelheit zum Strand und blicke in das dunkelblaue Wasser, auf dem die Sterne funkelnd auf der Oberfläche tanzen.

Andächtig rolle ich meine rote Yogamatte aus. Beginne mit „Surya Namaskar", dem Sonnengruß, die Sonne zu grüßen und diese lässt sich nicht lange bitten. Hinter der Klippe schimmert sie schon durch.

* * *

### Der Sonnengruß – Surya Namaskar

*Der Sonnengruß besteht aus 12 einzelnen Übungen – 12 ist eine wichtige Zahl, 12 Monate, 12 Sternzeichen, 12 Stunden am Tag, 12 in der Nacht, 12 Jünger, ...*

Achtsam nehme ich nacheinander die Stellungen ein.

1. *Pranamasana: der Stand mit den Händen im Namaste Mudra*
   *– die Sammlung*

2. *Hasta Uttanasana: die Streckung nach oben*
   *– den Gruß an die Sonne, Dehnung*

3. *Padahastasana: die Vorbeuge*
   *– die Verehrung der Erde, Wirbelsäule aushängen*

4. *Ashva Sanchalasana: der Läufer (zuerst rechts, in der zweiten Runde links)*
   *– positiver Blick in die Zukunft, Dehnung Hüftbeuger, Kraft & Aufrichtung*

5. *Dandasana: der Stütz*
   *– Kraft und Selbstbewusstsein*

6. *Ashtanga Namaskara : die 8-Punkte-Stellung*
   *– macht dich demütig*

7. *Bhujangasana: die Kobra*
   *– weitet dein Herz und die Atemräume, stärkt den Rücken*

8. *Adho Mukha Shvanasana: der Hund*
   *- gibt dir Kraft & Mut, stärkt Arme & Beine*

9. *Ashva Sanchalasana: der Läufer (zuerst rechts, in der zweiten Runde links) – s.o.*

10. *Padahastasana: die Vorbeuge*
    *– s.o. massiert die Bauchorgane, streckt die Wirbelsäule*

*11. Hasta Uttanasana: die Streckung nach oben*
  *– s.o. dehnt die Vorderseite, stärkt den Rücken*

*12. Tadasana: der Stand und Namasté*
  *– die Sammlung, Erdung*

*Surya Namaskar bedeutet auch „Verbeugung vor der Sonne". Und die Sonne bedeutet für uns Kraft, Wärme und Licht. Die Sonne bringt die Pflanzen zum Wachsen. Sie wärmt unsere Haut und unser Herz. Ohne die Sonne würde es kein Leben geben, zumindest für mich kein lebenswertes.*

*Vielleicht kennst du die Sonnengrüße anders – es gibt unzählige Variationen, aber diese Version, die wir in der Ausbildung gelernt haben, mag ich besonders.*

*Manchmal – vor allem wenn ich im Stress bin – kann ich beim Sonnengruß komplett abschalten.*

*Es entsteht so eine Art Automatismus, denn nahezu jede Stunde beginnt mit dem Sonnengruß, da er sich prima zum Aufwärmen vor den Asanas eignet, weil er viele Muskelketten aktiviert und den Kreislauf in Schwung bringt. Nahezu alle Muskeln, Bänder, Knochen und Gelenke werden im Sonnengruß durchgedehnt und aktiviert. Deshalb baue ich ihn gerne zu Beginn einer Stunde ein.*

*Für mich übe ich ihn auch als eigenständige Praxis – fast als ein Ritual. Irgendwann, wenn mein Kopf beim Üben frei geworden ist, merke ich, wie schade es doch ist, ihn automatisch oder fast monoton zu üben. Dann bin ich bereit dafür, die Stellungen und Übergänge in Achtsamkeit und im Einklang mit dem Atem durchführen.*

\* \* \*

Mein Körper fließt von Stellung zu Stellung – herrlich.

Ich brauche nichts zu denken, es geht von allein. Meine Glieder biegen sich fast von selbst in die Stellungen und die schlechte Matratze scheint vergessen zu sein. Es tut mir so gut.

Zum Abschluss Kapalabhati für mehr Sauerstoff, Energie und geistige Klarheit.

Ich fühle mich wie neu geboren. Welch ein genialer Start in den Tag.

Langsam wird es heller, der Horizont ist in weiche, pastellene Farben getaucht, die ein brillanter Künstler nicht schöner hätte malen können. Ich genieße diese Ruhe und diese Verbundenheit mit den Elementen der Natur in vollen Zügen.

Was für ein großartiger Morgen.

### Kapalabhati

*Mit gekreuzten Beinen hinsetzen.*
*Wichtig ist, dass dein Rücken und dein Nacken gerade sind.*
*Schnell mit dem Bauch stoßweise ein- und ausatmen.*
*Der Fokus liegt auf der Ausatmung. Anfangs 20 – 30 Mal atmen,*
*später steigern.*
*Anschließend zwei tiefe Atemzüge, dann die Luft solange es angenehm*
*ist, anhalten (Lungen zu 75 % gefüllt) ausatmen.*

*3 - 5 Runden machen.*

*Die möglichen Wirkungen:*
*Blut, Atemwege, Lunge, Stirn und Nebenhöhlen werden gereinigt. Der*
*Kopf wird erfrischt, Schnupfen und Kopfschmerzen werden gelindert, In-*
*fektionskrankheiten wird vorgebeugt.*
*Der Reinigungsatem stärkt außerdem das Nervensystem, kräftigt den*
*Bauch und fördert die Funktion von Leber, Milz, Bauchspeicheldrüse*
*und Verdauung.*

*Da Kapalabhati den Kopf herrlich frei macht, wird die Übung auch*
*„scheinender Schädel" oder „Strahlender Kopf" genannt.*

\* \* \*

**3. Tag**          **Pobeña - Castro Urdiales – Pontarrón**
                    **Bettwanzen und vertraute Gesichter!**

Es wird immer heller und so langsam kann ich auch die Stufen erkennen, die mich vom Strand aus nach oben bringen. Vor mir erklimmt ein „Mittvierziger" mit seinen Walkingstöcken humpelnd die Stufen. Ich überhole ihn, rufe ihm ein freundliches „Buenos dias" zu und laufe weiter. Er stolpert zielstrebig hinterher.

Als Lohn für den morgendlichen Treppenaufstieg bekommen wir eine überwältigende Aussicht. Die Sonne sucht sich über die Klippen den Weg nach oben und taucht das bisher noch dunkle Wasser in eine pink-rosa Farbe ein. Die ganze Bucht erstrahlt in den prächtigsten Farben. Im Wasser entsteht das Spiegelbild der Sonne, so dass diese noch heller und glanzvoller zu strahlen scheint. Ich bin mir sicher, dass ich so einen brillanten Sonnenaufgang noch nie zuvor gesehen habe.

Andächtig bleibe ich stehen und erlebe einfach nur den Moment. Rieche das Meer und sauge die salzige Luft ein. Unbedingt muss ich meine Arme nach oben ausbreiten und tief atmen, alles in mir aufnehmen. Ich stelle mir vor, wie die Sonne, die Farben und die frische Luft in jede Zelle meines Körpers gelangen und erlebe, wie diese Kräfte mich regelrecht aufladen. Welch erstklassiges Gefühl.

Ich danke der Schöpfung mit all ihren Facetten. Unser Planet hat so viel zu bieten und andächtig hoffe ich, dass wir nicht bald alles kaputt machen!

Das Rauschen der Brandung und das Kreischen der Möwen ist von hier oben klar zu hören. Leider auch das Klackern viel zu vieler Walkingstöcke und lautes Geschwätz. Der Rest der Meute scheint sich nun auch auf den Weg gemacht zu haben.

Ich beginne das Mantra „Lokah Samastah Sukhino Bhavantu" zu summen – ein Mantra, das oft nach Yogastunden gesungen wird. Übersetzt heißt es ungefähr „Mögen alle Wesen auf dieser Welt verbunden und in Harmonie sein und Glück erfahren."

Ich bin mal gespannt, wie ich die 20 Kilometer heute hinbekomme.

Der Mittvierziger humpelt an mir vorbei. Sieht irgendwie nicht gut aus. Nein, nicht er – er sieht ganz passabel aus, aber seine Füße scheinen ihm sehr weh zu tun.

Ich mache noch ein paar Fotos vom Sonnenaufgang und setze dann nach. Wir werden uns sicherlich noch ein paarmal gegenseitig überholen, denn wenn ich Fotos mache, holt er auf. Wir zwinkern uns immer freundlich zu, für eine Unterhaltung reicht es (noch) nicht.

Die Route an der Küste entlang trotzt mit bizarren Felsen bis hin zu mit grünem Gras bewachsenen Klippen. Das Meer mutet nun in mildem Pastellblau an und noch immer wirkt der Sonnenaufgang nach. Die Luft schmeckt nach Meer und Möwen ziehen ihre Bahnen im Himmel. Segelboote tummeln sich langsam auf dem Wasser – nur ein übergroßer Kreuzfahrtdampfer stört die Idylle.

Es geht vorbei an saftigen Wiesen mit Rotklee und Kornblumen, Brombeerhecken und wilde Rosen säumen den Straßenrand. Esel, Pferde und Kühe grasen auf den saftigen Weiden.

Vor mir der Camino, rechts das Meer und links dieses in sattes Grün getauchte Land. Diese überaus gesunde Farbe drängt sich geradezu auf. Ich spüre, wie mir das Grün der Pflanzen und das Blau des Meeres guttun – sauge die Farben und die Stimmung geradezu auf. Mein humpelnder Kumpel überholt mich wieder. Auf einer Koppel kommt mir ein Esel entgegen und ich überlege ernsthaft, ob ich nicht wieder einen Apfel mit dem Esel teilen mag.

Langsam wird es lebhafter – immer wieder werde ich „Genusspilger" von den anderen überholt. Die Strecke ist mit gelben Pfeilen übersät, so dass sogar ich „Blinde Kuh" die richtige Fährte finde, ohne ständig im Reiseführer blättern zu müssen.

Alle, die mich überholen sind sehr freundlich – klar – gebe ich ihnen doch ein gutes Gefühl. Einige kenne ich von der Albergue. Man trifft sich!

Es geht über hügelige Pfade durch eine alpenartige Landschaft. Auf dem Boden liegen unzählige Kuhtretmienen, ich höre Kuhglocken und warte nur darauf, dass gleich so ein Rindvieh vor mir steht. Meine Gedanken streifen nach Österreich ins Montafon, wo ich jedes Jahr den Event *„Yoga und Bergwandern"* anbiete, bei dem ich gemeinsam mit einer Profi-Bergführerin bis zu 12 Damen durch den Berg führe und Yogaübungen im Gelände mache.

Nur wachsen in den Alpen keine Feigen, denke ich schmunzelnd. Obwohl – wenn sich das Klima weiter so verändert, gibt es die sicher auch bald bei uns … Eidechsen und Geckos huschen über die Straße. Die mag ich besonders, denn auf Mallorca, meiner Lieblingsinsel, stehen sie für Glück, für ein gutes Zeichen. In der Ferne stehen ein Leuchtturm, Windräder und eine kleine Burg. Ob mich meine Tour heute dort vorbeiführt? Ich passiere Ontón, danach werde ich wieder ins Hinterland geführt.

Sonia, eine super süße dunkelhaarige Señorita, begleitet mich ein Stück. Wir reden ganz nett und morgen möchte sie mit mir Yoga machen. Sie ist Spanierin, zu Hause hat sie alles genervt und so ist sie hierher – nur für eine Woche. Aber besser als nichts. Wir bereichern unsere Fotostory, fotografieren uns gegenseitig und machen gemeinsame Selfies. Sie ist eine richtige Frohnatur, wir lachen und schlendern ein Stück gemeinsam, aber irgendwann bin ich ihr zu langsam. Wir sehen uns bestimmt im nächsten Café. Mein Bedarf an Koffein ist diesen morgen noch nicht befriedigt worden. Leider bekomme ich Migräne, wenn mir der Kaffee fehlt und das, obwohl ich nicht mehr als 1 - 2 Tassen pro Tag trinke.

Ich trotte alleine weiter. Wenigstens hat mich mein „Humpel Kumpel" nicht wieder überholt.

Nun geht es direkt zu einer Autostrada – leider wieder in ein schreckliches Gebiet. Der einzige Lichtblick auf dieser extrem befahrenen Straße ist die Tankstelle, denn da gibt es sicherlich Kaffee. Ich stärke mich gleich mit zwei mittelmäßigen Automatenkaffees und esse knautschige Waffeln, die es als Angebot im 3er-Pack für einen Euro an der Theke gibt. Mein „Humpel Kumpel" hat die gleiche Idee und wir kommen ins Gespräch. Er spricht Englisch und ist in Irun, dem offiziellen Beginn des Camino del Nortes gestartet. Mehr ist nicht aus ihm herauszubringen. Die triste Straße windet sich den Berg nach oben und es ist ziemlich eng – fast bekomme ich Angst, wenn mir ein Fahrzeug entgegenkommt.

Von hinten schließt ein junger Mann mit einer Gitarre auf dem Rücken auf. Ich quatsche ihn an – vielleicht versüßt er mir diesen öden Abschnitt ja ein klein wenig. Freilich interessiert mich, ob seine Gitarre nicht viel zu schwer ist. Natürlich nicht. Es ist sein dritter Camino – dann kennt er sich ja aus und vermutlich braucht er seine Gitarre ebenso wie ich meine Yogamatte.

Ich erzähle ihm von meinem Sohn Daniel, der seine ganzen Ersparnisse in Gitarren umsetzt und er findet ihn bereits jetzt sympathisch. Als ich ihm auch noch von dem Roadtrip mit Oldtimer und Gitarre nach Prag erzähle und von der Freundlichkeit, die mein Sohn dort erfahren hat, grinst er und sagt, er würde aus Prag kommen. Das Eis ist gebrochen und wir plaudern noch eine Weile in Englisch. Warum er hier ist? Er liebt das Wandern, das abendliche Singen mit den Gleichgesinnten, das Abschalten vom stressigen Studium und die Freiheit. Irgendwann bin ich ihm dann doch zu langsam und er stiefelt mit großen Schritten an mir vorbei.

Hola! Hola! Ruft es aus einem Café. Sonia hat sich von ein paar „guapo hombres", Fahrradfahrern mit Waden, die so stramm sind wie Baseballschläger, auf einen Zumo de Naranjas einladen lassen, gesellt sich jetzt aber wieder zu mir. Wir unterhalten uns in einem Mix aus Spanisch und Englisch und sie versüßt mir den letzten Part dieser fürchterlichen Straße.

Doch dann gibt Sonia wieder Gas und ich ziehe alleine weiter durch die nun nicht mehr so triste Gegend. Muntere Ziegen bieten sich zum Fotografieren an. Ich staune immer noch über die sehenswerte Fauna und Flora. Der Duft der Eukalyptusbäume mischt sich mit den Ausdünstungen der Ziegenherde und des mächtigen, schwarzen Bocks. Nach ein paar weiteren Metern ist der Ziegengestank verduftet und ich habe wieder diesen erfrischenden Kiefer- und Eukalyptusgeruch in der Nase, den ich von Korsika und Mallorca her kenne und liebe.

Es ist gerade mal 12 Uhr und ich erreiche schon mein Tagesziel Castro Urdiales. Viel zu früh. Geht gar nicht. Was soll ich auch den ganzen Tag tun? Ich fühle mich noch bereit, eine Etappe zu marschieren.

Das Meer zieht mich magisch an. Ich genieße die Siesta am Strand und das erfrischende Bad im Atlantik.

Im Touristenbüro wird mir der Stempel in mein „Credencial del peregrino", meinen Pilgerausweis, gedrückt. Unbedingt möchte ich mir die Kirche im Ort anschauen, denn von außen sieht sie sehr interessant aus, doch diese wird gerade zugemacht. Schade.

Auf jeden Fall möchte ich noch kurz in der Herberge vorbeischauen, meine Wasservorräte auffüllen und aufs Klo. Es geht steil bergauf. Drei sich streitende Gefährten überholen mich, wollen wohl, dass ich ihnen nicht das letzte Hochbett vor der Nase wegschnappe. Doch diese Albuerge macht erst um 15 Uhr auf, dann wird entschieden, wer überhaupt bleiben kann und es ist klar, dass einige hier nicht übernachten können. Was dann?

Ein großes Hallo vor der Herberge, denn ich treffe viele bekannte Gesichter. Sonia, die bissige Bettuntermieterin von gestern, das ungarische Pärchen und mein humpelnder Kumpel. Alle bleiben erschöpft hier – könnte schon auch lustig werden, bei den vielen Bekannten. Habe ich sie jetzt alle ganz leicht überholt?

Tja, langsam zu sein ist nicht immer ein Fehler. Doch ich will unbedingt weiter.

Mein Ziel ist das noch etwa 15 Kilometer entfernte Islares. Krieg ich locker hin. Mein Unterkunftsverzeichnis vom Pilgerverein Paderborn lockt mit einer netten Pension, nur 200 Meter vom Meer entfernt. Ein gemütliches Zimmer mit weiser Bettwäsche, ein eigenes, sauberes Bad und genügend Steckdosen um meine ganzen elektronischen Geräte aufzuladen Perfekt! Mit diesen Gedanken setze ich leichtfüßig meinen Trip fort.

Lächelnd denke ich, dass dies auch noch eine gute Tat ist, so mache ich dem ungarischen „Low-Budget-Pärchen", das gestern Abend vor den Konservendosen saß, nicht den letzten Platz in der Herberge streitig. Das wäre ja auch unyogisch, oder?

Es ist glühend heiß. Ich stecke mir einen Pfefferminz-Kaugummi in den Mund. Obwohl ich Bubble Gum eigentlich gar nicht mag, bin froh an ihm, denn er befeuchtet meinen Mund ein klein wenig.

Ich wandere nun schon ewig einfach so vor mich hin. Ohne viel nachzudenken. Einfach laufen, einfach sein. Herrlich. Ich genieße dieses einfach „Sein" zu dürfen von Tag zu Tag mehr. Bisher war die Route ja ganz ordentlich ausgeschildert, hier 'ne Muschel, da 'ne Muschel – im Großen und Ganzen finde sogar ich mich zurecht – und das, obwohl ich einen „Orientierungssinn habe wie ein Huhn", wie mein Mann es schon öfters ausgedrückt hat.

Doch nun komme ich an eine Kreuzung – keine Muschel weit und breit, auch kein Pfeil ist zu finden. Da hier nur Wiese ist, spuckt selbst das GPS nichts wirklich Brauchbares aus. Ich recke den Hals in die Länge – kein anderer Fußgänger weit und breit. Wo sind die denn alle? Alle in der Herberge geblieben? Heute Morgen ist doch eine ganze Horde wild gewordener Wanderlustiger aus der Herberge geströmt. Die haben doch alle das gleiche Ziel – alle können doch nicht in der überfüllten Albuerge geblieben sein?! Bin ich wirklich so gedankenversunken durch die Landschaft geirrt? Ich kann mich an nichts erinnern. Was, wenn ich schon seit Castro auf der falschen Fährte bin? Wo ich wohl rauskomme? Ich will ans Meer! Wiederholt studiere ich ausführlich meinen Wanderführer, aber auch der spricht in Rätseln zu mir, er beschreibt zwar ausführlich die Route, die ich passieren hätte sollen aber von dieser Kreuzung steht nichts geschrieben.

Ach nein. Früher haben es die Leute doch auch geschafft. Sogar im Mittelalter sind sie gepilgert. Erst kürzlich kam ein Film im Fernsehen, da ist eine kleine Gruppe demütiger Wallfahrer im Mittelalter unter widrigsten Umständen den Jakobsweg gegangen. Die Heldin musste sich sogar als Mann ausgeben, dass die kleine Truppe sie mitgenommen hat. Und die hatten ein riesiges, schweres Holzkreuz dabei, dass sie abwechselnd tragen mussten. Fast beschämt schau ich meine ein paar Gramm leichte Mala an, das einzige Holz, das ich dabeihabe.

\* \* \*

*Eine Mala ist eine im Hinduismus oder Buddhismus verwendete Gebetskette, die meist aus 108 einzelnen Perlen und einer großen Perle besteht.*
*Jedes Mal, wenn du in der Japa-Meditation ein Mantra rezitierst, gleitet der Finger zur nächsten Perle. Bist du wieder bei der großen angekommen, hast du das Mantra 108 mal wiederholt.*
*(Japa bedeutet wörtlich: rezitieren, flüstern, murmeln, wiederholen. Japa heißt aber insbesondere: Wiederholung des Mantras, Rezitieren des Mantras, Meditieren über das Mantra).*
*Gerade wenn du eine aufwühlende Zeit hinter dir hast und es dir*

*schwerfällt, die Gedanken in der Meditation ruhen zu lassen, kann dir*
*die Mantra-Mediation mit einer Mala helfen.*
*Meine Mala ist aus Sandelholz und war ein Geschenk meiner*
*Ausbilderinnen zur bestandenen Yogalehrerprüfung.*
*Hätte ich vielleicht lieber einen Rosenkranz mitnehmen sollen?*
*Der beruht ja auf einem ähnlichen Prinzip. Doch warum habe ich auf*
*diesen christlichen Weg eine Mala mitgenommen und keinen Rosen-*
*kranz, der ja im katholischen das Pendant dazu ist?*
*Zu welchem Glauben fühle ich mich mehr hingezogen?*

\* \* \*

Zurück zum Mittelalter – sie hatten natürlich auch Verluste – einer ist im Moor versunken, zwei wurden von Vagabunden um die Ecke gebracht und der Vierte ist an der Schwindsucht gestorben. Am Ende hätten sie sich fast gegenseitig umgebracht, weil sie entdeckt haben, dass ihr Kumpel eine Frau war und sie dann alle um die Gunst der Dame buhlten. Halleluja.

Diese ganzen Strapazen hat die Heldin der Geschichte nur auf sich genommen, weil ihr Vater ihr am Sterbebett das Versprechen abgenommen hat, dass sie für seine Erlösung nach Santiago wallfahren muss. Welch ein Glück mein Sohn doch hat … immerhin erspare ich ihm das Dilemma und sorge selbst für mein Seelenheil! Er sollte mir dankbar sein, denke ich noch selbstgefällig und stolpere über meine eigenen Füße!

Wieder komme ich an eine Abzweigung. Doch was nun? Ich erinnere mich an eine Geschichte, die einmal in einem Satsang im Ashram vorgetragen wurde.

Es ging um eine junge Frau, die in einem tiefen Tal im Wald wohnte. Die Leute waren schon immer dort und kaum einer hatte jemals die Gegend verlassen, da es als sehr gefährlich galt. Natürlich – es war ja auch niemand je wieder zurückgekommen, der den Ort verlassen hatte. Nun ja, die Einzige, die wohl jemals das Tal verlassen hatte, war eine alte Frau und die erzählte vom großen, weiten Ozean. Die junge Frau verbrachte viel Zeit bei der Alten und wie gebannt hörte sie ihren Erzählungen zu. Eines Tages beschloss sie, zum Ozean zu wandern. Sie nahm allen Mut zusammen, fragte die Alte um die Wegbeschreibung. „Du musst nur immer geradeaus, dann kommst du schon zum großen Meer". Sie packte allen Mut und ein paar Habseligkeiten zusammen und verließ ihre Heimat, um den großen, weiten Ozean zu suchen. Sie passierte andere Täler mit Einheimischen, die ihre Welt noch nie verlassen hatten.

Nach einigen Tagen kam sie zu einem hohen Berg, an dem sich die Straße teilte. Geradeaus kam sie nicht mehr weiter. Sie musste sich für eine Richtung entscheiden – rechts oder links. Die alte Frau hatte doch gesagt, es ginge immer gerade aus? Was nun? Sie überlegte und überlegte. Wenn ich nun dem falschen Pfad folge – was dann? Ich werde den Ozean dann nie erreichen! Ich werde auch nie zurückkommen. Die anderen hatten Recht – es ist zu gefährlich.

In ihrer Verzweiflung entschied sie, ins letzte Tal zurückzukehren, um die Einwohner nach der richtigen Route zu fragen. So schnell gab sie nicht auf. Doch keiner kannte die Strecke zum Ozean und die Bürger im Dorf wollten ihr den großen Traum ausreden. Es ist zu gefährlich ... Du kommst nie wieder zurück ... Bleib doch hier – hier ist es doch auch auszuhalten … Um die Geschichte etwas abzukürzen, sie lernte einen jungen Mann kennen, blieb bei ihm und bekam 4 Kinder und irgendwann hatte sie auch ihren großen Traum vergessen. Erst als der Mann starb und ihre Kinder erwachsen waren, erinnerte sie sich wieder an den Traum. Sie ging erneut zu der Kreuzung, an der sie vor Jahren umgekehrt war. Diesmal ging sie geradeaus, hoch auf den Berg, denn vielleicht konnte sie von dort aus den Ozean von oben sehen und dann wüsste sie wo es lang geht. Und so war es. Von oben erkannte sie, dass beide Wege um den Berg herumführten und schließlich zum Meer führten. Sie war glückselig, in ihrem Leben doch noch die See sehen zu dürfen.

Ich lächle. Ist denn nicht jede Route richtig? Führt denn nicht jeder Weg zum Ziel? Ist es denn nicht wichtig, sein Ziel zu kennen und dann beharrlich daran zu arbeiten, das Gewünschte zu erreichen? Und, gibt es denn nicht immer mehrere Möglichkeiten?

> *„Was wäre das Leben, hätten wir nicht den Mut,*
> *etwas zu riskieren?"*
> *Vincent van Gogh*

Ich schließe meine Augen, atme tief durch, konzentriere mich auf mein drittes Auge, mein Agnia Chakra (das immerhin für Intuition steht), schicke den Atem bis tief in den Bauch, um mein Nabelchakra zu aktivieren und entscheide mich für rechts. Aus dem Bauch heraus! Bereits nach kurzer Zeit sehe ich wieder Menschen und Muscheln. Und wenn ich nun die andere Route genommen hätte?

Jetzt findet mich auch das GPS wieder und hat die Entfernung nach Islares mit 12,5 Kilometer angegeben. Das wird zwar taff, ist aber zu schaffen, denn heute bin ich super drauf und top fit! Und wenn ich erst um 18 Uhr ankomme, werde ich in einem gepflegten Hotel nächtigen und nicht in einer überfüllten Herberge pennen. Sicherheitshalber versuche ich jemand im Hotel zu erreichen, da ich ja später als die meisten ankommen werde, doch es ist immer nur das „Belegt"-Zeichen zu hören. Ich komme an einer Herberge vorbei, die hat leider geschlossen und ist somit auch keine Alternative. Egal. Ein Einzelzimmer am Meer mit weißer Bettwäsche, dies ist heute mein Tagesziel.

Vorbei an sehr gepflegten Gärten mit bunten Hortensien, Feigenbäumen, Palmen, Sträuchern und Weinreben. Ich denke immer wieder, was das wohl für fleißige Leute sein müssen. Das hätte ich in Spanien nicht erwartet.

Bald habe ich es geschafft. Doch die Straße zieht sich wie der Kaugummi in meinem Mund. Langsam komme ich dem Meer wieder näher. Ich rieche den Duft des Salzwassers und höre schon die Brandung. Ich liebe das Meer. Dort ist es – mein Ziel. Da muss meine Pension sein. Direkt am Meer. Ich freue mich schon darauf, meine glühenden Füße im erfrischenden Nass zu baden, möchte gleich ins Wasser hüpfen, wenn ich eingecheckt habe, es prickelt schon auf meiner Haut.

Die Vorfreude steigt, die Ernüchterung ist erschütternd. Anstatt eines schmucken Gebäudes steht ein verfallenes Etwas, ohne Scheiben, alles verdreckt und vermüllt. Das Einzige, was an bessere Zeiten erinnert, ist der verblätterte Namen des Hotels, derselbe übrigens, der in meinem Reiseführer steht und ein schmuckes Quartier beschreibt. In der Bar nebenan frage ich nach. Dieser Ort hat keine Zimmer mehr zu vermieten. Es gibt eine Albuerge im nächsten Ort. Nur 4 Kilometer entfernt. Oh nein! Mir tut alles weh! Zum Baden ist keine Zeit, da es sonst noch später wird, um in der Herberge einzuchecken. Wenn dort ausgebucht ist?

Mir schwant Furchtbares. Doch habe ich eine andere Wahl?

Ich trabe weiter. Der Bus fährt an mir vorbei. Mist. Zu spät, um zu winken. Chance verpasst!

Mühsam schleppe ich mich in den nächsten Ort und lande in einer kleinen Bar. Erschöpft plumpse ich auf einen Barhocker. Der frisch gepresste O-Saft füllt meinen leeren Energie- und Motivationsspeicher wieder etwas auf. Wow – hier bekomme ich meinen Stempel und die Herberge ist auch nur noch 50 Meter entfernt. Ob es im Ort eine Pension gibt? Die Dame an der Theke lächelt. Nein. Sie lacht mich aus.

Ein Stoßgebet zum heiligen Jakobus, dass ich in diesem Kaff irgendwo schlafen kann. In meinem Reiseführer steht, dass man hier einchecken oder sich zumindest mit Proviant eindecken soll, denn es gibt die nächsten drei Stunden weder etwas zu essen noch zu trinken.

Keuchend schaffe ich die 50 Meter. Hoffentlich ist die Unterkunft nicht „komplett", denn sonst muss ich im Freien übernachten. Ich bin entsetzt – denn nun stehe ich wieder vor einer Bruchbude. Wenigstens sind hier sind die Scheiben noch drin ...


„Ute! Ute! Ute", schreit es aus dem Haus! Finja ist auch da! Welch nette Überraschung! Wir fallen uns in die Arme. Die ganze Anspannung legt sich und ich bin nur noch froh, da zu sein und ein bekanntes Gesicht zu sehen.

Eine Frau in meinem Alter – Tina aus Bayern und Marie, etwas jünger – sitzen ebenfalls in der Runde.

Allen ging es gleich wie mir. Unfreiwillig hier, weil es halt anders gelaufen ist, als gedacht. Uns verbindet heute das gleiche Schicksal. Wir erzählen unsere Geschichten und freuen uns, dass wir nicht alleine sind und es anderen genauso geht. Pilgergespräche sind einfach klasse und relativieren so manches.

Es ist saudreckig hier. Die Betten sind schmutzig, die Matratze hat diverse Flecken, über die ich lieber nicht weiter nachdenke, es gibt für alle eine Dusche und ein Klo. Dreckig ist geschmeichelt.

Am liebsten würden alle wieder abhauen. Wir beratschlagen uns. Ein Taxi? Aber wohin? Es gibt eine Herberge, doch da gibt es wohl keinen Herbergsvater mehr. Keine Chance. Keine Alternative. Letzten Endes sind wir uns einig und froh, überhaupt einen Platz zum Schlafen zu haben und nicht alleine hier zu sein.

An der Wäscheleine im Garten hängt noch ein einigermaßen sauberes Bettlaken, das ich um die schmuddelige Matratze wickle. Ab und zu wird hier wohl doch gewaschen.

Eine Muschel hat die Behausung bekommen, erzählt Finja sarkastisch. Welch lausige Bewertung!

Muscheln sind für die Albergues so was wie Sterne für Hotels. Diese Muschel hat die Absteige wohl für ihre Wäscheschleuder bekommen, übrigens das Einzige, was wirklich prima ist. Ein Yogi versucht, immer etwas Positives an der Situation zu finden. Sich umzuprogrammieren. Anstatt „Scheiße, dass diese Herberge so versaut ist" zu sagen: „Wie gut, dass ich wenigstens ein Dach über dem Kopf habe und hier nicht alleine hocke".

Da ich außer meinem Studentenfutter nichts mehr zu essen habe, trotte ich in den Ort hinunter in die Bar, trinke zwei Bier und schlage mir den Magen voll. Wenn die Dame hinter der Theke auch nicht wirklich aufmerksam ist, so ist wenigstens das Essen klasse. Das muss für morgen früh auch noch reichen, denn der nächste Ort ist 3 Stunden entfernt.

Zurück in der „Absteige" sitzen wir noch zusammen. Finja, Marie, Tina und ich finden immer neue Gesprächsthemen und unterhalten uns so prima, dass es wider Erwarten noch ein sehr schöner Abend wird.

Bin mal gespannt, ob mein imaginärer WLAN-Zauber heute wieder funktioniert und auch gegen Bettwanzen taugt.

**4. Tag**        **Pontarrón – Laredo**
                       **Maya – alles ist Täuschung**

Ich liege wach. Mein Untermieter schnarcht so laut, dass nicht mal die Ohropax helfen und die Füße hat er wohl auch nicht gewaschen.

Hätte ich doch meinen Franzbranntwein in der Nähe, dann hätte ich ihn um die Nase geträufelt um die Stinkefüße meines Bettnachbarn nicht riechen zu müssen. Wenigstens liege ich am offenen Fenster. Er schnarcht immer lauter und ich überlege, ob ich ihn nicht kalt lächelnd erwürgen sollte. Ich versuche mit autogenem Training, einer wirkungsvollen Entspannungstechnik, die ich gerne am Ende meiner Yogastunden anwende, etwas Ruhe zu bekommen.

*„… ich entspanne meine Füße, meine Füße entspannen sich, meine Füße sind vollkommen entspannt*
*… ich entspanne meine Waden, meine Waden entspannen sich, meine Waden sind vollkommen entspannt …"*

Normalerweise komme ich gerade mal bis zum Becken und dann schlafe ich schon. Doch um meinen Kopf kreisen die Schnaken. Schlecht, dass ich direkt am offenen Fenster liege.

Irgendwann in der Nacht schlafe ich ein. Kurz vor 5 Uhr klingelt der Handywecker meines Untermieters, der dann wild mit seiner Taschenlampe herumfuchtelt und wie ein Leuchtturm den ganzen Schlafsaal ausleuchtet. Prima – der hat ja jetzt ausgeschlafen!

Unverschämt, in einem vollen Schlafsaal um diese Zeit so ein Spektakel zu veranstalten – hätte ich ihn doch heute Nacht schon umgebracht, dann wäre wenigstens Ruhe gewesen. Vom Schlafsaal hätte mich sicherlich niemand verpfiffen.

Mit seiner grubenlampengroßen Leuchte macht er sich auf den noch dunklen Pfad, sicher will er als erstes wieder in einer Herberge sein. Vielleicht arbeitet er ja sonst unter Tage, denke ich noch und versuche mich noch etwas zu entspannen, denn um weiter zu ziehen ist es noch zu dunkel und für Yoga ist es noch zu kalt.

Es wird früh aufgestanden auf dem Camino. Swami Sivananda hat einmal gesagt, wenn es dir schwer fällt um halb sechs aufzustehen, dann stehe ein paar Tage um halb fünf auf und dann fällt es dir einfach, um halb sechs aufzustehen. So weit bin ich jetzt auch! Und anstatt mich zu ärgern, sehe ich es als Training für die nächsten Wochen.

Ich verlasse so ruhig wie nur möglich das Bett, Tina folgt. Wir wechseln noch ein paar Worte, sie schaut mir noch bei meinen Sonnengrüßen zu und dann entschwindet auch sie in die Dunkelheit. Als es langsam heller wird, kommt mir Finja ganz verschlafen aus dem Schlafsaal entgegen. Marie gesellt sich dazu und wir beschließen, die nächste Etappe gemeinsam zurück zu legen. Marie knabbert an einem Müsliriegel, Finja an einer alten Brotkrumme und ich frühstücke den Rest des Eier-Bocadillos (Sandwich aus spanischem Brot) der mürrischen Bardame, das ich gestern nicht ganz gegessen und eingepackt hatte. Dazu ein kaltes Wasser, da mir die Küche hier selbst zum Wasserkochen zu dreckig ist. Die nette Unterhaltung mit den Mädels macht das Essen erträglich.

Nach unserem kleinen Frühstück brechen wir gut gelaunt zu dritt auf. Bis zu einem grandiosen Aufstieg ins Hinterland hätte ich schon zweimal meinen Pfeil verpasst. Dabei habe ich mich doch heute früh beim Yoga schon so zentriert und trotzdem laufe ich wie benebelt durch die Prärie. Toll, dass die Beiden dabei sind und auf die Pfeile achten.

Die Straße windet sich durch die grüne Landschaft und vor uns treibt ein Schafhirte seine Herde durch die Straße. Ein Ziegenpeter in Spanien. Oder lieber Ziegenpiedro?

Der Anstieg ist steil und felsig, die Steine sind matschig und glitschig. Ich schraube meine neuen *„super-light-Walkingstöcke"* auseinander und brauche dazu übermäßig lang. Marie hat besser eingekauft. Teleskop-Stöcke. Wow! Mindestens fünf Mal schneller aufgebaut. So habe ich wenigstens wieder eine Ausrede, warum ich so langsam bin. Ich sage zu den beiden, sie können mich gerne überholen und wenn sie mögen, oben auf mich warten.

Mühsam schleiche ich im Schneckentempo den Berg hinauf. Muss immer aufpassen, nicht abzurutschen. Meine Stöcke bohren sich, um festen Untergrund zu finden, tief in den Matsch und ich taste mich langsam durch den feuchten Lehm nach oben. Hinzu kommt, dass mein Mann just dann anruft, als die Schlammschlacht am ärgsten und die Steine am glitschigsten sind. In der rechten Hand habe ich die beiden Stöcke, in der linken das Telefon. Doch anstatt stehen zu bleiben, laufe ich den Mädels hinterher, um den Anschluss nicht komplett zu verlieren.

Mitten im Gespräch rutsche ich aus. Mist. Mein Mann liegt im Dreck. Durchs Handy höre ich ihn rufen: „Alles ok, mein Schatz?" Ich ächze: „Bin nur hingefallen." Mein schickes Wanderkleid hat die Farbe in Ocker gewechselt und mein Smartphone ist nicht mehr wieder zu erkennen. Mit meinen dreckigen Händen suche ich nach den Taschentüchern, um es wieder abzuwischen. Hätte ich sie doch lieber mal in die obere Tasche gesteckt.

Ich Esel. Dreimal durchatmen. Yogis können das. Nichts ist kaputt gegangen. Glück gehabt!

Aufstieg 2. Etappe. Das Handy steckt jetzt sicher im Rucksack und bald lasse ich das Schlammstück hinter mir. Es hat hier – laut Wetter-App – schon längere Zeit nicht mehr geregnet. Kaum auszumalen, wie es hier aussieht, wenn es zuvor geregnet hat. Vermutlich wäre es nahezu unmöglich, hier hoch zu kommen. Ohne Stöcke und Wanderschuhe aussichtslos.

Ich schmunzle … gut dass ich doch keinen Gepäckesel gekauft habe. Der hätte sich sicher geweigert, hier hoch zu latschen. Nachher hätte ich den Esel noch hier hochtragen müssen.

Die Straße wird breiter und flacher und es wird einfacher. Ein Reiter kommt mir auf seinem edlen Pferd entgegen.

„Buen Camino" – da ist es wieder, das herzöffnende Zauberwort. „Gracias". Nach eineinhalb Stunden bin ich fix und fertig. Der Schweiß tropft mir von der Stirn in den Ausschnitt.

Seit einiger Zeit bin ich übrigens nicht mehr im Baskenland, sondern in Kantabrien. Die Vegetation hat sich etwas verändert, es wachsen immer mehr Eukalyptus- und Olivenbäume, Lorbeerhecken säumen die Haine und das Gelände ist steiniger. Die Landschaft ist wieder sehr abwechslungsreich. Vereinzelte Stallungen, Pferdekoppeln, Haine und Kuhherden, Wald und Eukalyptusbäume.

## In Kantabrien / Cantabria

Der Camino del Norte führt in großen Teilen durch Kantabrien. Besonders eindrucksvolle Städte sind Castro-Urdiales, Laredo, Santoña sowie die Hauptstadt Santander. Nimm dir für die Städte unbedingt ein paar Stunden Zeit.

Es gibt sehr viele unterschiedliche Arten von – hauptsächlich privaten – Herbergen, Pensionen und Hotels. Am besten schon vorab eine Unterkunft reservieren, da die Städte auch touristisch attraktiv sind.

In den Städten bekommst du alles, was du vielleicht zu Hause vergessen hast. Die Strecken sind nicht immer ordentlich ausgebaut und beschildert, aber landschaftlich sehr reizvoll und häufig geht es entlang der Küste oder Steilküste.

Manchmal gibt es mehrere Wandermöglichkeiten, von denen der längere und beschwerlichere oft an der Steilküste entlangführt – für mich waren das die attraktivsten Routen, da zum einen weniger Wanderer unterwegs waren und ich mit fabelhaften Ausblicken belohnt wurde.

Atemberaubende Steilküsten wechseln sich mit grandiosen Berglandschaften ab. Immer wieder bin ich mir wie im Allgäu mit Meerblick vorgekommen – saftige Kuhweiden, bunte Bergblumenwiesen, Ziegen, Esel, Pferde mit Meerblick.

Abwechslungsreich geht es auf einsamen Strandabschnitten und kurze Zeit später wieder auf anspruchsvollen Bergpfaden voran. Am liebsten wäre ich immer dort gewandert!

\* \* \*

Ein zwei Meter großer Wandersmann setzt an und überholt mich. Er ist in Castro Urdiales aufgebrochen. Prima. Wenn ich so lange Beine hätte, dann wäre ich auch so schnell!

Eine rot-grau gekleidete Frau rückt auf, schimpft lautstark vor sich hin. Mann, hat die 'ne Laune – die hätte doch lieber etwas länger geschlafen! Der Riese mit den langen Beinen muss Pause machen. Ich überhole ihn wieder. Die rote Läuferin bleibt stehen und redet mit dem Riesen auf Spanisch. Dann gibt die Rote erneut Vollgas, setzt den Blinker und überholt mich erneut.

Ich schüttle nur den Kopf.

Als ob sie meine Gedanken lesen könnte, dreht sie sich um und bietet mir ein Stück Mandarine an. Auf Spanisch erzählt sie mir, dass die Ersten heute Morgen um 3.30 Uhr in Castro Urdiales aufgebrochen sind. Manche haben echt ein Rad ab.

Sie ist um halb sechs los. Hat Hunger und will einen Kaffee. Trotzdem teilt sie mit mir ihre Mandarine. Respekt. Nachdem sie eine Zigarette geraucht hat, sieht sie gleich freundlicher und entspannter aus. Nikotin scheint wohl ihr Yoga zu sein. Ich biete ihr eine Scheibe Brot und Käse an, wir setzen uns auf einen Baumstamm und frühstücken. Lachend verabschieden wir uns, denn sie muss noch etwas ausruhen.

Ich wandere gemütlich vor mich hin, genieße den Morgen und die Hirtenidylle, denn überall sind Schafe. Laredo ist bereits angeschrieben und ich freue mich auf die erste Belohnung des Tages. Café con Leche. Auf einem Picknickplatz sehe ich meine Wanderfreundinnen wieder. Wir teilen unsere letzten Essensreste und freuen uns, wieder zusammen zu sein. Den Rest der heutigen Etappe wollen wir gemeinsam zurück legen.

Ich wandere sehr gern allein, bin aber auch gerne in Gesellschaft. So ein Mix ist ideal für mich.

Mir fällt das dazu passendes Zitat meines Schwiegervaters ein:

*„Ich trinke Wein nur in Gesellschaft … oder allein!"*

Der kleine Ort Liendo naht und mein erstes Etappenziel „Kaffee" rückt Schritt für Schritt näher. Direkt an der Straße gibt es ein kleines Café. „Elisabeth!", ruft es zwischen ein paar athletischen und schwitzenden Männerkörpern. Das Testosteron knistert in der Luft. Sonia hat sich einer spanischen „Boygroup" angeschlossen und sportelt mit den attraktiven Athleten nun schon seit 5.30 Uhr. In ihrem Alter wäre ich für so hübsche Jungs auch früher aufgestanden und hätte einen Zahn zugelegt. Sie möchten heute noch bis Santoña kommen. „Next Time we will do Yoga together", verabschiedet sie sich und schon ist sie wieder entwischt.

Nach einem Kaffee, einem Zumo de naranca (Orangensaft) und ein paar Tapas geht es gestärkt weiter. Unser Proviant an

Brot, Obst und Wasser haben wir in einem kleinen Laden neben dem Café wieder aufgefüllt und können entspannt den Ort hinter uns lassen.

Ein Auto kommt sehr schnell hinter uns her gerast, so dass wir erschrocken auf die Seite hüpfen. Drin sitzt unser Barkeeper, steckt uns eine schwarze Stofftasche entgegen, die ein Vorbeiziehender in seiner Bar vergessen hat. Ob die Tasche uns gehört, will er wissen.

Dass es noch so liebe Leute gibt! Fährt seinen Gästen (die er erfahrungsgemäß ja nie wiedersehen würde) die vergessenen Sachen hinterher. Das würden sicherlich nicht viele tun. Erst recht nicht in Deutschland. Wir sind überwältigt von so viel Nächstenliebe – doch unsere Tasche ist es nicht.

Es geht voran. Immer bergauf. Bald werden wir wieder das Meer sehen. Mit „arriba, arriba" (nach oben, nach oben) motivieren wir uns gegenseitig und endlich erblicken wir die Bucht von Laredo. Die Mühe hat sich wirklich gelohnt.

Wir staunen über die schroffe Atlantikküste mit ihren hellgrünen Grashängen. Der Zugang zum Strand über die Steilküste scheint ein Geheimtipp zu sein, denn viele Einheimische mit übergroßen Kühltaschen und bunten Sonnenschirmen hangeln sich den Berg hinab. Leider gibt es keinen Badestopp, denn wir wollen in Laredo übernachten. Laut unserem Reiseführer soll es ein „schmuckes Küstenstädtchen mit historischen Gassen, bezaubernden Geschäften und gemütlichen Lokalen" sein. Wir möchten nicht zu spät ankommen und lieber dort noch an den Strand.

Endlich erreichen wir Laredo. Die Kirche hat natürlich wieder zu und die Albergue ist schon voll. Es gibt aber noch eine zweite Unterkunftsmöglichkeit, ein Kloster, das von Nonnen geleitet wird. Die Herberge der „Madres Trinitarias". Wir erreichen das Kloster und schreiten durch ein schweres, halbrundes Holztor. Ordensschwestern empfangen uns in den dicken Gemäuern. Finja und Maja sitzen schon da und werden gerade in die Kloster-Gepflogenheiten eingeführt. Hoffentlich gibt es noch Zimmer. Ich schicke ein Stoßgebet in den Himmel!

Marie und ich kommen dran. Eine Polin spricht uns in Englisch an. Sie erzählt, dass sie vor zwei Wochen selbst als Pilgerin hier war und jetzt im Kloster mithilft.

\* \* \*

### Karma Yoga

Dieses Mithelfen nennt man bei uns Yogis „Karma Yoga", denn z. B. auch in den Yoga-Vidya-Ashrams, in die ich mich immer mal wieder zurückziehe, kann man für Kost und Logis mitarbeiten. Arbeitest du 3 Stunden, musst du nur 50 % des regulären Preises bezahlen, bei 6 Stunden ist alles frei.

Das ist eine faire Sache, denn du kannst dann auch mit einem noch so kleinen Budget an den Yogastunden, am Satsang und an den Meditationen teilnehmen.

Ich habe das schon öfters gemacht und in der Küche, im Garten, im Putz-Team und im Adressbüro mitgearbeitet.

Diese Möglichkeit finde ich prima, denn so kann ich es mir auch öfters leisten, dorthin zu reisen. Anschluss zu gleichgesinnten Yogis, Inspirationen und neue Ideen gibt's gratis dazu!

\* \* \*

Vorsichtig frage ich, wie viele Betten denn im Zimmer sind. „Only You!" Wow. Treffer. Nun hatte der Pilgergott doch ein Einsehen und wir werden für die „Bettwanzenherberge" letzter Nacht belohnt. Ich bin begeistert. Kann es gar nicht fassen. Mein Wunsch wurde erhört. Einzelbett mit weißer Bettwäsche. Nun ja, meine Bestellung an den Kosmos wurde etwas zeitverzögert ausgeliefert, aber dafür bin ich sicherlich doppelt so dankbar, als ich das gestern noch gewesen wäre.

Wie man sich doch über ein karges 2-Bett-Zimmer in einem Kloster freuen kann. Die Ansprüche sind bereits nach 3 Tagen und zwei Albuerges sehr geschrumpft.

Finja und Maja teilen sich ein 4-Bett-Zimmer mit zwei noch unbekannten Frauen. Die Zimmer werden hier nach dem Zufallsprinzip verteilt. Mal bekommen die Ankommenden 2-er, mal 4-er-

Zimmer, manche kommen in den Schlafsaal. Glück gehabt! Nach dem täglichen Wäschewaschen schlendern wir durch die für Spanien typischen engen Gassen, bummeln durch die Uferpromenade, schlürfen ein Eis und genießen ausgelassene Stunden am Sandstrand. Endlich baden und faulenzen. Das haben wir uns verdient!

Zurück in der Herberge gibt es ein großes Hallo! Sportler-Tina wurde ebenfalls in das 4-Bett-Zimmer von Finja eingeteilt. Wo sie wohl den ganzen Tag war? Ist sie doch Stunden vor uns los! Was für ein Zufall! Wir alle sind überglücklich – nach der letzten Nacht fühlt es sich an wie ein Sechser im Lotto!

Um 19 Uhr ist Gottesdienst. Danach gemeinsames Singen und Essen. Im katholischen Gottesdienst verstehe ich kein Wort. Doch ich höre gerne zu. Scheine ich doch zu verstehen, dass es nicht um die Sprache geht. Wenn ich in einem Ashram Mantras chante, kenne ich deren Bedeutung ja auch nicht immer. Da zählt die Schwingung. Und hier stimmt die Schwingung! Die Musik ist so ergreifend, der Chor der Klosterschwestern singt mit der Gemeinde wohlklingende, hoffnungsvolle und auch erhabene Lieder. Bei uns gehe ich manchmal nur wegen der schönen Musik in die Kirche.

Nach der Eucharistie schreite ich Richtung Altar und hole mir meine Hostie ab. Ich traue meinen Augen nicht. Der Geistliche mit der weiß-grünen Robe, der sie mir überreicht, sieht aus wie mein „Humpel Kumpel" von der Tankstelle. Nach der Hostienausgabe humpelt der Pater die Treppe zur Sakristei hoch. Zufall? Optische Täuschung? Ich schiebe es auf die Hitze.

Im vorderen Altarraum soll gleich der Pilgersegen gespendet werden. Und da steht er – der Hinke-Pfarrer! Er ist es wirklich. Ich fasse es nicht. Was für eine Überraschung. Zum einen, weil er Priester und hier ebenfalls im Kloster ist, zum anderen, dass er heute die ganze Tour von Castro hierher überhaupt geschafft hat. Über 30 Kilometer. Ein Wunder!

Der spanische Geistliche, der den Gottesdienst geleitet hat, spendet jedem einzelnen nun persönlich den Segen, legt die Hand auf und jeder bekommt einen kleinen Friedensstern aus Pappe. Als ich an der Reihe bin, kullern mir Tränen aus den Augen, so gerührt bin ich, so ergriffen von diesem Moment.

Finja, Maja und ich sind mal wieder einer Meinung und heulen vor Rührung um die Wette. Maja tut mir sehr leid – sie läuft den Camino für ihre Mutter, die vor zwei Jahren den Kampf gegen den Krebs verloren hat.

Ich weiß auch nicht, warum ich heute so nahe am Wasser gebaut bin. Eigentlich habe ich keinen Grund dafür, aber ich bin zutiefst von dem Gottesdienst, vom Empfang im Kloster, von den Zimmern, von der unbeschreiblichen Herzlichkeit gerührt.

Als ich die Yogalehrerausbildung gemacht habe, ist ständig jemand von unserer Gruppe in Tränen ausgebrochen. Bei den Übungen, Meditationen, beim Mantrasingen, Satsang oder beim Arati, der Lichterzeremonie.

Azima, meine Ausbilderin, meinte dann immer, dass sich in unserem Inneren etwas löst. Etwas auf einer tieferen Ebene, an die wir sonst wahrscheinlich gar nicht hingekommen wären. Vielleicht aus diesem Leben, vielleicht aus einem letzteren. Aber es ist gut, dass es sich gelöst hat. Finjas Hand gräbt sich in meine und ich erzähle ihr von meiner These. Ein Lächeln huscht über ihr Gesicht. „Das ist schön. Gut, dass es fort ist".

Bei der anschließenden Vorstellungsrunde in einer kleinen Kapelle stellen wir uns nacheinander vor und stellen uns die Frage, warum wir uns auf den Weg gemacht haben, was wir vom Camino erwarten. Neuorientierung, Sammlung, zu sich selbst finden, Verlust, die innere Ruhe wieder bekommen. Wunden heilen lassen. Ich sage spontan: Gott sehen.

Die Nonnen der „Monasterio Monjas Trinitarias" kommen aus Peru und trotzen nur so vor Freundlichkeit. Sie lachen, scherzen, spielen Gitarre und Cachon, trommeln und singen mit solch einer Herzenswärme, dass der ganze Raum von Freundlichkeit und Liebe erfüllt ist. Würde es doch noch viel mehr solcher herzlicher Menschen geben.

Es stellt sich heraus, dass mein nicht mehr ganz so arg humpelnder Kumpel ein polnischer Pfarrer ist, der dort mit schwer erziehbaren Jugendlichen arbeitet. Es ist sein 3. Camino. Wie sehr man sich doch in jemandem täuschen kann.

Maya – alles ist Täuschung – besagt eine Yogaphilosophie.

* * *

*„Maya hat viele verschiedene Bedeutungen.*
*Im Vedanta ist Maya die Täuschung. Dort gibt es das Universum, und*
*das Universum gibt es nicht wirklich, es ist eine Täuschung.*

*Es gibt Brahman, das Absolute. Aus Brahman heraus entsteht*
*eine Kraft der Täuschung, Maya. Und durch die Kraft von Maya er-*
*scheint einem Jagat (das Lebendige, die Schöpfung, Universum, …) in*
*dieser Welt. Aber in Wahrheit gibt es keine Welt, die Welt ist wie*
*eine Fata Morgana. Eine Fata Morgana in der Wüste mag dir vorgau-*
*keln, dass da eine Oase ist mit vielen Häusern und mit Palmen*
*und Wasser usw.*
*Ich habe das selbst mal in der Wüste in Ägypten erlebt, da erscheint es*
*tatsächlich so, als ob am Horizont eine wunderschöne Oase ist, und*
*man will dort hin. Natürlich, wenn man dort hingeht, dann kommt*
*man vom „Weg" ab und kann dann verdursten.*
*So ähnlich gaukelt einem Maya alles Mögliche vor.*

*Du kannst dir bewusst sein, so vieles in diesem Universum ist auch*
*Täuschung in einem relativeren Sinn. Im höchsten Sinn ist die Tatsa-*
*che, dass es überhaupt ein „Universum" gibt, Maya. Aber innerhalb*
*dieses Universums gibt es auch noch andere Mayas. Du kannst denken,*
*du brauchst unbedingt dies und das, um glücklich zu sein.*

*Du hast irgendetwas auf eine bestimmte Weise aufgefasst und du stellst*
*fest, „das stimmt gar nicht."*
*Es gibt so viele kleinere und größere Mayas."*

*Auszug aus der wiki.yoga-vidya.de (die ich übrigens sehr empfehle)*

* * *

Den Abschluss der gelungenen Runde macht ein nur 18-jähriger
Italiener, der gerade freiwillig im Kloster hilft, mit den Worten:

*„Wenn du in Santiago angekommen bist, dann fängt der Weg erst an".*

Danach gibt es Essen. Jeder bringt das mit, was er zum Buffet beitragen kann. Brot, Melonenstücke, Trauben, Schinken, Käse, Oliven, Salat und andere Köstlichkeiten. Die Schwestern haben einen feinen Linsensalat mit frischem Koriander gekocht. Ich liebe Linsensalat. Die extra Portion Eiweiß ist genau das, was ich brauche, denn seit ein paar Tagen habe ich kaum eiweißreiches Essen zu mir genommen.

Ich bin froh, dass es hier in diesem Kloster beim Essen sehr „christlich" zugeht.

Asteya, so steht es in der Yogasutra II, 31, ist das „Nicht stehlen". Sinngemäß, dass man weder stehlen noch die Absicht haben darf, das Eigentum eines anderen zu stehlen.

In dem Gebot „Du sollst nicht begehren deines Nächsten Hab und Gut" deckt sich die Botschaft auch mit der christlichen Lehre der 10 Gebote.

In dem Kloster, in dem ich jedes Jahr ein Wochenend-Yoga-Seminar abhalte, bin ich schon fast vom Glauben abgefallen.

Denn dort scheint bei diesen scheinbar spirituellen Menschen das Gebot bereits beim Frühstücksbuffet in Vergessenheit zu geraten. Die Buffet-Profis kommen bereits 10 Minuten vor dem offiziellen Start und fallen dann wie die Heuschrecken über das Essen her. Eine halbe Stunde später kriegst du nur noch Krümel.

Übrigens kein katholisches Phänomen, im Ashram ist es ähnlich. Dabei sehe ich Asteya in der Yogapraxis gerade so: Wenn am Buffet noch 5 Stücke Kuchen sind und noch 10 hungrige hinter mir in der Schlange stehen, dann gehe ich doch mit gutem Vorbild voran, schneide mir ein kleines Stück ab, so dass es für alle reicht. Und wenn jeder mitmacht, und ganz besonders im Ashram, wo Yoga gelebt werden sollte, kann es gelingen!

Bei meinem letzten Besuch im Allgäu-Ashram wurde das Problem erkannt. Am Kuchenteller gab es ein Schild mit: „Bitte nur 1 Stück nehmen".

Im Casa de la Trinidad ist alles in Ordnung, es herrscht Geselligkeit, Freundlichkeit, Herzlichkeit und Höflichkeit und jeder gibt dem anderen den Vortritt am Buffet. Schließlich werden alle satt.

Was für ein himmlischer Tag.

**5. Tag**          Laredo – Noja
               **Wie viel Karma schluckt das Wandern?**

Wieder wache ich um 5.30 Uhr auf. In dem sauberen Bett habe ich tief und fest geschlafen. Mit einem Sonnenaufgang ist noch nicht zu rechnen. In den Herbergen wäre ich nun aus dem Schlafsaal geflüchtet, hätte meinen Rucksack gepackt, ans Meer, Yoga und los. Heute genieße ich das bequeme Bett, bleibe einfach liegen und lasse den Tag gemütlich beginnen.

Wir kommen gerade noch rechtzeitig zum Frühstück. Das Mahl ist einfach – doch Weißbrot mit Butter und Marmelade kann exzellent schmecken, wenn es von Herzen kommt.

Unbedingt möchten wir zum Abschlussgebet in die Kapelle. Von den vielen Gästen, die wir beim Abendessen und Frühstück gesehen haben, sind nicht viele übrig geblieben.

Für uns jedoch ist dieser Ausklang von großer Bedeutung, nach so einem wunderbaren Erlebnis noch mal in der Gemeinschaft mit unseren Gastgebern zu beten und einen Reisesegen zu empfangen.

In einer kleinen Kapelle sitzen die Schwestern und wir singen gemeinsam Lieder und sprechen Gebete. Es schwingt so etwas zufriedenes, heilendes in der Luft und ich bin dankbar, dass wir hier sein durften.

Mein polnischer Pfarrer nimmt mich nach dem Gottesdienst fest in die Arme und wünscht mir alles Gute für mein weiteres Vorhaben. Er bleibt noch einen Tag im Kloster und schlägt sich dann auf dem Camino Primitivo durch. Respekt. Der soll richtig hart sein.

Wieder auf Tour überholt uns meine „Untermieterin" von Pobeña, sie erkennt mich ebenfalls und ist sogar sehr freundlich. Hat wohl nun auch etwas loslassen können.

Die entspannte Wanderung führt uns 5 Kilometer entlang des weißen Sandstrandes zum Boot nach Santoña. Noch ist es ruhig – doch vermutlich tummeln sich bereits in ein paar Stunden viele sonnenhungrige Badegäste am Strand und füllen die Strandbars, Cafés und Eisdielen. Erstaunt und zufrieden bemerke ich, dass es mir gar nichts ausmacht, nicht am Strand zu verweilen, sondern weiter zu marschieren. Nach 45 Minuten erreichen wir den

Fähranleger. Das Boot und die Besatzung warten schon auf die erste Überfahrt des Tages. Es ist noch nicht viel los am Steg, auf dem Boot hat es bequem Platz für alle und wir setzen ganz entspannt mit etwa 30 Leuten an Bord über.

Als leidenschaftliche Seglerin finde ich es einfach erstklassig, auch mal eine Etappe auf einem Schiff zu beginnen. Sobald in der Heimat die Sonne scheint und ein Lüftchen weht, zieht es mich aufs Wasser – auf unser Segelboot, das ich hier seltsamerweise (noch) gar nicht vermisse. Die Luft ist klar, der frische Wind weht mir ins Gesicht und es liegt eine gewisse Leichtigkeit in der Luft. Die Stimmung ist entspannt, die meisten Fahrgäste lächeln, genießen einfach nur und sind dankbar für diese etwas andere Etappe. Ein paar vereinzelte Möwen fliegen um unser Boot und hoffen, etwas von uns abzustauben. Irgendwie fühlt es sich an wie Urlaub.

Auf der gegenüber liegenden Uferseite müssen wir uns entscheiden. Nehmen wir die direkte Route durch den Ort oder die 12,5 Kilometer längere Alternative entlang der Küste? Die Pfeile führen uns bergauf an der Hauptstraße entlang – nicht sehr verlockend und so entscheide ich mich für die längere. Lieber länger und dafür spannender. Finja und Marie mögen es heute eher bequem, doch Maja entscheidet sich, mit mir zu kommen. Jeder kann das tun, was er möchte – ganz ohne Zwang. Alle treffen ihre Entscheidungen selbst, ohne dass danach jemand beleidigt ist.

Wir starten an einer Treppe, die uns hoch zum monumentalen Denkmal von Luis Carrero Blanco führt. Die Statue ist so eindrucksvoll, dass ich mir die Zeit nehme um zu lesen, was auf der kleinen Tafel unter ihr steht und versuche es zu übersetzen. Luis, der 1904 in Santoña geboren wurde, war die „rechte Hand" Francos und wurde von ihm 1973 als Regierungschef vereidigt. Er starb kurze Zeit später bei einem Attentat der ETA in Madrid.

Mir schaudert. 2008 gab es im gleichen Ort ebenfalls einen Bombenanschlag der ETA, bei dem ein Offizier starb und viele verletzt wurden. Eine Nacht zuvor gab es zwei weitere Autobombenanschläge im Baskenland. Politik hat mich nie richtig interessiert, aber ich verstehe nicht, wie es überhaupt so weit kommen kann, dass es Typen gibt, die politisch und religiös anders Denkende einfach umbringen.

Yogis leben „Ahimsa", das „Nichtverletzen", also die Gewaltlosigkeit.

\* \* \*

*„Patanjali schreibt, wenn „Nichtverletzen" fest begründet ist, wird „Feindschaft" in der Gegenwart des Yogis aufgegeben. Oder anders ausgedrückt, wer in Ahimsa fest beständig ist, begegnet keiner Feindseligkeit."*
*(aus der Yogawiki, s. o.)*

\* \* \*

Die yogische These ist demnach, dass ein friedvoller Mensch auch friedvoll behandelt wird. Doch mal ganz ehrlich – das trifft doch in den seltensten Fällen auch wirklich zu. Im Alltag ist es doch oft so, dass gerade die „Gutmenschen" meinst ausgenutzt werden und die wirklich sozialen Menschen und humanen Geschäftsleute nicht so erfolgreich sind, als diejenigen, die über „Leichen" gehen.

Und, wie war das mit Jesus? Er war der friedlichste Mensch überhaupt und wurde ans Kreuz gehängt. Oder Papst Johannes Paul II, auf den 1981 in Rom ein Attentat verübt wurde. Mahatma Gandhi wurde von einem fanatischen Hindu umgebracht, John Lennon und Dietrich Bonhoeffer ebenfalls und sogar auf Swami Sivananda wurde ein Mordanschlag verübt.

So sehr ich es drehe und wende – die Rechnung geht einfach nicht auf.

Und was ist schließlich mit dem heiligen Jakobus, zu dessen Grab wir pilgern? Er soll von Herodes während des Passahfestes mit einem Schwert enthauptet worden sein.

Gedankenverloren trotte ich Maja hinterher, bis sie mich wieder zurück ins Jetzt holt: „Weißt du, wo's lang geht?"
Ratlos schüttle ich meinen Kopf.

Ein älterer Spanier weist uns die Richtung. Schritt für Schritt scheint mir Maja mehr Vertrauen zu schenken und erzählt mir ihre Geschichte. Sie ist 19 Jahre, wirkt jedoch viel älter und reifer. Durch den Tod ihrer Mutter sei sie sehr erwachsen geworden. Wir reden über Schwingungen in Wohnungen, Ritualen zur Reinigung und ich merke, dass sie aus einem sehr spirituellen, alternativ denkenden Haus kommt. Zur Heilung ihrer Mutter haben sie viele Dinge unternommen, leider hat am Ende doch nichts geholfen.

Das Thema Karma interessiert sie besonders und ich versuche, es ihr mit meinen Worten zu erklären: „Karma nennen Hindus und Buddhisten das Gesetz von Ursache und Wirkung. Danach zieht jede unserer Taten Folgen nach sich, auf alles Gute, das wir tun folgt eine angenehme „Entlohnung" und auf jede böse Tat „zur Strafe" Leid. Haben wir genug Leidvolles durchstanden, wird eine schlechte Tat „gelöscht". Vereinfacht gesagt, wer mehr Gutes als Schlechtes tut, besitzt danach ein gutes Karma, wer sich dagegen sehr oft schlecht verhält oder gar einen Menschen verletzt oder tötet, muss im nächsten Leben mit Armut, Krankheit, Katastrophen oder anderem rechnen. Vielleicht kommt er sogar als Tier wieder zur Welt!"

„Hm...." meint Maja und ich merke, wie sehr sie das Thema doch beschäftigt.

*„Gestorben bin ich als Stein und bin zur Pflanze geworden.*
*Gestorben bin ich als Pflanze und wiedererschienen als Tier.*
*Gestorben bin ich als Tier und bin zum Mensch geworden.*
*Was sollte ich denn also fürchten?*
*Wen verlor ich je durch den Tod?*
*Nächstes Mal sterbe ich als Mensch.*
*Auf dass ihm wachsen die Schwingen der Engel.*
*Doch selbst vom Engel muss ich weitergehen.*
*Alle Dinge werden vergehen, doch nicht sein Angesicht.*
*Noch einmal erhebe ich mich über die Engel.*
*Ich werde das, was unvorstellbar ist.*
*Dann lass mich werden nichts, nichts,*
*denn Harfenklänge riefen mir zu.*
*Wahrlich zu ihm gehen wir zurück".*

*Ein Gedicht von Jalal Al-Din Rumi*
*(persischer Sufi-Mystiker)*

* * *

Mir drängt sich nun die Frage auf, ob ich mit dem Pilgern – mit dem Erreichen von Santiago de Compostela, tatsächlich mein schlechtes Karma abbauen und in ein besseres ändern kann?

Wenn ich nun Abbitte leiste für Dinge in meinem Leben, die ich nicht so vorteilhaft gemacht habe? Ändert sich dann in diesem Leben etwas oder erst im nächsten?

Wenn mir tatsächlich meine Sünden vergeben werden – was verändert sich dann in mir und um mich herum? Wird mein Leben und das meiner Familie sich ändern und wie?

Welches Karma baue ich ab und verhindere ich dadurch wirklich, dass neues hinzukommt? Reicht es, zu beichten oder muss ich schon noch etwas mehr dafür tun, damit mir meine Sünden vergeben werden?

Werde ich ein besserer Mensch sein?

Immer mehr Fragen fluten meinen Kopf.

Was gehört dazu, mein Karma abzubauen und was ist die Belohnung? Und führt das Abarbeiten von Karma dann zu dem vom Yogi angestrebten „Sat Chit Ananda"?

Maja will wissen, was „Sat Chit Ananda" bedeutet. Ich versuche, es ihr so verständlich wie möglich zu erklären: „Als „Sat" wird der Zustand des Seins, auch die Wahrheit bezeichnet, „Chit" ist das Bewusstsein, das Wissen oder auch der Verstand, „Ananda" ist die Wonne, die Freude, die Glückseligkeit".

Erst kürzlich habe ich auf einem Gedenkstein von 1956 auf einem deutschen Friedhof gelesen:

*„Selig die Toten, die im Herrn sterben.*
*Sie sollen ruhen von ihren Mühen, denn ihre Werke folgen ihnen nach"*

Sind Christen gar nicht so weit vom Glauben an das Karma entfernt?

Die Menschen im Mittelalter pilgerten nach Santiago, um Abbitte zu leisten. Oder man hat einfach einen, je nach Sünden gestaffelten Betrag bezahlt, um seine Sünden loszuwerden. Doch ist es tatsächlich so einfach? Lässt Gott sich denn bestechen?

Ich seufze. Es gibt noch so viele Fragen. Ob ich sie in Santiago beantworten kann?

Gedankenverloren und stumm wandere ich weiter. Immer den Berg hinauf. Unsere Strecke wird zu einem unbequemen, felsigen und steilen Pfad – doch je steiler, desto grandioser die Aussicht und letztendlich lohnt sich jeder Schritt. Am Rand des Trampelpfades fällt die Steilküste in die Tiefe. Das Meer unter der Klippe ist tiefblau und glitzert wie 1000 Diamanten. Trotz der Entfernung können wir im kristallklaren Wasser Rochen erkennen und ihre eleganten Bewegungen von oben bewundern.

Die weitere Route führt uns durch einen Wald aus Eichen und Lorbeerbäumen, es wird enger und glitschiger. Wir krabbeln unter umgestürzten Bäumen durch, über andere müssen wir klettern. Es ist richtig abenteuerlich, fast wie im Dschungel und wir wissen nicht, ob wir überhaupt auf der richtigen Fährte sind.

Endlich haben wir den höchsten Punkt erreicht. Andächtig schauen wir durch die Bäume in die Tiefe. Durch enges, felsiges und glitschiges Gelände wagen wir den Abstieg, was bei Regen oder schlechter Sicht nahezu unmöglich wäre.

Super, dass Seile an der Seite angebracht sind, die uns helfen, wieder hinab zu kommen. Maja stürzt, kann sich gerade noch an einem Baum festhalten, ein paar Steine stürzen polternd in die Tiefe. Mein Atem stockt – ich erstarre. Doch Majas Schutzengel leistet großartige Arbeit. Sie hat enormes Glück.

Langsam krabbelt sie wieder zurück nach oben, wo ich mit ausgestrecktem Arm auf sie warte. Das hätte böse enden können. Ein paar Minuten später erreichen wir die Plattform des „Faro del Caballo" eines Leuchtturms, an dem wir ein paar Yoga-Dehnübungen für die Waden machen. Bei grandioser Sicht üben wir ein paar Helden – denn wir fühlen uns nach dieser Anstrengung wirklich heldenhaft! Jeder Meter dieses Umweges hat sich gelohnt.

Wir trotten immer weiter bergab und gelangen schließlich zu einem riesigen Gefängniskomplex.

Maja erzählt mir die folgende Geschichte:

*„Ein Verbrecher, der hier inhaftiert war, hat aufgrund guter Führung am Tage Freigang bekommen. Tagsüber war er nun Herbergsvater. Pendeln durfte er allerdings nur zwischen Gefängnis und Herberge.*
*Dann hat er sich in eine Pilgerin verliebt,*
*die dann mit ihm die Herberge geführt hat.*
*Und auch nach seiner Entlassung ist er der Gegend treu geblieben."*

Nette Geschichte.

Das Gefängnis gleicht einer Festung mit Meerblick, ein Patrouille laufender Beamter grüßt uns freundlich. Was für ein Platz für ein Gefängnis.

Die Insassen sehen den ganzen Tag das Meer und dürfen nicht raus. Maja findet das gemein. Ich meine, es ist besser das Meer zu sehen als gar nichts davon zu haben. Und immerhin ist es ein Anreiz, sich anständig zu verhalten, um schneller wieder raus zu kommen.

Glas halbvoll oder Glas halbleer? Es ist immer Ansichtssache.

Am Campingplatz unterhalb des Gefängnisses trinken wir einen Orangensaft, essen ein Eis und füllen unsere Trinkflaschen auf. Erfrischt ziehen wir weiter und gelangen kurze Zeit später zu einem steilen, mit üppigen Pflanzen bewachsenen Pfad. Der ist so eng, dass wir uns kaum durchschlängeln können. Oben können wir die Strände von Berria und Noja erkennen.

Super, dass ich die Wanderstöcke für mich entdeckt habe, denn sie helfen mir den abschüssigen, sehr anspruchsvollen Durchgang bergab. In einer Kurve vor dem Strand sehen wir verschiedene Säulen mit aufgestapelten Steinen. Was das wohl zu bedeuten hat? Maja kennt die Antwort: „Mit jedem Stein, den man aufstapelt, kann man eine Last loswerden."

„Muss man sich das, was man loswerden möchte, vorher überlegen? Oder sucht sich das Schicksal die Last selbst aus?", frage ich. „Jeder wie er mag!"

Lange sitzen wir bei den Steinen und am Ende unserer Steinmeditation stapelt jeder einen Stein auf die Säule.

Mir fällt die Rucksackübung ein, die ich immer gerne mit meinen Teilnehmern im Montafon mache und ich frage Maja, ob sie Lust dazu hat. Ich beginne: „Stell dir vor, du bist auf einer Wanderung", Maja kichert und ich fahre fort, „auf deinem Rücken trägst du einen Rucksack."

Maja: „Muss ich den Rucksack jetzt wieder aufsetzen?"

Ich seufze. „Nein. Atme mal tief ein und aus! Tief ein und aus, tief ein und aus!"

Maja atmet und wird zusehends ruhiger, das Gesicht entspannter, ich starte nochmal von vorne:

### Rucksackübung

*Du stellst dir vor, du bist auf einer Wanderung*
*und trägst einen schweren Rucksack auf dem Rücken.*

*Leider ist in dem Rucksack nicht nur Proviant,*
*sondern auch Dinge, die du nicht mehr brauchst,*
*die dir nicht mehr dienlich sind.*

*Sorgen, Ängste, Zweifel, veraltete Wertanschauungen,*
*alle feinsäuberlich verpackt in verschieden*
*großen, kompostierbaren Kartons.*

*Dieser Rucksack wiegt schwer auf deinem Rücken und du drohst fast,*
*unter der Last zu zerbrechen.*

*Stell dir nun vor, wie du langsam ein Päckchen*
*nach dem anderen ablegst.*

*Wenn du magst, kannst du die Päckchen beschriften oder sie betiteln.*

*Stell dir nun vor, wie Schritt für Schritt,*
*Päckchen für Päckchen, dein Rucksack leichter wird*
*und du immer unbeschwerter laufen kannst.*

*Vielleicht möchtest du deinen Päckchen hinterher schauen oder sagen:*
*„... ich brauche dich nicht mehr und übergebe dich liebevoll dem*
*Universum!"*

*Die Last, die dir auf deinen Rücken drückt wird immer leichter.*

*Du fühlst dich freier und besser.*

*Spür jetzt noch mal in deinen Rücken. Fühlt er sich freier an?*

\* \* \*

„Fühlt sich gut an", meint Maja zufrieden, „die Übung muss ich öfters machen. Ich hab´ noch viel auf meinem Buckel."

Müde und kaputt erreichen wir die Herberge. Completto. Voll. Kein einziges Bett mehr. Dabei wollten wir uns doch hier mit Finja und Marie treffen! Wir fragen im Café der Herberge nach. Unsere Freundinnen hätten uns an der Rezeption einen Zettel hinterlassen. Und tatsächlich: Auf der Theke liegt ein Zettel, mit einer Nachricht von Finja und ihrer Telefonnummer. Mir fällt ein Stein vom Herzen. Gleich wähle ich die Telefonnummer und erreiche sie sofort.

Finja und Marie suchen im Ortskern gerade nach einem Zimmer, Maja und ich am Telefon. Wer zuerst eins hat, meldet sich beim anderen. Doppelzimmer frei. Bingo. Wir rufen sofort Finja an und stellen fest, dass wir in der gleichen Pension gelandet sind, buchen auf ein 4-Bett-Zimmer um und sind wieder zusammen. Die drei sind herzige Mädels, der Umgang untereinander ist sehr freundlich und höflich, aber auch liebevoll. Man achtet sich gegenseitig und schaut, dass jeder seine Freiräume hat.

Was für ein Luxus. Ohne Schlafsack zu schlafen. Alles pieksauber. Für 28 Euro pro Person.

Mit einer so tollen Unterkunft im Hintergrund können wir die Badeeinheit so richtig genießen. Im Meerwasser kühlen wir unsere geschundenen Füße, schwimmen, planschen und lassen einfach die Seele baumeln.

Auch die mittelmäßige Pizza im Lokal mit Meerblick schmeckt göttlich, wenn man seit 4 Tagen nichts warmes mehr gegessen hat. Strand, Sonne, Spaß und Pizza – das hört sich wie Urlaub an …

… wenn bloß das Laufen nicht wäre!


Mir fällt ein Spruch aus dem Poesiealbum meines Sohnes ein:

*„Hab Sonne im Herzen und Pizza im Bauch,*
*ja dann bist du fröhlich und satt bist du auch!"*

## 6. Tag   Noja – Santander
### Sitali – die Schlange an der Steilküste

Mein Tag beginnt so gegen 6.30 Uhr. Ich schlafe immer besser und wache später auf. Kein Wunder, in einem kuscheligen Bettchen mit weißen Decken schläft es sich tadellos und die flauschigen Handtücher fühlen sich an wie im Wellness-Hotel.

Jakobus scheint sich mit uns versöhnt zu haben, denn er hat uns schon zweimal für die Bettwanzenherberge belohnt – hoffentlich ist unser Karma diesbezüglich noch nicht aufgebraucht.

Ich schleiche mich ins Bad und danach an den Strand. Das Meer liegt pastellfarben und ruhig vor mir. Mitten in der Bucht stochern drei Männer mit harpunenähnlichen Stöcken im kniehohen Wasser rum. Was die wohl suchen?

Ich beginne die Sonne zu grüßen. Es tut so gut. Wieder führt mich mein Körper in die Asanas. Vorbeuge, Fisch, Kobra, Dreieck. Meine Lieblingspraxis, die irgendwie immer passt. Die Taube, eine Variation des Frosches. Drei Runden Schnellatmung für meine Power. Ich fühle mich frei und voller Tatendrang.

In einer Gasse Richtung Pension sehe ich unter dem Container eine riesige Katzenfamilie. Zig Kitten, ein paar größere Katzen. Als ob sie auf etwas warten. Die Armen. Leben vom Abfall. Dreifarbig, rot, hellgetigert. Allesamt süß und am liebsten würde ich sie alle streicheln. Fast ein wenig wehmütig denke ich an meine beiden, nicht gerade unterernährten Stubentiger zu Hause. Wie angenehm wäre es, sie jetzt zu streicheln und ihr entspanntes, zufriedenes Schnurren zu hören, ihre großen Augen, die erwartungsvoll auf die extra Portion Milch warten.

Katzen sind doch die wahren Yogis. Zumindest unsere Hauskatzen. Starten in jeden Tag mit ausgiebigen Dehnungen, recken und strecken sich, kümmern sich sorgfältig um sich selbst, essen wann sie Hunger haben, genießen den Tag, bewegen sich, wenn der Körper es ihnen vorgibt. Wenn sie Zuneigung möchten, dann kommen sie zu dir, wenn sie in Ruhe gelassen werden wollen, dann bekommst du das sicherlich auch mit. Sie sind die wahren Meditationskünstler. Wenn sie erst mal ein gemütliches Plätzchen in der Sonne oder am warmen Ofen gefunden haben, meditieren sie den halben Tag vor sich hin. In meinem nächsten Leben möchte ich eine Katze werden.

Eine Frau nähert sich dem Container und gibt den Katzen eine Dose Futter. Sie fragt mich, ob ich hier Urlaub mache. Stolz erzähle ich in Englisch, dass ich Pilgerin bin. Ein liebevolles Strahlen huscht über ihr Gesicht. Sie ist Amerikanerin und hat sich vor ein paar Jahren ebenfalls auf den Camino begeben und sich dabei in Land und Leute verliebt. Kurz nach ihrer Wallfahrt hat sie den Staaten den Rücken gekehrt und ist nach Spanien gezogen. Durch die amerikanische Regierung unter Trump hält man es dort eh derzeit nicht aus. Außerdem wurde sie geschieden. Der Jakobsweg hat ihr Leben komplett verändert.

Was das Pilgern wohl bei mir verändert? Eigentlich bin ich ganz zufrieden mit meinem Leben. Scheine endlich in der Beziehung und im Beruf bzw. in der Berufung als Yogalehrerin angekommen zu sein …

Zurück in der Pension. Meine Mädels sind immer noch nicht startklar. Maja schläft, Finja schaut mich auch noch ganz verschlafen an, Sofie steht unter der Dusche. Die Mädels brauchen wohl etwas mehr Schlaf als ich alte Schrulle. Doch ich bin zuversichtlich, dass sie mich im Laufe des Tages wieder einholen werden.

Ich muss los, hinterlasse den dreien noch eine kleine Nachricht auf einen Zettel. Wir haben ja unsere Telefonnummern ausgetauscht und können uns jederzeit anrufen. Es tut mir heute sicher gut, alleine zu sein. Der Weg ruft! Hasta Luego – buen Camino.

Heraus aus dem kleinen Städtchen, vorbei an Aprikosenbäumchen, Rosen, Hortensien und Stangenbohnen. An einer Kreuzung muss ich mich schon zum ersten Mal entscheiden. Ich entscheide intuitiv und hoffe, die für mich passende Route gefunden zu haben. Die Mädels hätten jetzt sicherlich ihre App befragt.

Die ersten Kilometer haben nichts Spektakuläres zu bieten und so möchte ich heute nach meinem Katzenerlebnis Tiere fotografieren. Viel Spaß!

Da die Straßen hier meist geteert sind, habe ich meine schweren Bergstiefel gegen meine Sandalen ausgetauscht. Ein fataler Fehler, wie sich später noch herausstellen wird.

An einer Abzweigung liegt ein Stein, der in eine Richtung weist. Könnte es vielleicht sein, dass jemand den Stein einfach umgedreht hat? Was dann? Hoffentlich hat sich niemand diesen Schabernack erlaubt.

Obwohl ich heute mindestens 30 Kilometer vor mir habe, bleibe ich fast jedes Mal stehen, wenn ich ein Tier vor die Linse bekomme. Da, endlich ein Café direkt am Straßenrand. Vor ihm sehe ich einen riesigen weißen Hut mit rosa Streifen. Den Hut kenne ich doch, denn mit der behüteten Wandersfrau hatte ich mich in Noja kurz unterhalten, als wir in der Herberge nach Finja und Marie gefragt haben.

„Buen Camino", trällert sie mir zu. „Buen Camino, ich bin Ute!" „Ruth! Angenehm! Ich hab' jetzt Lust auf einen Kaffee, kommst du mit?" Gestern hatten wir uns einander nicht vorgestellt. Namen sind auf dem Camino nicht so wichtig.

Beim Café con Leche erzählt mir Ruth schmunzelnd aus ihrem Leben. Seit sie alle Altlasten abgelegt hat - der Mann ist letztes Jahr verstorben, der Hund ist auch tot, das Haus im Sommer vermietet, kann sie über die Sommermonate umherziehen. Im Winter arbeitet sie ehrenamtlich. Sie hat schon per pedes die Alpen überquert und geht jetzt in Spanien auf Reisen, manchmal läuft sie ein paar Strecken. Ihr Sohn ist mit ihrem VW-Bus gerade ebenfalls in Spanien auf Tour. Wenn ihre Füße schlapp machen, übernimmt sie den Bus wieder und greift sich das nächste Reiseabenteuer. Coole Sache.

Besser als durch die Verluste in eine Depression zu verfallen, macht sie einfach das Beste daraus. Das ist wahres Yoga! Sie erzählt, dass sie die erste Etappe von Bilbao nach Castro Urdiales marschiert (ich habe dazu zwei Tage und den Bus gebraucht) und abends völlig entkräftet angekommen ist. Leider hat sie dort weder eine Herberge noch eine Pension bekommen, nur ein Hotel für 200 Euro. Da ihr das zu viel Geld war, ist sie mit dem Bus zu einer 20 Kilometer entfernten Herberge gefahren, in der ein Schlafplatz frei war. Dumme Sache. Der Run auf die Herbergen ist extrem.

So viele Menschen. Und ich dachte, der „Camino del Norte" ist nicht so voll wie der „Camino Francés", der als meistfrequentiert gilt.

Ruth ist letztes Jahr auf dem „Camino Portugués" gewesen. Dieser ist nur 200 Kilometer lang, liegt auch an der Küste und soll ebenfalls sehr reizvoll sein. Den würde ich gerne mal mit meinem Sohn machen, wenn er sich dazu bereit fühlt. Wir spazieren noch ein Stückchen zusammen, dann biegt sie ab. Nettes Gespräch.

Ich bin fassungslos. Da pinkelt doch gerade einer in einem pinkfarbenen T-Shirt an eine Kirche. ¡Marrano! (Schwein!) Nicht alle scheinen hier Respekt vor der Kirche zu haben. Nix mit „mui Katholico".

Am Hang überhole ich einen Weltenbummler, der aussieht wie eine Mischung aus Catweezle und Jesus. Jesus lebt!
Ein Traktorfahrer ruft mir „Buen Camino" zu.
Und da ist es wieder dieses Gefühl, das mir immer noch Tränen in die Augen fließen lässt.

Ich werde unspektakulär über kleine Dörfer, Wiesen und Weiden zu der kleinen „Hermita de San Juan" geleitet. Und wer steht im Eingangsportal? Die Ruth mit dem großen Hut! Was für eine Überraschung! Ihre Wunschherberge hatte zu und so ist sie mir schnell gefolgt. Am Eingang der Kirche liegt ein Gästebuch aus, in das man scheiben kann. „Der Weg fängt erst an, wenn du in Santiago angekommen bist!" ist mein Beitrag.

Sollten die Mädels noch vorbeikommen, dann sehen sie, dass ich auch da war. Im Eingangsbereich der kleinen Kapelle steht kühles Wasser für die Wandersleute bereit und nach drei Gläsern geht es weiter.

Ich freue mich schon sehr auf Santander. Da möchte ich unbedingt ein Päckchen machen und überflüssigen Ballast wie z. B. die Turnschuhe, die ich bisher nur einmal getragen habe, den Regenschirm und ein paar Medikamente nach Hause schicken. Bin mal gespannt, ob ich einen Platz in der Herberge finde, denn jetzt ist schon 14 Uhr und ich habe noch 12 Kilometer vor mir.

Ruth will geradeaus in die Herberge von Güemes. Verträumt schaue ich noch ein paar Momente ihrem übergroßen Hut hinterher.

Es wird langsam mühselig, trotzdem bin ich frohen Mutes und freue mich über den Tag und meine Fitness. Da die Speicherkarte meiner Kamera voll ist, mache ich die ganzen Fotos mit dem Handy, bis der Akku piepst. Ich muss aufhören, Fotos zu machen, sonst erreicht Finja mich nicht mehr telefonisch. Heute soll ich in Santander für uns eine Herberge suchen. Mist, der Akku macht sich schon wieder bemerkbar – hoffentlich macht er nicht schlapp. Schade, von dieser grandiosen Etappe wird es kaum Fotos geben!

Es wird immer heißer. Trotzdem entscheide ich mich für die 4,4 Kilometer längere, aber dafür reizvollere Küstentour nach Somo, dort ist der Fähranleger, an dem das Schiff nach Santander übersetzt. Mein Körper schreit nach Abkühlung, doch für einen Badestopp habe ich keine Zeit und mein Trinkwasser ist lauwarm geworden.

Ich rolle meine Zunge zu einem Röhrchen und ziehe die Luft ein. Kühl erreicht sie meinen überhitzten Körper. Ich praktiziere Sitali, die kühlende Schlangenatmung. Ich bin froh, dass ich diese Atemübung erlernt habe. Außerdem zügelt sie den Appetit, denn Zeit zum Essen habe ich ja schließlich jetzt auch nicht!

\* \* \*

### Sitali – der kühlende Atem

*Wenn möglich setze dich aufrecht und bequem hin, deine Hände ruhen entspannt auf den Knien.*
*Gegebenenfalls kannst du die Übung sogar im Stehen machen.*

*Schließe die Augen und fokussiere dich auf den Punkt zwischen den Augenbrauen.*

*Atme ein paar Mal tief durch die Nase ein und durch den leicht geöffneten Mund wieder aus.*

*Zentriere dich und lass den Atem ruhig und gleichmäßig werden.*

*Strecke nun die Zunge heraus und rolle die Zungenseiten nach oben, so dass sich ein Röhrchen bildet.*

*Wenn das nicht geht, dann praktiziere „Sitkari".*
*Dabei rollst du die Zunge anders.*

*Lege dazu deine Zungenspitze in den Gaumenbereich, so dass sie nach*
*außen zwei Öffnungen hat.*
*Halte Deine Zähne leicht zusammen, trenne Deine Lippen*
*und zeige Deine Zähne.*
*Atme langsam, tief und kontrolliert durch die seitliche Öffnung ein.*

*Ziehe bei beiden Varianten ca. 10 - 20 Mal frische Luft*
*durch die gerollte Zunge ein. Es darf ein leichtes Zischen entstehen.*

*Spüre, wie kühle Luft über deine Zunge in deinen Körper fließt und*
*du dich auf angenehme Art herunter kühlst.*

*Spüre wie du dich mit jedem Atemzug ein bisschen frischer fühlst.*

*Atme zum Abschluss noch ein paarmal tief ein und lang und vollstän-*
*dig durch die Nase oder den Mund wieder aus.*

*Sitali/Sitkari eignen sich nicht nur bei hohen Temperaturen,*
*sondern auch, wenn du durch Ärger oder Stress zu viel Hitze hast.*

\* \* \*

Arriba! Arriba! Noch eine Kurve und da ist es. Das Meer.
Der Blick ist einfach nur gigantisch. Von oben sieht man über das
blau glitzernde Meer, am Himmel kreisen die Möwen, in der
Ferne sind ein paar Segelboote zu erahnen. Kleinere Badestrände
unterhalb der Steilküste kann man über lange Treppen erreichen.
Es sind kaum Menschen am Strand, diejenigen, die die Mühe auf
sich genommen haben, genießen ausgelassen das individuelle Ba-
devergnügen. Es weht mir eine warme Brise vom Meer her ins Gesicht und ich denke an das Lied von Janine Devi „eine sanfte Brise
weht mir ins Gesicht, um mir wieder ein Lächeln zu schenken".
   Zum ersten Mal ärgere ich mich, dass ich kein Zelt dabei habe
und schwöre, nächstes Mal eines mitzunehmen und dafür den
Laptop zuhause zu lassen. Denn hier könnte man prima zelten

und in dieser abgelegenen Bucht fast alleine baden. Das muss ein Geheimtipp sein. So langsam kann ich mir sogar vorstellen, mit jemand gemeinsam zu laufen. Das muss ja nicht heißen, dass man jede Etappe gemeinsam läuft, aber sich abends zu treffen hat schon auch seine Vorteile. Man könnte sich z. B. das Gepäck oder auch ein Zelt teilen.

Nach und nach kommen herrliche Strände und es scheint, dass diese von den Touristen noch nicht entdeckt worden sind. Es gibt sogar einen FKK-Strand. Da wäre ich jetzt auch gerne. Am liebsten würde ich anhalten und ins Meer springen! Aber 33 Kilometer latschen sich eben nicht von selbst, außerdem möchte ich unbedingt frühzeitig Santander erreichen, um dort für mich und die beiden Mädels eine Bleibe zu suchen. Wieder kommt mir in den Sinn, ob es nicht besser wäre, doch die Strategie zu ändern und vorab zu reservieren. Dann hätte ich diesen Zeitdruck nicht immer im Nacken.

Ich haste weiter, verlasse diesen traumhaften Pfad, der übrigens mit seinem grandiosen Panorama zu den schönsten Passagen gehören soll. Dieser Umweg ist es auf jeden Fall wert! Auch wenn die heutige Strecke – vor allem durch die Hitze – so richtig schweißtreibend war, ich bereue jedenfalls keinen Schritt. Über eine kleine Siedlung gelange ich an den Strand, der sich noch mal 2,5 Kilometer bis zum Schiffsanleger zieht. Ich ziehe meine Schuhe aus und genieße es regelrecht, die dampfenden Füße zu befreien. Die dampfenden Latschen binde ich an den Rucksack, die Socken baumeln an Sicherheitsnadeln an den Schnallen. Ich laufe barfuß weiter, tapse immer wieder mit den Füßen im Wasser. Unzählige Menschen baden, suchen Muscheln oder surfen.

Ich wate sicherlich schon 20 Minuten durch das kühle Salzwasser, als ich feststelle, dass mein Handy schon lange nicht mehr gepiepst hat. Sicher ist der Akku jetzt komplett leer, was bedeuten würde, ich könnte Finja und Marie gar nicht anrufen. Um das zu überprüfen, greife ich in die Seitentasche meines Rucksacks und erstarre. Wo ist das Handy? Ich schnalle den Rucksack ab und renne zügig aus dem Wasser an den Strand. Durchsuche hektisch alle Taschen. Nichts. Tief ein- und ausatmen. Ich stelle den Rucksack ab und durchkämme systematisch alle Winkel und Nischen. Nada – nix zu finden.

Mir wird abwechselnd heiß und kalt und ich merke, wie ich unter meiner sonnengebräunten Haut bleich werde. Mein Handy ist nicht mehr da! Marie sagte gestern auch noch, ich solle auf mein Handy aufpassen, besonders innerorts, weil ich es einfach so in die Seitentasche reingesteckt hatte.

NEIN! Meine Kontakte, meine Gruppen, mein Mann kann mich nicht anrufen, er wollte vielleicht doch noch ein paar Tage kommen! Meine ganzen Fotos! Ich wollte doch nach meiner Reise eine Fotoshow für meine Yogateilnehmer machen! Mir geht alles Mögliche durch den Kopf. Mein Hirn arbeitet in verschiedene Richtungen, bis es mir nicht mehr möglich ist, klar zu denken. Ich kann doch die meisten Telefonnummern gar nicht auswendig! Die sind doch alle gespeichert. Und wo soll ich so schnell ein neues Handy herkriegen? Und Finja und Marie? Wie sollen sie mich erreichen? Ich bin so verzweifelt, mache mir Vorwürfe und ärgere mich über mich selbst.

Doch schon lege ich mir eine Ausrede zurecht. Ich hätte den ganzen Tag mit dem Handy fotografiert, da wollte ich es immer griffbereit haben, usw. Und dann möchte ich schon wieder im Selbstmitleid versinken. Nein, das bringt jetzt auch nichts. Nochmal, tief ein- und ausatmen. Rational denken! Nicht nach Schuld, sondern nach Lösungen suchen.

Ich frage mich noch, für was mich Jakobus nun diesmal wieder bestraft, als ich fast über eine Frau stolpere, die mit ihrem Handy das Meer fotografiert. Mir kommt eine Idee: Ich könnte meine Nummer anrufen und hoffen, dass es nicht im Wasser liegt und noch einen kleinen Funken Akku hat. Das wäre zumindest eine minimale Chance.

Da hier ja kaum jemand Englisch oder gar Deutsch spricht versuche ich der Fotografin auf Spanisch zu erklären, was passiert ist und dass ich gerne mein Handy anrufen möchte. Wir wählen die Nummer. Ich bin so aufgeregt, dass ich meine eigene Nummer erstmal vergesse. Halt! Tief ein und ausatmen. Ich reiße mich zusammen, atme nochmal tief durch und bete tausendundeins Stoßgebete. Bitte, bitte lieber Gott, lass mich mein Handy wieder bekommen! Sei gnädig mit mir!

Wir rufen an, diesmal die richtige Nummer. Es klingelt. Einmal, zweimal, dreimal, …Bitte, bitte lieber Gott, lass den Akku durchhalten. Endlich nimmt jemand ab. BINGO. Mir fällt ein Stein vom Herzen.

Da ich doch am Telefon in Spanisch ziemlich hilflos bin, nimmt mir die freundliche Spanierin den Apparat aus der Hand und redet ins Handy. Sie erklärt, dass ich einen orangenen Rucksack mit roter Yogamatte schleppe, ein dunkelgrünes Wanderkleid anhabe und dicke Wanderschuhe an den Rucksack gebunden habe. So viel kann ich gerade noch verstehen. Sie schickt mich wieder an den Anfang des Strandes zurück. Ja, da hatte ich meine Schuhe ausgezogen und da muss es wohl passiert sein.

Ich könnte sie umarmen! Strahle wie ein Honigkuchenpferd. Gracias, Gracias, Gracias höre ich mich noch sagen.

Ist das nicht ein Wunder? Ich laufe und laufe, schnell und schneller, doch es kommt mir wie eine Ewigkeit vor. Von weitem sehe ich, wie mir zwei Frauen zuwinken. Beim näher kommen erkenne ich, dass eine davon mit einem Handy winkt. Ich bin so erleichtert. Glück gehabt. Mir stehen die Tränen im Gesicht. Ich umarme die beiden, bedanke mich hunderttausendmal. Wie ich mich ihnen erkenntlich zeigen kann? Ich möge in Santiago für sie beten. Nichts lieber als das!

Überglücklich marschiere ich, trotz der bisher 30 zurückgelegten Kilometer, leichtfüßig weiter. Am Schiffsanleger in Somo angekommen setze ich auch gleich nach Santander über. Jetzt schnell zur Herberge. Completo - ausgebucht. Zur nächsten Pension – ausgebucht. Oh nein. Ich renne wieder zum Hafen zurück. Zur Touristeninfo. Die freundliche Mitarbeiterin gibt mir ein Unterkunftsverzeichnis, das ich abtelefonieren soll. Wie soll denn das mit meinem leeren Akku funktionieren? Freundlicherweise kann ich mein Handy die nächsten 15 Minuten im Infostand aufladen, dann macht sie zu. Kaum eingesteckt und eingeschaltet ruft Finja an. Sie sind jetzt auch auf dem Schiff.

Ich bin so froh, die beiden wieder zu sehen. Alleine zu wandern ist zwar sehr schön, aber die Gemeinschaft ebenfalls. Glück gehabt. Gemeinsam suchen und finden wir ein Doppelzimmer bei einem älteren Herrn, das wir zu dritt nutzen können. Ich schlafe auf dem Boden – auf meiner roten Yogamatte!

Vor dem Abendessen gebe ich noch eine Runde Franzbranntwein aus und zeige den beiden, wie man sich selbst die Füße massiert.

### Ayurvedische Fußmassage

*Verteile das (vorzugsweise warme) Öl großzügig auf dem Fuß
und knete deinen ganzen Fuß durch.*

*Zwirble jeden einzelnen Zehen mit kleinen kreisenden Bewegungen.
Schiebe den kleinen Finger nacheinander in jeden Zehenzwischenraum
und rüttle den Finger kräftig hin und her (Zehensäge).*

*Ziehe nun an der Haut zwischen deinen Zehen lang.*

*Gleite mit deiner Faust ins Fußgewölbe und schiebe diese hin und her.*

*Greife mit beiden Händen deinen Fuß, die Daumen berühren sich oben
am Fußrücken, die anderen Finger sind an der Fußsohle.*

*Knicke deinen Fuß nach oben und unten - wie ein „KitKat"
(der Griff heißt tatsächlich Kit-Kat-Griff)
Massiere nun um das Sprunggelenk herum und an der Achillessehne.*

*Nach dem Wandern ist auch eine Wadenmassage angenehm!*

*Beende die Behandlung mit langsamen Ausstreichungen.
Wiederhole die Schritte auf der anderen Seite.*

\* \* \*

Nach einem Sandwich und einem Bier bin ich so todmüde, dass
ich überall hätte schlafen können.
Mann, war das ein Tag!

 Viel Freude mit den Fotos der ersten Etappen
bis Santander!

**7. Tag**     Santander – Santillana del Mar (Bus) – Cóbreces
Tiere & Mantras

Meine zwei Mädels schlafen noch, mich zieht es jedoch schon wieder raus. Auf einer Parkbank am Hafen beim Museo del Arte schreibe ich mein Tagebuch, nachdem ich gestern Abend nicht mehr dazu gekommen war.

Heute Morgen ist sehr kühl und es nieselt sanft. Der Wind weht mir frisch um die Nase. Das Wetter schlägt um. Als Nordseefan mag ich eigentlich diese Witterung. Die Vorhersage meint, dass es regnen wird und es sieht leider so aus, als ob sie Recht behalten soll. In meiner nur sehr leichten Leggings friere ich und bin zum ersten Mal froh, einen leichten Pullover dabei zu haben. Jetzt einen Kaffee! Aber alles hat noch geschlossen.

Nach einer kleinen Meditation und ein paar Übungen im Stehen will ich wieder zurück in die warme Pension. Prompt verlaufe ich mich in dieser großen Stadt. Irgendwie sieht für mich alles gleich aus. Super, dass mir mein Sohn beigebracht hat, das GPS des Handys zu bedienen, denn nach ein paar Clicks führt mich die Navigation sicher zur Unterkunft zurück. Wie haben wir das nur früher gemacht?

Nach einem exzellenten Frühstück in einer Desayuno-Bar (Frühstücksbar) erkundigen wir uns erst mal in der Bus-Station nach Möglichkeiten, aus der City zu kommen. Die Strecke aus dem Ort soll sehr staubig und alles andere als sehenswert sein. Finja und Marie möchten ein paar Kilometer mit dem Bus fahren. Ich würde viel lieber noch hierbleiben und diese spannende Metropole erkunden, aber die Mädels wollen gegen Mittag weiter. Wir möchten uns noch einen Stempel an der Kathedrale holen und noch etwas einkaufen.

Ist es besser, mit den Mädels weiter zu ziehen oder doch lieber alleine? Die beiden sind so süß und die Vorteile eines Mehrbettzimmers mit den beiden sind nicht von der Hand zu weisen. Trotzdem wäre ich lieber noch einen Tag in Santander geblieben.

Bürde ich mir schon wieder etwas auf, was mir meine Freiheit nimmt?

Bin ich denn nicht hier, um diese gewünschte Freiheit zu leben? Mit allen Vor- und Nachteilen? Doch ist nicht das ganze Leben so, dass alles Vor- und Nachteile mit sich bringt und man immer von neuem abwägen muss, was richtig für einen ist? Ohne Finjas Spanischkenntnisse und ohne Power im Handy wäre es sicherlich schwer geworden, hier eine Unterkunft zu finden. Und auch viel teurer. Die Bleibe hat für jeden nur 17 Euro gekostet. Es hat mir auch nichts ausgemacht, auf der Yogamatte zu schlafen, denn durch die 3 Decken, die mir Albert, der Pensionsleiter gebracht hat, war es weich und gemütlich, so dass ich bisher hier am besten geschlafen habe. Ohne Unterbrechung, denn lieber in einer sauberen Pension auf dem Boden als in einer dreckigen Herberge mit Wanzen im Bett.

An die Handystrahlen habe ich mich nun wohl auch gewöhnt. Letzte Woche noch wäre ich sicherlich mit dermaßen Kreuzschmerzen aufgewacht, dass ich den ganzen Tag Yoga machen müsste, um die Wirbel wieder zu sortieren.

Finja und Marie möchten mit dem Bus fahren – und in 5 Minuten fährt er los. Doch sollte ich mitfahren, könnte ich nicht mehr zur Post, denn eigentlich wollte ich ja meine Wanderschuhe, den Schirm und die T-Shirts nach Hause schicken um das Gewicht meines Rucksacks zu verringern. Seit heute Morgen habe ich, vermutlich von den Sandalen, Blasen an den Füßen. Wohl ein Zeichen, dass ich auf jeden Fall die Bergschuhe behalten sollte.

Jetzt regnet es auch noch. Eigentlich wollte ich den Schirm mit nach Hause schicken. Und das dritte T-Shirt brauche ich nun auch, da die restliche Wäsche muffelt, weil ich nicht zum Waschen gekommen bin. So habe ich immer noch mein schweres Päckchen zu tragen.

Wenn das Wetter besser wäre ... dann würde ich noch an den Strand. Wenn ich besser zu Fuß wäre ... dann würde ich noch Sightseeing machen. Hätte, hätte, Fahrradkette. Wollte ich nicht „Wenn und Aber" auf dem Camino sein lassen? Für und Wider. Das ganze Leben. Yoga bedeutet „Geschick im Handeln", also besonnen zu agieren und sorgfältig „Für und Wider" abzuwägen.

Ich komme mit. Entschieden. Wahrscheinlich könnte ich auf Grund meiner Blasen eh nur humpeln.

Wir fahren aus der City hinaus und ich erkunde die Region vom Fenster aus. In 40 Minuten sind wir da – zu Fuß wären wir die 30 Kilometer den ganzen Tag stramm marschiert, mit meinen offenen Füßen hätte ich vermutlich drei Tage gebraucht!

Neben der Bushaltestelle ist gleich eine Farmacia, eine Apotheke. Finja lässt ihre Fußsohle dort fachgerecht ansehen und wir ergattern große, quadratische Blasenpflaster. Die Apothekerin rät, die Stelle zu desinfizieren und das dicke Pflaster direkt auf die entsprechende Stelle zu kleben. Gar nicht so einfach, denn meine Blase ist direkt unter den Zehen. Irgendwie fühlt es sich komisch an. So dick. Und irgendwie reibt es an meinen Zehen. Da ich noch nie so ein Ding benutzt habe, vertraue ich der Fachfrau.

Weiter geht´s.

Santillana del Mar ist wundervoll. Das touristische Städtchen im mittelalterlichen Stil ist charmant herausgeputzt, die Herberge gleicht einer historischen Burg, interessant und sehr einladend – eigentlich schade, dass wir hier nicht übernachten. Interessante und ansprechende Artisanas (Läden mit typisch regionalen Produkten), Kunsthandwerk, Souvenirs, Klamotten, Konditoreien, Bars und Restaurants. In den Straßen wimmelt es nur so von Leuten, das Leben pulsiert und irgendwie verliebe ich mich in das Städtchen. Wir promenieren gemütlich durch die Gassen und zur Kirche, dem romanischen Schmuckstück von Santillana del Mar. Diese ist so grandios, dass ich mehr von ihr erzählen möchte.

Im offiziellen spanischen Tourismusportal habe ich diese Infos entdeckt:

*„Die Ursprünge der Kirche waren ein Kloster aus dem Jahr 870,*
*in dem der Überlieferung nach, die Reliquien der Santa Juliana*
*aufbewahrt wurden.*
*Im Laufe des 11. Jahrhunderts wurde das Kloster zur Stiftskirche*
*umgewandelt, das heutige Gebäude aber stammt*
*aus dem 12. Jahrhundert.*
*Es besteht aus drei Schiffen mit Kuppel, Kreuzschiff, drei halbrun-*
*den Apsiden und einem Turm.*
*Im Kreuzschiff und den Apsiden sind noch die originalen Tonnen-*
*gewölbe erhalten.*

*Auffallend sind die Skulpturen am Portal, den Kapitellen und im*
*Kreuzgang.*
*Im Inneren kann man mittelalterliche Grabstätten und romanische*
*Reliefs aus dem 11. und 12. Jahrhundert bestaunen.*

*Der Hochaltar hat auf der Vorderseite gestanztes Silber aus dem*
*17. Jahrhundert und darunter befindet sich eine romanische*
*Verzierung.*

*Das Altarbild ist das Werk eines Meisters aus Burgos aus dem*
*frühen 16. Jahrhundert.*
*Später wurden eine spätgotische Predella und das Barockbildnis*
*der Santa Juliana zwischen zwei gedrehten Säulen hinzugefügt.*

*Am Hauptportal ist auf einen byzantinischen Pantokrator und den*
*Eingangsbereich hinzuweisen, der von zwei Löwen gesäumt wird.*

\* \* \*

Man muss sie einfach besichtigen! Außerdem gibt es hier die besten Stempel!

Im Laden vor der Kirche sieht Finja einen kunstvoll verzierten Wanderstock aus gebogenem Holz. Natürlich kann ein Pilgerstab, wie ihn die Jakobuspilger nennen, praktische Dienste leisten und bietet eine enorme Unterstützung, wenn man steinige oder lange Pfade zu erklimmen hat, ferner fungiert er als Stütze, falls die Beine müde werden. Bereits im Mittelalter wurde er zur Unterstützung während der Wanderung, als Erkennungszeichen aber auch zur Abwehr z. B. von streunenden Hunden eingesetzt.

Sehr rustikal und schwer, eben mittelalterlich, finde ich, aber Finja, die bisher auf jegliche Art von Stöcken verzichtet hat, findet ihn klasse und nimmt den mit der hellen Muschel verzierten Stab gleich mit.

Sie strahlt und meint „jetzt bin ich ein richtiger Pilger".
Als ob sie das vorher noch nicht gewesen wäre!

Nachdem wir uns den Stempel in der Kirche geholt haben, setzen wir unseren Marsch fort.

Mein Fuß schmerzt und jeder Schritt wird zur Qual. Das Blasenpflaster reibt zwischen den Zehen und scheuert die dünne Haut zwischen ihnen auf. Ich humple so vor mich hin und bin froh um jeden Meter, den ich geschafft habe. Warum bin ich denn nicht in Santander oder Santillana geblieben? Ich kann nicht einmal die Landschaft genießen, bin nur am Humpeln und schauen, wie ich irgendwie den Fuß aufsetzen kann, ohne dass es übermäßig sticht.

Langsam werde ich schlecht gelaunt. Nur die kurze Rast an einer kleinen Kirche mit einem grandiosen Ausblick aufs Meer und ein paar Pferde, die neben einer der Kirche weiden, heben meine Stimmung ein klein wenig.

Wir spielen ein Spiel. Wenn du als ein Tier wiedergeboren würdest, welches möchtest du dann sein? Marie will ein Tier sein, welches sich sowohl an Land als auch im Wasser wohlfühlt. Finja möchte ein Elefant sein und erzählt von einer geführten schamanischen Meditation, bei der man sich ein Krafttier, eine Tiergestalt visualisiert, dessen Eigenschaften man in sich aufnehmen möchte.

Sie geht ungefähr so:

\* \* \*

*„Sitze aufrecht und bequem und stelle dir vor, wie du dich mit der Erde verbindest. Wenn du magst, kannst du dir vorstellen, wie Wurzeln aus den Füßen und dem Becken wachsen, die bis zur Erde, ja bis zum Mittelpunkt der Erde reichen.*

*Visualisiere ein helles Licht um dich herum und stell dir vor, wie du darin eingehüllt bist, wie in einem Mantel. Dieses Licht wird dich schützen und dich reinigen.*

*Rufe in Gedanken dein Krafttier und bitte es, sich dir in dieser Meditation dir zu zeigen.*

*Stelle dir vor, wie du durch den lichten, grünen Wald über weiches Moos läufst.*

*Du entdeckst eine Lichtung.*

*Nun bist du an einem bezaubernden Platz, der dich einlädt,
deinem Krafttier zu begegnen.*

*Vielleicht siehst du ein Wesen, das darauf wartet, dir zu begegnen.*

*Schau dich um, vielleicht ist es ja schon bei dir.*

*Du setzt dich auf einen Baumstamm, nimmst die Stabilität
des Baumes wahr, nimmst sie in dir auf.*

*Vielleicht kommt dein Tier ja jetzt auf dich zu!*

*Möglicherweise lässt es sich sogar streicheln oder es möchte dir etwas
sagen oder zeigen. Lasst euch Zeit füreinander.*

*Fühlt euch im Einklang mit Mutter Erde und Vater Himmel.*

*Genieße die Zeit so lange du dich wohl dabei fühlst.*

*Bereite dich nun langsam darauf vor, dein Geisttier und den netten
Platz in der Lichtung wieder zu verlassen.*

*Sicher darfst du es immer wieder besuchen.*

*Dann atme tief durch, dehne und strecke dich genüsslich.
Sei dir gewiss, dass dein Kraftier dich immer begleiten wird."*

\* \* \*

Ich würde ein Seeadler sein wollen. Schon immer.

Über die Lüfte fliegen, die Freiheit genießen. Alles überblicken.
Das wäre fabelhaft.

Die kleine Auszeit hat meine Füße kurzfristig regeneriert, doch bald ist das Brennen an den Füßen wieder unerträglich. Ich mag nun nicht mehr viel reden, sondern nur noch zur 12 Kilometer entfernten Herberge nach Cóbreces trotten. Am liebsten würde ich einen Hubschrauber bestellen.

Es wird schon irgendwie gehen. Du bist nicht dein Schmerz. Das lernt man im Yoga. Ich muss dem Schmerz nehmen, etwas Bedrohliches zu sein, ihn akzeptieren. Sonst kann ich nicht weiter. Du bist nicht dein Schmerz. In Gedanken sage ich zum Schmerz wie zu einem Freund: „Du darfst mich jetzt begleiten bis ich dich nicht mehr brauche. Aber ich lasse mir von dir nicht die Freude nehmen."

Es wird etwas besser. Ich beginne das „Om tryambakam", das große heil- und segensspendende Mantra, vor mich hin zu singen. Es kann für die eigene Heilung und auch für die Heilung anderer gesungen werden. Es ist ebenfalls ein Schutzmantra für Reisende, ein Segensmantra zum Geburtstag und wird in den Yoga-Vidya-Seminarhäusern morgens und abends im Satsang als Heilmantra rezitiert.

*„Om Tryambakam Yajāmahe*
*Sugandhim Pushtivardhanam*
*Urvārukamiva Bandhanān*
*Mrityor Mukshīya Māamritāt"*

Endlich kommen wir an der Herberge an. Ein altes umgebautes Internat, das gerne als Schullandheim von Schulklassen genutzt wird. Die Zimmer sind ganz ok und die Betten sind recht neu. Unter dem Vorwand, den Boden nicht dreckig zu machen, müssen wir unseren Rucksack in schwarze Plastiksäcke packen. Später erfahre ich, dass der Plastiksack dazu dient, dass die Gäste keine Bettwanzen einschleppen. Super Idee, zumal ich den Sack später auch noch perfekt gebrauchen kann, um meine Yogamatte einzupacken. Morgen soll es laut Wetterbericht schon wieder Regen geben.

Es gibt sogar Bettwäsche. So langsam werden die Unterkünfte wirklich besser. Als ich duschen möchte, entdecke ich, dass mein Duschgel in Santander bleiben wollte. Klasse, dass ich noch die herrlich duftende bunte Seife vom Markt auf Mallorca im Gepäckhabe, die ich extra mitgenommen habe, wenn ich etwas Feines riechen möchte. Mein Shampoo hat sich ja bereits in Bilbao verabschiedet und jetzt das Duschgel. Wieder ein Zeichen. Eine Seife reicht. Langsam wird das Gepäck leichter.

Ich frage Juan, den Herbergsvater, ob ich etwas Jod für meine offenen Füße haben kann. Ohne zu zögern zieht er eine Tube aus der Schublade und versorgt mich wie auf einer Krankenstation. In der Zehengrube hat das Blasenpflaster so gescheuert, dass das Fleisch blutig und geschwollen ist. Ich verarzte meinen Fuß mit Desinfektionsmittel, kippe die rotbraune Jodbrühe darüber und klebe neue Pflaster auf. In der Zwischenzeit ist Tina auch in der Herberge gestrandet. Ich humple mit ihr raus, sitze auf der Mauer und schone meine Füße. Die anderen kaufen im Ort ein, denn wir möchten heute gemeinsam kochen und uns einen gemütlichen Abend machen.

Die Mädels kaufen grünen Salat, Gurken, Tomaten, Oliven, Käse, Schinken, Eier und natürlich Wein. Eine große Schüssel, Essig, Öl und Gewürze gibt es in der Küche. Wir schnippeln alles gemeinsam, unterhalten uns dabei und lachen so viel. Witzigerweise hat jede von uns etwas „Ulkiges" dabei, etwas, das andere belächeln, weil nur diejenige es braucht, die es dabei hat. Finja schleppt beispielsweise von Beginn an einen Marzipanschnaps „für alle Fälle" mit sich rum, Marie ihren Impfausweis und ein „Begegnungsbuch" in das auserwählte Gefährten etwas reinschreiben dürfen, Maja dicke Kuschelsocken (bei Durchschnittstemperatur 20 Grad) und die liebe Tina einen Fön! Ich werde wegen meiner roten Yogamatte belächelt.

Dieser gemeinsam, mit so viel Liebe gemachter Salat war übrigens das beste Essen, das ich seit einer Woche gegessen habe.

Heute ist ein schöner Abend. Und morgen wird ein klasse Tag.

**8. Tag**       **Zurück nach Santillana del Mar**
                             **Geh zurück, damit du voran kommst!**

Es ist zum Heulen. Ich wache sehr früh auf und mit mir die Schmerzen. Der Gang auf die Toilette wird zur Qual, der Fuß tut höllisch weh und das vielgelobte Blasenpflaster ist so hart geworden, dass es den Zwischenraum der Zehen so dermaßen aufgescheuert hat, dass es heute Nacht erneut blutete. So kann ich auf gar keinen Fall weiter. Ich grüble, was ich nun tun soll, an Schlaf ist nicht mehr zu denken.

Schweren Herzens entscheide ich mich, nach Santillana del Mar zurück zu kehren und ein bis zwei Tage zu pausieren. Um meine Füße zu schonen, nehme ich den Bus. Irgendwie freue ich mich auf das schmucke Städtchen und die interessante Herberge.

Der Bus geht um 7.15 Uhr oder um 10 Uhr. Jetzt ist erst sechs. Ich humple runter zum Speisesaal, wo bereits Kaffee, eingepackte Croissants und Muffins für uns bereitstehen. Tina ist auch schon da. Mit trauriger Miene teile ich ihr mein Schicksal mit. Wir umarmen uns, als ob wir uns schon ewig kennen und verabschieden uns mit den Worten „Wir sehen uns sicherlich wieder" und ich denke so bei mir, dass das wohl nur klappen wird, wenn ich gleich bis kurz vor Santiago mit dem Bus fahre.

Wenn ich die Verbindung um 7.15 Uhr nehmen möchte, muss ich mich beeilen. Nach einem kleinen Frühstück schleiche ich mich noch mal in den Schlafsaal, in dem Finja und Marie in der Zwischenzeit nur noch zu zweit schlummern, denn alle anderen sind bereits aufgebrochen. Ich flüstere leise in Maries Ohr, im Halbschlaf dreht sie sich um und schaut mich mit großen Augen an. „Es tut mir so leid, aber ich kann heute nicht laufen. Die Blasen tun so weh und ich fahre mit dem Bus zurück nach Santillana". „Oh, wie schade, das tut mir leid". Finja ist nun auch aufgewacht. Wir liegen uns in den Armen. „Und wer heult jetzt mit mir in den Kirchen?" Meine Augen werden feucht. Wie kann einem jemand in nur so kurzer Zeit so ans Herz wachsen. „Du hast mich auf meiner ersten Etappe gleich gerettet", schluchzt Finja.

„Du mich auch", lächle ich zurück, „öfters als du denkst".

„Wir sehen uns bestimmt wieder. Buen Camino."

Ich werde die beiden sehr vermissen, auch wenn ich weiß, dass es jetzt an der Zeit ist, dass jeder wieder seinen eigenen Weg geht.

Ich kehre der Albuerge den Rücken zu und humple die Straße hinab. Von hier kann ich bereits das Meer sehen – mit etwas Glück müsste ich in einer halben Stunde am Wasser sein. Die Sehnsucht nach Meer und einer Meditation am Strand kommt in mir hoch. Warum auch nicht? Zeit habe ich ja jetzt genug, denn vor 10 Uhr schläft ein spanischer Ort sowieso noch und ich könnte am Strand noch etwas meine Seele baumeln lassen – „meine Wunden lecken".

Ich humple Richtung Playa, lande jedoch zuerst in einer Sackgasse. Bald bin ich wieder auf der richtigen Spur Richtung Wasser, die sich wie Kaugummi zieht und gefühlt werden aus dem einen Kilometer mindestens zehn. Aber die Mühen haben sich gelohnt! Vor mir liegt ein (noch) einsamer, atemberaubend schöner Naturstrand. Das Licht der aufgehenden Sonne bricht sich im Wasser und strahlt mich aufmunternd an. Möwen scharen sich in hunderten am Strand, die Atlantikwellen rollen sanft ans Ufer.

Ich verfalle in eine tiefe Zufriedenheit, denn ich habe heute auf mein Herz gehört. Bin zurück, obwohl umzudrehen für jemanden, der normalerweise immer vorwärts strebt, nicht einfach ist. Habe auf meine innere Stimme gehört, die mir gesagt hat, ich solle noch am Meer verweilen und mir die Zeit gönnen. Als Seelenbalsam. Nach ein paar Yogaübungen im Sitzen und Stehen, die Sonne kann ich mit den zerschundenen Füßen nur mental grüßen, möchte ich meditieren.

Es ist, als ob ich meine eigene Teilnehmerin im Yogakurs bin und mir beim Sprechen der Meditation selbst zuhöre.

\* \* \*

### Meine Lieblings – Morgenmeditation:

*Setze dich aufrecht und bequem.*
*Deine Beine bilden eine feste Basis, aus der heraus*
*sich die Wirbelsäule aufrichtet.*

*Du verbindest dich über deine Beine mit der Unterlage, stellst dir vor,*
*du bist fest verbunden mit der Erde.*
*Dein Scheitel strebt Richtung Himmel, das Kinn zieht leicht zur Brust.*
*Die Schultern ziehst du sanft nach hinten damit sich der Brustbereich*
*weitet und dein Herz sich öffnen kann.*

*Lass die Schultern sinken und entspann mit ihnen auch dein Gesicht,*
*deine Kiefer, die Augen und streiche gedanklich deine Stirn glatt.*

*Konzentriere dich jetzt auf deinen Atem.*
*Du beobachtest den Atem an deiner Nase – die Nasenflügel bewegen*
*sich mit jeder Einatmung leicht, mit jeder Ausatmung entspannst du.*

*Nun beobachte den Atem, der durch deinen Körper strömt.*
*Atme fühlbar ein und aus.*
*Lass nichts anderes wichtiger sein als deinen Atem.*
*Wo fließt er hin? Spüre das Auf und Ab deines Atems im Brustraum.*
*Nimm wahr, wie sich die Rippenbögen weiten. Atme ein und aus …*

*Erlebe, wie sich die Schlüsselbeine heben und senken …*
*Atme ein und aus …*
*Lenke den Atem nun bis in deinen Bauchraum und beobachte, wie sich*
*der Bauchraum mit jedem Atemzug hebt und senkt.*

*Nichts ist wichtiger als dein Atem.*
*Er nährt dich, er hält dich am Leben.*

*Wenn andere Gedanken kommen, dann lass die Gedanken ziehen, wie*
*die Welle, die sich wieder ins Meer zurückzieht.*

*Wie Wellen am Strand kommt dein Atem und geht wieder,*
*mit jedem Einatmen bringt er, wie das Meer Muscheln*
*an den Strand bringt, Energie mit sich.*

*Mit jedem Ausatmen nimmt er Verbrauchtes wieder mit.*
*Verweile noch ein paar Atemzüge in diesem Bewusstsein, dass du ein*
*Teil dieses fabelhaften Universums bist, das dieses Meer geschaffen hat.*

Auch hier finde ich diese Steinmännchen am Strand. Natürlich möchte ich ebenfalls, dass mir ein „Stein" vom Herzen fällt und positioniere noch zwei Steine an die Spitze. „Bitte lass meine Füße mich morgen wieder tragen. Bitte, bitte. Ich möchte morgen unbedingt weiter!" Ob der liebe Herrgott oder das Steinmännchen meine Bitte erhört?

In Kürze fährt der Bus los und ich humple zurück in den Ort. Zwei zerstreut wirkende Frauen mit Rucksack suchen die Route zum Strand, die ich ihnen gerne erkläre. Doch sie ignorieren meine Tipps und setzen ihre Tour fort – in die gleiche Sackgasse wie ich vorher.

Andere, die mir entgegenkommen, signalisieren mir, dass ich in die falsche Richtung laufe. Ich mache ihnen klar, dass ich heute nicht weiter kann, ernte Mitleid und stolpere in ein kleines Café, in dem ich mir einen frisch gepressten Orangensaft gönne. Ein paar Männer aus England unterhalten sich über die Strecken, die sie täglich zurücklegen. Ich komme mir vor wie ein Versager, denn ich fahre mit dem Bus zurück. Stumm warte ich, bis die Engländer fort sind und humple zur Bushaltestelle gegenüber.

Im kleinen Bus sitzen nur Einheimische, hauptsächlich ältere Damen, die sich für einen Ausflug ins Städtchen fein gemacht haben. Die Frauen schnattern ununterbrochen, der Lärmpegel ist enorm. Eine Señora möchte mit mir plaudern. Sie packt ihre paar Brocken deutsch aus, ich meine dürftigen spanischen Vokabeln und wir unterhalten uns über ihre Zeit als Gastarbeiterfamilie in Deutschland. Sie und ihr Mann haben lange in Düsseldorf gelebt. Ich mag diese spontanen und zwanglosen Gespräche.

Im Ort angekommen gehe ich gleich in die Farmacia und zeige der Apothekerin meinen Fuß. Mithilfe des Übersetzungsprogrammes auf ihrem PC erklärt sie mir in Englisch, dass ich meinen Fuß im lauwarmen Wasser baden und dann langsam und sorgfältig das Pflaster entfernen soll. Wenn der Fuß wieder ganz trocken ist, soll ich ein Desinfektionsspray auftragen und dann ein normales Pflaster aufkleben.

Endlich habe ich das Gefühl, das Richtige gemacht zu haben. Wieder profitiere ich vom Vortag, denn genau diese Apothekerin hat sich schon an Finjas Füßen ausgetobt.

Ich humple weiter zur Herberge in die Altstadt. Die schwere Holztür steht offen und ich komme mir vor, wie in einem alten Schloss. Alles ist aus dunklem Holz und an der Theke steht ein rundlicher glatzköpfiger Mann, der aussieht wie Patrick Bach. „Fifteen or Fifty? A room for 4 or a room for your own?"
Nein, den Luxus gönne ich mir nicht. 4-Bett-Zimmer ist ok.

Er führt mich in meine Kammer mit Bad und Bidet, frischer Bettwäsche und Handtücher. Perfekt. Langsam gewöhne ich mich an saubere Herbergen. Meine dreckige und muffelige Wäsche (Gott sei Dank ist es kein 4-D Buch mit Geschmack, sonst würdet ihr spätestens jetzt ziemlich angeekelt dieses Buch zuklappen) kann ich bei ihm abgeben. Wäsche waschen kostet 4 Euro, sinnvoll investiertes Geld, denke ich – zumindest für mein Wohlbefinden und die zwischenmenschlichen Beziehungen, die sich auf dem Camino ergeben. Im Bikini bringe ich meine schmutzige Wäsche inkl. meinem seidenen Hüttenschlafsack, eingewickelt in ein Tuch nach unten.

Im Bidet bade ich meinen Fuß, pople irgendwie das Pflaster von den Zehen und warte, bis er wieder trocken ist. Tut immer noch höllisch weh. Ich entscheide, Luft und Zeit für mich arbeiten zu lassen, um die Blase auszutrocknen. Es darf nur kein Dreck reinkommen.

Mir kommt die rettende Idee. Warum rufe ich nicht meiner Freundin und Bergführerin Cilli an, die mit mir den Wochenendevent „Yoga und Wandern im Montafon" anbietet? Cilli ist doch die Spezialistin und versorgt während ihrer professionellen Bergtouren so manchen Fuß. Sie freut sich so sehr über meinen Anruf aus dem fernen Spanien und rät: „Du musst die Blase mit einer kleinen, desinfizierten Nadel mit Faden sachte anstechen, damit das Wasser am Faden herauströpfeln kann. Ist sie leer, mach ein normales Pflaster (kein Blasenpflaster) drauf. Achte darauf, dass deine Füße immer trocken sind! Wechsle auch während der Wanderung regelmäßig die Socken und pudere deine Füße mit Fußpuder ein!"
Hätte ich sie doch lieber vorher schon angerufen.

Nach einer halben Stunde ist meine Wäsche gewaschen. Ich verzichte auf den Trockner (der würde immerhin auch noch ein paar Euro kosten) und hänge die Wäsche in meinem Bikini an die

Wäscheleine im Garten. Da ich heute alle Zeit der Welt habe, mache ich es mir im Garten mit einem Cappuccino und meinem Tagebuch gemütlich.

Mit einem dicken Pflaster am Fuß und in Sandalen genieße ich den Nachmittag, humple von Laden zu Laden, stöbere und gönne mir eine dicke „Tarta de Queso", den allerbesten Käsekuchen, den ich je gegessen habe.

Mal was ganz anderes, ohne Kaufabsicht durch eine Shoppingmeile zu streifen. Schmunzelnd ertappe mich dabei, darüber nachzudenken, dass ich meine Einkäufe ja nach Hause schicken könnte. Doch es fühlt sich toll an, auch mal nichts einzukaufen. Alles auf das herunter zu reduzieren, was man wirklich braucht. Nur etwas zum Essen & Trinken und etwas zum Waschen? Back to Basics war doch die Devise. Zufrieden beobachte ich wie die Touristen ihr Geld für allen möglichen Krimskrams ausgeben. Ich bleibe bescheiden und freue mich darüber!

Meine Blasen brennen zwar immer noch, aber ich möchte morgen unbedingt wieder los. Per Telefon versuche ich in Comillas eine Unterkunft zu bekommen. Keine Chance. Die ständige Zimmer-Sucherei geht mir so was von auf den Zeiger. Viele hetzen schon um 5 Uhr mit Stirnlampe los um noch ein Bett in einem überfüllten Schlafsaal zu bekommen und dann hocken sie ab 14 Uhr irgendwo in der Pampa. Das ist doch so bescheuert. Hätte ich doch nur ein Zelt dabei. Das wäre klasse. Bin schon am überlegen, wo ich so eine Dackelgarage herbekomme. Das wäre das Beste, denn dann könnte ich einfach bei einer Herberge im Garten schlafen.

Jetzt wird es auch noch kühl, Wolken ziehen auf, es beginnt zu nieseln und der sonst so charmante Garten wirkt nun grau und ungemütlich. Gerade noch rechtzeitig schaffe ich es, meine Wäsche abzuhängen. Zurück im Zimmer versuche ich, Finja zu erreichen und schicke ihr zusätzlich noch eine WhatsApp – eventuell kann sie mir helfen, eine Bleibe in Comillas zu finden. Vielleicht meldet sie sich ja und ich habe Glück.

Meine Stimmung steigt. Finja hat zurückgerufen. Sie ist in einem Surf-Hostel noch vor St. Vincente und reserviert mir für morgen ein Zimmer. Zirka 20 Kilometer Fußmarsch. Das müsste ich auch mit meinen Füßen schaffen.

Mir fällt ein Stein vom Herzen. Gut, wenn man Freunde hat. Das Zimmer füllt sich langsam – ein attraktiver junger Mann, der weder Englisch, Spanisch noch Deutsch versteht und Irina aus Tschechien, beziehen ihre Betten. Normalerweise schläft das Mädel im Zelt, das sie mit sich rumschleppt. Sie läuft den Camino rückwärts, ist also in Santiago gestartet.

Als ich duschen will stelle ich fest, dass ich jetzt auch noch meine Seife liegen gelassen habe. Nach einer Katzenwäsche setze ich mich in eine Bar und schreibe bei einem Bier mein Tagebuch. „Me and my monkey", trällert es aus der Juke Box. Die Musik wird immer besser, Blues, Soul, Rock … und sicher gibt es noch ein Bier für mich, einen Schlummertrunk, den ich notgedrungen alleine trinke.

Trotz allen Widerlichkeiten war es ein guter Tag.

Meine Blase ist fachmännisch versorgt, so dass ich morgen sicherlich durchhalten kann. Ich freue mich schon darauf. Auch wenn´s regnen soll.

Irgendwie vermisse ich meinen Mann und meinen Sohn.
Schade, dass ich diese Erlebnisse nicht mit ihnen teilen kann.


Mein heutiges Motto: Um voran zu kommen, muss man auch mal einen Schritt zurück!

## 9. Tag  Santillana del Mar – Gerra
### Der Sturz, der alles verändert!

Auch das noch. Ich komme nachts in die Herberge, schleiche ins Bad und finde meine Zahnbürste nicht. Die scheint wohl zusammen mit der Seife in Cóbreces geblieben zu sein. Das ist so ziemlich das Unerträglichste, was mir passieren kann, denn ich muss meine Zähne mindestens 2 Mal täglich, besser nach jedem Essen, putzen. Ich bin extra vor dem Camino noch zur Zahnreinigung, da mein Speichel (laut meinem Zahnarzt) aggressiver als purer Zucker ist und ich ziemlich schnell Karies bekomme. Und jetzt das!

Was denkt sich dieser Pilgergott den diesmal? Ich kann es nicht nachvollziehen. Vielleicht muss ich wirklich besser auf meine Sachen aufpassen und lernen, achtsamer zu sein?!

Mühselig arbeite ich mich mit den kleinen Interdentalbürstchen, welche ich immer noch in meiner Tasche habe und der Zahnseide durch die Zahnzwischenräume, schmiere Zahnpasta auf meinen Zeigefinger und schrubbe damit über Zähne und Zahnfleisch, so dass ich wenigstens das Gefühl von etwas Sauberkeit und nicht das Gefühl eines muffigen Biotops im Mund habe. Bestimmt träume ich heute Nacht, dass mir die Zähne ausfallen. Igitt!

Aus dem Nachbarbett tönt lautes Schnarchen oder besser gesagt ein komisches Grunzen und ich vermute, dass es der junge Mann ist. Ob ich ihn wecken soll? Eigentlich ist er ja ein ganz Netter, als ich gestern im Bikini vor ihm stand – alles andere war in der Wäsche – hat er sich dezent umgedreht, mir den Vortritt im Bad gelassen und mich mit seinen schönen dunklen Augen angestrahlt.

In Pobeña habe ich mich ja zusammengerissen und den Schnarcher nicht umgebracht. Diesmal nehme ich allen Mut zusammen und tippe ihn kurz an. Er schreckt auf, schaut mich mit großen Augen an. Und es schnarcht immer noch, aus dem Bett nebenan! Ist mir das peinlich und ich kann ihm das nicht einmal erklären, da er weder Englisch noch Deutsch spricht und so eine friedensstiftende Konversation sehr schwierig ist. „Sorry, sorry", stammle ich und zucke mit den Schultern.

Kaum zu glauben, dass dieses schmächtige junge Mädchen im Stockbett über ihm diesen Lärm macht und nicht er. Hoffentlich kann er sich morgen nicht mehr erinnern! Ich schleiche mich zurück in mein Bett, stopfe mir die Ohropax noch tiefer in die Ohren, vergrabe meinen Kopf im Kissen und versuche zu schlafen.

Die Sonne scheint durch die Balkontüre und weckt mich auf. Mein Fuß scheint langsam besser zu werden. Mühselig schleppe ich mich zur Bushaltestelle, denn ich fahre mit dem Bus nach Cóbreces zurück, immerhin habe ich diesen Teil der Strecke ja schon zurück gelegt. Wenn ich achtsam gehe, sind die Schmerzen auszuhalten.

An der Bushaltestelle fragt mich die Frau, die im Stockbett in der ersten Herberge in Pobeña mürrisch unter mir lag, freundlich lächelnd nach der Strecke. Der Camino scheint ihr gut zu tun, wird sie doch von Treffen zu Treffen freundlicher.

In Cóbreces gönne ich mir erst mal einen Café con Leche und ein Schokocroissant in der Bar. Ob sie Zahnbürsten haben, frage ich. Die Dame hinter der Theke meint lächelnd zu mir: „Hier nicht, aber im Markt gegenüber!" Eigentlich bin da schon mehrmals vorbeigeeilt, konnte aber von außen nur eine Bäckerei erkennen. Bingo. Und wieder wird mir geholfen.

Schwierige Entscheidungen stehen an: nehme ich nun den 3-er-Pack klassische Zahnbürsten zu 3,95 Euro oder eine klappbare „Traveller-Zahnbürste" inkl. kleiner Zahnpastatube für einen Euro weniger? Am Schluss entscheide ich mich für die nachhaltige Variante (schließlich brauche ich keine drei Zahnbürsten) und lege draußen gleich los. Die klappbare Bürste erfüllt zwar ihren Zweck, aber sie ist so unhandlich, dass mir die ganze Zahnpasta-Soße auf die Hose tropft und weiße Flecken hinterlässt. So ein Mist, denke ich und kaufe nun auch noch die 3 für 3,95 Euro. Die Traveller-Bürste werfe ich in den Müll, die restlichen bringe ich zurück in den Laden. Super Schnäppchen.

Endlich bin ich wieder auf dem Camino und es überkommt mich ein richtiges Glücksgefühl! Ich freue mich schon so sehr auf den hübschen Strand von gestern früh.

Doch diesmal laufe ich nicht wieder zurück, sondern in die richtige Richtung!

Santiago, ich komme!

Nach dem Strand biege ich auf einen kleinen Holzpfad ab und wandere steil bergauf. Es erschließt sich mir ein grandioser Blick auf die Bucht von Cóbreces, in der ich gestern Yoga gemacht habe. Die Aussicht ist wieder so faszinierend, dass ich ganz ehrfürchtig werde. Immer wieder entdecke ich nun auch Esskastanienbäume, die Blumen kommen mir immer bekannter vor. Fast wie zu Hause! Die Küste ist mein Trost für die ganzen Mühen.

Es ist so ein geniales Gefühl, wieder auf dem Camino zu sein! Zwar kneift der Fuß jetzt schon wieder, aber das ist momentan zweitrangig, ich beiße auf die Zähne! Da das Zimmer heute Nacht bereits gebucht ist, kann ich mir Zeit lassen und unbeschwert genießen, denn es ist egal wann ich ankomme. Der Wind frischt ziemlich auf und ich hoffe, dass das Wetter hält, so dass ich trocken noch bis kurz vor St. Vicente de la Barquera komme, da ich dort heute in dem Surferheim schlafe, welches Finja mir organisiert hat.

Wieder komme ich an bunten Wildkräutern und -blumen vorbei, dahinter blinzelt der Atlantik durch und vor mir liegt das Gebirge. Eine Frau mäht mit einer Motorsense Gras und ruft mir laut ein „Buen Camino, Chica" zu. Ich schmunzle, freue mich, dass sie nicht "Buen Camino, Señora" gesagt hat. Chica bedeutet Mädchen.

Ich bin überzeugt, dass dies hier ein heilender Weg ist, doch von was soll ich geheilt werden? Sind es Wunden in diesem Leben? Oder Erblasten aus dem letzten? Mein altes Karma, das sich hier vielleicht nach und nach abbaut? Welche Sünden sollen mir noch vergeben werden, was gibt es noch zu vergeben? Immer wieder kommen diese Momente der Ehrfurcht, der Dankbarkeit, manchmal auch der Traurigkeit und des Glücks.

Die Würde des großen Ganzen.

In der kleinen Kirche in La Iglesias bete ich und esse davor mein Obst. Irgendwie trinke ich heute zu wenig. Je länger ich laufe, desto mehr glaube ich, dass ich Schritt für Schritt an meinem Karma arbeite und das eine oder andere ablegen kann. Bin mal gespannt, was für ein Mensch ich nachher sein werde. Eigentlich gefällt mir das Individuum Ute ganz gut, da ich mich – auch durch mein Yoga und die Yogaphilosophie – meiner Meinung nach schon sehr frei gestrampelt habe. Aber vielleicht gibt es noch etwas Freieres. Wer weiß.

Zumindest liegt Freiheit in der Luft – die Lorbeerblätter und der Eukalyptus duften so herrlich, die Meeresluft mischt sich dazu und gibt diesen ganz speziellen Duft, den ich mit Freiheit verbinde.

Finja hat gemeint, dass nichts auf dem Camino zufällig passiert, sondern alles so sein soll, damit wir etwas lernen.

Von weitem höre ich jemanden singen und ein munterer schlanker junger Mann mit buntem Shirt und gelbem querhängenden Rucksack schwingt trällernd an mir vorbei. Na, der hat Spaß!

Endlich erreiche ich Comilías, ein belebtes Strandstädtchen, das zu einem der beliebtesten Ausflugsziele der spanischen Urlauber gehört. Mit Recht finde ich, denn mit kleinen Läden, Cafés und Bars sowie der bezaubernden Kirche und den prachtvollen Gebäuden im verspieltem Jugendstil kann sich das Küstenörtchen wirklich sehen lassen. Das Leben pulsiert in den Straßen. Ich folge den Pfeilen und verweile ein wenig in einer Kirche, zünde eine Kerze an, für mich und mein Vorhaben und natürlich für meine Lieben zu Hause.

Ich komme direkt an der Post vorbei. Erfreut stelle ich fest, dass sie sogar während der Mittagszeit geöffnet hat und beschließe, etwas nach Hause zu schicken. Weniger ist mehr. Meine Turnschuhe, mein T-Shirt, mein Schirm und einige Medikamente. Alles habe ich bisher noch nicht oder nur einmal gebraucht. Fort damit. Und damit mein Mann zu Hause nicht nur stinkende Schuhe und ein gammelndes Shirt auspacken muss, lege ich noch ein paar spanische Spezialitäten wie Chorizo (Paprika-Salami), Schokolade, gesalzene Mandeln und einen Zettel mit ein paar lieben Worten dazu. Da wird er sich bestimmt freuen!

Weiter geht es an der Hauptstraße entlang wieder raus aus Comilás. Rechts von mir der Palacio de Sobrellano, zu meiner Linken stehen zwei imposante Gebäude der Universität. Bald komme ich zu einem Naturpark, dem Parque Natural de Oyambre.

Mein Fuß tut wieder höllisch weh und ich beginne, langsamer zu trotten.

Mit faszinierendem Blick über die Küste überquere ich einen Fluss und genieße den unwiderstehlichen Ausblick auf die Küste und den Strand. Die Gischt zischt und das Wasser spült schäumend Meeresgras und Muscheln ans Land.

An einem Campingplatz mache ich das, was man halt mal machen muss. Aus der Bar schallt laute Rockmusik, ich setze mich, gönne mir ein erfrischendes Zitroneneis und genieße meine Pause.

Bald bin ich da. 20 Kilometer sind mit diesen Füßen eine echte Leistung! Nun rechts ins Landesinnere abbiegen, genauso wie es mir Finja beschrieben hat. Mein GPS sagt, noch eine halbe Stunde. Oh nein, meine Blase meldet sich zurück und ich kann kaum noch meine Füße bewegen. Langsam wird jeder Schritt zur Qual. Laut GPS sind es noch 200 Meter auf der Hauptstraße und dann abbiegen.

Die Straße ist sehr eng, zu gefährlich, um sie mit den zügig fahrenden Autos zu teilen und ich beschließe, in der ausbetonierten Wasserrinne neben der Straße zu laufen. Ein fataler Fehler, der mich fast den Camino gekostet hätte. In der Rinne gerate ich mit einem Fuß etwas zu weit rechts an die abgeschrägte Seite und stolpere. Ich beginne, mit meinem schweren Rucksack zu wanken, meine Beine werden weich, können mich nicht mehr halten und ich knalle im freien Fall auf die asphaltierte Straße. Mein Rucksack plumpst bleischwer hinterher und drückt mich mit voller Wucht in den Graben. Die Trinkflasche fällt aus meinem Rucksack und kullert die Straße hinab. Autsch. Das tut weh. Wie ein Käfer, der auf den Rücken gefallen ist, versuche ich mit samt dem schweren Rucksack wieder hoch zu kommen. Unmöglich. Bitte lieber Gott, lass jetzt kein Auto kommen!

Ich schnalle mein Gepäck ab, ziehe mich an meinem Stock hoch. Knie, Unterarm und Ellbogen bluten extrem. Scheiße. Lieber Gott, warum denn auch noch ein Sturz? Bin ich mit meinem Fuß denn nicht schon genug gestraft? Fast apathisch humple ich weiter, möchte schreien. In 100 endlos erscheinenden Metern bin ich da.

Das Surferheim liegt mitten in der Pampa – so habe ich mir das nicht vorgestellt, eher direkt am Strand mit kessen, gut-

aussehenden, sportlichen, langhaarigen Surfern mit glänzender brauner Haut ... Eine junge Frau lächelt mich an: „Yo Reservat?" ...
„Si, soy Ute" ... „Hola Ute".

Sie sieht meine Wunden und weist mir ein Bett in einem 8-Bett-Zimmer zu. Bitte nicht – sieben Typen in meinem Zimmer!
Ich solle jetzt erst einmal die Wunden auswaschen und dann würde sie mich verarzten.
Langsam humple ich zum Bett. Mir wird übel.
Vorne im Schlafsaal liegt ein älterer Mann, die restlichen Betten sind noch frei. Er sieht mich rein humpeln und begutachtet meine blutenden Wunden. Eilig kommt er auf mich zu, sagt in Englisch, er habe eine Apotheke dabei und gibt mir zu verstehen, dass er mir helfen kann. Schnell zieht er ein Alkoholtuch aus seinem Rucksack und säubert die Wunden. Die Wirtin kommt ebenfalls ins Zimmer und klebt mir ein Antibiotikapflaster direkt auf den Arm. Es tut zwar höllisch weh, aber ich bin dankbar um jede Hilfe, die ich bekommen kann. Mir wird schwummrig, ich muss mich hinlegen und schlafe, bis sechs junge Radfahrer ins Zimmer kommen und lautstark ihre Betten beziehen. Na prima – das mit der Ruhe hat sich erledigt. Da kann ich auch gleich aufstehen und duschen. Da hier fast nur Männer übernachten, ist die Damen-dusche frei und unberührt sauber.

Nachdem ich geduscht habe, ist mein Bettnachbar auch schon in den Startlöchern, um mich erneut verarzten zu können. Neben-bei erzählt er mir, dass er aus Griechenland kommt, dort massiert, mit Kindern mit Down-Syndrom und Autisten arbeitet und sogar Pferdetherapie anbietet. Zudem praktiziert er Thai Chi und Shiatsu. Bingo. Ich bin an den Richtigen geraten!

Er schmiert noch mal eine dicke Schicht Jod auf die Wunden, beklebt sie mit Silberpflastern, reibt meine Blasen mit Aloe-Vera-Gel ein und wir unterhalten uns in schlechtem Englisch, so wie es halt geht. Glück im Unglück. Unvorstellbar, wenn ich auf einem abgeschiedenen Pfad gestürzt wäre (und genau diese einsamen Strecken mag ich besonders), ohne Jod, ohne Pflaster und viele Kilometer von einer Herberge entfernt. So ist die ganze Sache sehr glimpflich für mich ausgegangen.

Aber ich habe draus gelernt. Natürlich – es wurde mir wieder geholfen. Ich brauche unbedingt eine kleine Rucksackapotheke, mit Jod, Mull und Pflastern. Desinfektionsmittel habe ich. Und ich muss mehr trinken, mehr Pausen machen und achtsamer sein.

Wieder stelle ich mir die Frage, was Gott wohl mit mir vorhat? Warum muss ich das alles durchmachen? Prüft er mich? Soll ich zweifeln?

Die Yogis sagen, wir erschaffen uns unsere Realität mit unseren Gedanken, das ist das Gesetz von Ursache und Wirkung. Ihr erinnert euch sicher noch an das Karma-Thema.

Wir gehen in Resonanz mit Menschen und Ereignissen und erschaffen unser Leben mit der Kraft unserer Gedanken selbst. Zumindest beeinflussen wir es. Vieles, was uns widerfährt, hat unser Unterbewusstsein durch unsere Gedanken schon längst für uns entschieden. Mit diesem Blickwinkel ist es einfacher, sich mit vielen Themen des Lebens auseinander zu setzen und Dankbarkeit für die Anforderungen, die dir das Leben stellt, zu entwickeln. Denn jede Aufgabe ist für dich eine Herausforderung, daran zu wachsen.

Doch, was muss ich an meinen Gedanken ändern?

Was ist meine Lektion?

Ich gehe in die Surfer-Bar. Sie ist stylisch und doch behaglich mit Sofas und Tischen ausgestattet, einer Theke, einem großen Kühlschrank, Pflanzen und natürlich mit bunten Surfbrettern. Eine Gitarre lehnt an der Wand. Es läuft coole Musik im Radio – hier kann man sich richtig wohlfühlen. Nur die braungebrannten Surfer fehlen.

Der Umweg hat sich trotzdem gelohnt, denn es ist hier sehr gemütlich. Außerdem hätte ich den hilfsbereiten Griechen und die goldige Hausfrau nicht kennengelernt und wahrscheinlich wäre ich auch woanders gestolpert.

Gerne hätte ich meinen Helfer zum Essen oder zu einem Bier eingeladen, der aber winkt nur ab, legt sich ins Bett und schläft früh ein.

Nach dem bisher besten Pilgermenü, einem „el Puchero" (Räubereintopf) und einem sensationellen Käsekuchen bin ich unendlich dankbar, dass ich hier in einer sauberen Unterkunft mit leckerem Essen, einem lieben Zimmernachbarn und freundlichen Herbergsleuten bin.

Natürlich frage ich den Koch, ob er mir kurz erläutert, was in diesem exzellenten Eintopf drin ist.

Sichtlich erfreut über meine Anerkennung gibt er mir das Rezept:

\* \* \*

### El Puchero – Räubereintopf

Mengen je nach Anzahl der Mitesser, nach Hunger und Vorlieben, ein festes Rezept gibt es nicht, du kannst also auch beliebige Zutaten dazu mogeln oder entfernen.

Ein großes Stück Chorizo (Paprikawurst)
geräucherter Speck
1 – 2 Zwiebeln
1 – 2 Zehen Knoblauch
etwas Tomatenmark
nacheinander in Olivenöl anbraten.

Frische rote Paprika, Karotten, gekochte Kichererbsen und Kartoffeln in ähnlicher Menge hinzugeben und mit Hühner- oder Gemüsebrühe ablöschen und köcheln lassen.

Mit Pfeffer, Lorbeerblatt, Thymian und Salz abschmecken.

\* \* \*

Dieses Highlight muss ich zu Hause unbedingt nachkochen!

Nach einem weiteren Bier werde ich müde und hoffe, einigermaßen gut schlafen zu können, denn die vielen Männer im Saal schnarchen bestimmt.

Hoffentlich muss ich infolge des Sturzes nicht abbrechen und die Heimreise antreten, denke ich beim Einschlafen, schluchze in mein Kopfkissen und schicke ein Stoßgebet zum Himmel.

**10. Tag**　　　**Gerra – Poo de Llanes**
**Wenn der Weg das Ziel ist, ist das**
**Ankommen gar nicht so wichtig.**

Ich wache auf, mein Knie tut höllisch weh und mein Arm tropft. Die Wunde hat durchgenässt und meinen Schlafsack voll geblutet. Arm und Oberschenkel haben sich blau-grün gefärbt, das Knie spannt, als hätte man es zugeschnürt und die Blase an meinem Fuß hat sich unter dem Pflaster wohl wieder geöffnet. Ich überlege, was ich nun tun soll. Zuerst brauche ich eine Apotheke, damit ich meine Wunden selbst versorgen kann.
Ich suche meine „Siebensachen" zusammen und humple los. Ob ich mir ein Taxi rufe? Nein – aus irgendeinem Grund mache ich das nicht. Vielleicht, dass ich mich selbst noch weiter quälen kann? Weil ich beleidigt bin? Oder ich die Leiden in meinem Körper brauche, um meiner Seele etwas beizubringen?
Was will mir mein Körper denn nur zeigen?

\* \* \*

*Jesus bezeichnete den Körper als „Krug",*
*Kabir, ein indischer Dichter und Mystiker (1440 - 1518), nannte ihn*
*„eine Gaststätte, in der sich der Geist gerne als Gast niederlässt",*
*der Buddhismus sieht ihn als „Fahrzeug" und*
*der Hinduismus als „Wagen".*

*In der Bagavad Gita ist Krishna zusammen mit Arjuna der „Wagen-*
*lenker", er sitzt mit ihm im Wagen um auf das Schlachtfeld zu ziehen.*

*Dieser Wagen – unser Körper – sollte sicher und kraftvoll sein,*
*um seinen Weg meistern zu können.*
*Er muss jedoch nicht aufgemotzt und sein Lack nicht*
*glänzend poliert sein. Aber er sollte in Takt sein.*
*Schlaglöcher dürfen ihm nichts anhaben.*
*Er sollte wendig sein, um schnell die Richtung ändern zu können,*
*wenn es erforderlich ist.*

*Es tut ihm gut, wenn er mit hochwertigem Kraftstoff betrieben wird*

*und die beweglichen Teile regelmäßig geschmiert werden.*
*Seine Bremsen müssen einwandfrei funktionieren, um gegebenenfalls*
*auch mal eine Notbremsung machen zu können.*
*Erleidet der Wagen einen Unfall, muss er wieder repariert werden!*
*Er muss regelmäßig zum TÜV!*

*Alle teilen sich die Meinung, dass der Körper nicht nur die Aufgabe*
*der Erscheinungsform hat.*
*Er dient als Mittel, als Werkzeug, um durchs Leben zu gehen und*
*mit allem um sich herum in Kontakt zu treten.*

*Deshalb gilt es, optimal für ihn zu sorgen.*

*Wie Teresa von Avila,*
*die um 1500 in Kastilien in Spanien gelebt hat, sagte:*

*„Tue deinem Leib etwas Gutes,*
*damit deine Seele Lust hat, darin zu wohnen".*

\* \* \*

Den Berg wieder hoch, zurück zu dieser verdammten Wasserrinne, die mir diese Misere eingebrockt hat. Trotzdem immer noch
dankbar, dass es nicht an einem einsamen Berg passiert ist und
mir im Surferheim gleich geholfen wurde, sonst hätte ich jetzt vermutlich eine Blutvergiftung – was das sichere Ende des Caminos
für mich bedeutet hätte.
Ich ärgere mich, warum ich so blauäugig war und keinerlei
Verbandssachen dabeihabe. Im Nachhinein denke ich, dass das
Erlebnis im Zug, als ich mich an meiner Nagelschere verletzt und
mir die Mitreisenden ein Pflaster gaben, mich hätte aufrütteln
müssen und ich mich schnurstracks mit Verbandssachen eindecken hätte müssen. Arnica-Globulis reichen da halt doch nicht aus.
Diese Lektion hatte ich verpasst – vielleicht hätte ich meinem
Karma ein Schnippchen schlagen können. Höchstwahrscheinlich

wäre dieses Unglück gar nicht passiert, wenn ich es vorher schon erkannt und dazu gelernt hätte.

Es ist wie bei kleinen Kindern. Den einen reicht es, wenn die Mutter sagt, dass die Herdplatte heiß ist, die anderen müssen sich dreimal die Finger verbrennen.

In der nächsten „Farmacia" werde ich mich einrichten. Und da ich ja Schirm und Turnschuhe nach Hause geschickt habe, ist jetzt Platz für eine kleine „Rucksack-Apotheke"!

Unter mir breiten sich weite Strände aus, doch leider kann ich das heute alles gar nicht genießen. Das Meer ist zum Greifen nahe und es tut mir so leid, dass ich in der nächsten Zeit sicherlich wieder nicht ins Wasser kann. Zuerst waren es die Blasen, jetzt würde ich mir mit den offenen Wunden sicherlich eine schlimme Entzündung holen. Dabei hatte ich mich doch so auf das Baden im Meer gefreut! Insgesamt war ich bis jetzt erst dreimal im Wasser. Ich wünsche mir gerade, dass ich mit dem Wohnmobil da wäre und das Meer genießen könnte. Seufzend denke ich an meine entspannte Zeit im Hotel auf Mallorca und den Badestrand mit weißem Sand. Stopp! Bloß kein Selbstmitleid.

Zwei Stunden latsche ich nun schon unter Qualen, endlich erreiche ich St. Vicente de la Barquera. Erschöpft setze ich mich am Ortsanfang auf eine Bank und krame mein Unterkunftsverzeichnis aus dem Rucksack. Zuerst ein Zimmer suchen, danach kommt die Ausstattung meiner Rucksack-Apotheke dran. Die Albuerge gibt es nicht mehr, aber der touristische Ort bietet viele hochpreisige Hotelzimmer an. Egal wie viel es kostet – bevor ich umkippe, leiste ich mir den Luxus eines Hotels. Selbstsicher greife ich zum Handy und telefoniere mehrere Hotels ab.

„Completto" – Ausgebucht.

Zu allem Übel geht auch noch der Akku meines Handys zur Neige, weil es heute Nacht aus irgendeinem Grund nicht geladen hat. Wie soll ich denn ohne Handy zu einer Übernachtungsmöglichkeit kommen? Ich bin verzweifelt. Die einzige Herberge im Ort ist geschlossen und der touristische Ort nahezu ausgebucht!

Mir wird schon wieder mulmig.

Doch halt. Eins nach dem anderen.

Immer wieder grüble ich, ob ich nicht doch einen Arzt aufsuchen soll. Sicher ist sicher, denn sollten sich die Wunden entzünden, wäre es vorbei mit dem Camino. Und wenn sich mal ein Fachmann meine Fußsohle ansieht, wäre das sicherlich auch kein Fehler.

Auf der Suche nach einem Café humple ich direkt am Schild „Medico" vorbei! Ob das ist ein Wink des Schicksals ist? Hoffnungsvoll humple ich zur Pforte des Krankenhauses. Die Anmeldeformalitäten gestalten sich schwierig, da mein Übersetzungsprogramm auf dem Handy ohne Akku sinnlos ist und ich nicht so schnell im Wörterbuch blättern kann. Die Dame am Empfang nimmt meine Krankenkassenkarte, steckt sie in ihren Computer und lächelt freundlich. Ich werde nach oben in einen riesigen Wartesaal geleitet, in dem etwa 25 Spanier sitzen. Vermutlich werde ich hier den restlichen Tag ausharren müssen. Egal – vielleicht kann ich im Sitzen schlafen oder hier übernachten. Dann würde mir wenigstens die Zimmersuche erspart bleiben.

„UDE GNEISSL", ruft es jedoch prompt aus einem Zimmer. Huch! Da bin ich aber überrascht. Wahrscheinlich bin ich so bleich und zittrig, dass ich als Notfall durchgehe! Ein leger bekleideter, ungefähr 60-jähriger Mann begrüßt mich freundlich. Er geleitet mich auf eine Liege und schaut sich alles an. Meine Wunden an Arm und Bein, meine Fußsohle und meine Zehen. Er fragt, wie lange ich schon unterwegs bin und wann es passiert ist.

Mit zitternder Stimme gebe ich in einem Mix aus Spanisch und Englisch Antwort. Sorgfältig entfernt der Arzt die Pflaster am Bein und stellt fest, dass sich dort bereits Eiter gebildet hat. Er desinfiziert die offene Stelle am Knie fachmännisch, tupft den Eiter beiseite, zupft mit der Pinzette Verbandmaterial aus der Wunde, gießt Jod über die offenen Stellen und verbindet diese wieder sorgfältig. Ich habe das Gefühl, in sehr guten Händen zu sein. Plötzlich wird mir schwarz vor Augen, ich werde ohnmächtig. Kurz darauf wache ich am beißenden Geruch einer undefinierbaren Chemikalie wieder auf. „Alles gudd?", höre ich die Schwester fragen. Der Doktor setzt seine Arbeit an meinem Arm fort.

Das bereits angeklebte Mull am Unterarm entfernt er mit einer Art Schaum und zieht die verblutete Binde langsam zur Seite.

Ich beiße auf die Zähne. Autsch! Der Mediziner betrachtet die Schürfstelle etwas genauer. Sie sieht richtig eklig aus, denn auch hier hat sich Eiter gebildet. Voller Sorgfalt säubert er die Wunde mit Alkohol – ich möchte nur noch laut schreien, doch ich verkneife es mir. Der Doc verbindet den Ellbogen und legt mir eine Art Manschette an, dass die Binde nicht verrutscht. Am Fuß entfernt er das Blasenpflaster, gibt ebenfalls Jod darauf und beklebt es mit einem neuen Pflaster. Am großen Zeh des anderen Beines hobelt er die harte Hornhaut ab. Er ist gut beschäftigt und sehr konzentriert.

Eine Helferin kommt mit einer Schachtel Pralinen ins Zimmer und bietet dem Arzt eine an. Er verneint und gibt mir die Süßigkeiten. Etwas Schokolade kann meinen Nerven sicherlich nicht schaden! Obwohl ich heute Nacht wider Erwarten tief geschlafen habe, bin ich unendlich müde, möchte nur noch heulen und nach Hause. Was jetzt?

Als er alle meine (körperlichen) Wunden versorgt hat, bietet er mir einen Platz an seinem Schreibtisch an und startet das Übersetzungsprogramm seines Computers. Klasse. Der nimmt sich echt Zeit für mich, da könnte sich so mancher Arzt in Deutschland eine Scheibe abschneiden.

Ich bekomme diese Instruktionen: 2 - 3 Tage muss der Verband an Arm und Bein bleiben, dann soll ich ihn entfernen. Kleinere Spaziergänge sind erlaubt, mehr nicht, denn die Verletzungen könnten mir noch Probleme machen. Mit einem freundlichen Händedruck und einem „Buen Camino" werde ich entlassen.

Draußen im Wartesaal fließen mir die Tränen das Gesicht runter. So habe ich mir das Ganze nicht vorgestellt. Soll ich aufgeben? Mir einen Zug nach Hause nehmen? Ich bin kurz davor, alles hin zu schmeißen. Wie war das? Jeder Pilger muss auf dem Camino mindestens einmal weinen? Da wäre ich ja schon deutlich drüber.

Jetzt will ich nur noch schlafen. Und gegessen habe ich – außer der Praline – immer noch nichts. Ich suche das Tourismusbüro und möchte mir hier ein Zimmer mieten. Egal was es kostet. Einfach schlafen, nichts mehr denken müssen. In der „Information Touristik" ist es das gleiche Spiel wie in Santander. Ich bekomme eine Liste und soll alle Unterkünfte abtelefonieren. Die Dame hinterm Schalter meint teilnahmslos, dass nahezu alles ausgebucht ist. Was nun? Ich kann unmöglich alle anrufen. Zudem ist Stille in meinem Handy.

Dieses ansehnliche Städtchen, von dem in meinem Reiseführer nur so geschwärmt wurde, kann ich gar nicht genießen. Nur am Rande nehme ich die imposanten Gebäude, die Iglesia und den gepflegten Strand wahr.

Ich fühle mich so schwach – am liebsten würde ich nach Hause. Doch um das jetzt alles zu organisieren, fehlt mir die Kraft. Außerdem möchte ich nicht das ganze Telefonverzeichnis abtelefonieren, um ein Zimmer zu finden.

Ich muss etwas essen und brauche einen Kaffee. Vielleicht sieht die Welt dann wieder besser aus? Am Hafen setze ich mich in eine kleine Bar und stärke mich. Vielleicht kann ich hier auch mein Handy aufladen.

Alles läuft irgendwie aus dem Ruder. Am liebsten würde ich zu Hause anrufen und mich abholen lassen. Einfach hier sitzen bleiben und warten, bis mich jemand kommt und mich abholt. Meinem Mann anrufen und ihn anflehen: „Hol mich hier raus!" Aber aus Nordspanien ist das gar nicht so einfach.

Nach einem Café con Leche, einem feinen Kartoffelkuchen mit Ziegenkäse und einem Agua con Gas – alles zusammen um 3,90 Euro – sieht die Welt schon wieder etwas besser aus. Gestärkt und mit Unmengen an Mullbinden, Pflastern und einer großen Tube Jod im Gepäck, mache ich mich auf nach Sergio, denn dort soll die nächste Herberge sein! Ich komme an einer Bushaltestelle vorbei, schaue neugierig auf den Fahrplan. Es fährt ein Bus nach Llanes! In einer Viertelstunde. Ich überlege nicht lange und werde – ohne schlechtes Gewissen – wieder zum Buspilger.

Heute habe ich ja wenigstens die perfekte Ausrede.

In Llanes angekommen winkt mir ein hübscher junger Mann zu und spricht mich in einem Mix aus Spanisch und Englisch an: "I'm the boyfriend from Sonia – we met in the Café for desayuno!" Ich bin völlig baff und freue mich, dass er mich erkannt und angesprochen hat. Nach einem netten Smalltalk knipsen wir noch ein Selfie für Sonia, die bereits wieder zu Hause ist. Er fährt heute mit dem Bus nach Santander und danach zurück nach Madrid.

Auf dem Camino begegnet man sich immer wieder – es lohnt sich also, nett zu sein, denn wer weiß, wann man sich wieder trifft. Übrigens ist das im normalen Leben auch so, also immer schön freundlich sein!

Llanes ist ein kleines, makellos herausgeputztes, asturisches Küstenstädtchen. In der hübschen Altstadt gibt es unendlich viele geschichtsträchtige Gebäude, einen interessanten traditionellen Fischereihafen, der noch immer in Betrieb ist. Eine Gedenktafel am Hafen erinnert heute noch an 65 Seeleute aus dem Ort, welche die drei Schiffe segelten, die von Llanes Jahre 1588 für die spanische Armada gestellt wurden.

Ich schlendere durch die Gassen, sehe imposante, hohe, monumentale Gebäude und komme an der „Albergue La Casona del Peregrino" vorbei, einem mehrstöckigen, einladend wirkenden rot-weißen Gebäude. Die Versuchung ist groß, hier nach einem Zimmer zu fragen, denn Finja übernachtet heute dort, wie sie mir in einer SMS geschrieben hatte.

Doch mein Ziel ist das zwei Kilometer entfernte Poo de Llanes, es soll dort einen tollen Strand und ein cooles Hostel geben. Das müsste ich schaffen, immerhin hat mir der Arzt „kleine Spaziergänge" erlaubt. So leicht lasse ich mich nicht unterkriegen.

In einer kleinen Bäckerei gönne ich mir ein paar „Tartas de Milhojas", kleine Blätterteigteilchen mit Nüssen und noch mal einen Cappuccino, dann humple ich weiter in Richtung Poo. Die kleine Etappe entpuppt sich als moderat, denn sie enthält keine großen Steigungen und ist trotzdem abwechslungsreich.

Ein schmaler Küstenpfad führt mich letztendlich aus dem Ort.

Ich laufe direkt auf die Herberge zu – vor der Türe stehen zwei VW-Busse und andere ältere Autos aus unterschiedlichen Ländern. Hier scheinen wohl nicht nur Pilger zu übernachten. Die Herberge wirkt eher wie ein Hostel für Surfer, mit bunten Wänden, kleinen Sofas in einer gemütlichen Loggia, einem Automaten mit gekühltem Bier und Cola, einem etwas verwilderten Garten mit großem Holztisch und vielen Surfbrettern. Und hier sind sie, die attraktiven, braun gebrannten Surfer mit Dreadlocks. Sieht gut aus. Hier könnte ich mich wohlfühlen, denke ich noch. Welch ein Schock, denn auch diese Herberge ist voll!

Klar – wenn hier alle surfenden Hippies absteigen!

Und die armen Pilger? Ich möchte mich schon aufregen. Laut brüllen!!! Nein, tief ein- und ausatmen, denke ich noch, als ich in zwei bekannte Gesichter blicke – die beiden Frauen, die in Cóbreces den Strand gesucht haben! Was für ein Zufall! Beide sitzen ratlos auf dem Sofa, sind ebenfalls überrascht, dass selbst die doch etwas abseits gelegene Herberge ausgebucht ist. Kurzerhand beschließen wir, gemeinsam zur nächsten Pension zu spazieren.

Leider ist auch diese Unterkunft nicht mehr frei. Am Ortsende kommen wir noch zu einem Hostal, fragen erneut nach einem Zimmer. Tatsächlich haben sie noch ein Zimmer für 2 Personen frei. Anke und Marion, so heißen die beiden, winken ab. „Wir sind zu dritt!" Wow. Das hätte ich nicht erwartet – haben wir uns doch gerade mal „beschnuppert und für nett befunden".

Auf dem Camino bildet sich unter den Gefährten schon so eine Art Zusammengehörigkeitsgefühl. Doch so schnell? Die beiden hätten auch einfach das Doppelzimmer nehmen und mich meinem Schicksal überlassen können – was sicherlich bequemer für die beiden gewesen wäre. Ich bin immer noch ganz baff und schlage dem Rezeptionisten vor, auf meiner Yogamatte auf dem Fußboden zu schlafen. Zumal ich weiß, dass das funktioniert.

Aufgrund der verstärkten Kontrollen geht das aber nicht – auf gar keinen Fall können sie da etwas riskieren. Doch die Mitarbeiter des Hostals sind sehr zuvorkommend und telefonieren für uns durch die Gegend. In einer Herberge in Llanes sind noch Zimmer frei und wir können mit dem Auto abgeholt werden.

Ich komme mir vor, wie beim Monopoly spielen … „Gehe in das Gefängnis, begib dich direkt dorthin, gehe nicht über Los" … und ich frage mich, was das nun wieder soll.

Wir werden ziemlich weit ins Hinterland kutschiert, das Meer können wir nur erahnen. Macht nix, die Ansprüche werden immer kleiner und ich kann ja sowieso nicht ins Wasser rein. Endlich landen wir in unserer Unterkunft, einem ehemaligen Reiterhof. Die Stallboxen wurden zu kargen Schlafkammern umgebaut, man bekommt Spannbetttücher aus dünnem Papier und Kissenbezüge auf Plastikmatratzen.

Alles wirkt ziemlich unpersönlich.

Wir gönnen uns einen 4-Bett-Stall zu dritt und ziehen ein. In der spärlich eingerichteten Schlafbox sind zwei Stockbetten und vier Steckdosen. Jeder hat ein kleines Regal und einen Kleiderhaken an der Wand. Mehr ist nicht. In die Box kommt man nur über die zweigeteilte Stalltüre, durch die ehemals Pferde ein- und ausgingen. Auch wenn ich noch etwas irritiert bin, irgendwie ist es auf dem Bauernhof doch heimelig, es gibt immerhin in einem Nebengebäude noch ein paar Pferde, Hunde und Katzen. Die Schuhe muss man draußen ausziehen, das Gepäck darf nicht mit in den Stall, sondern wird draußen in einem Spint eingeschlossen. Waschräume und Waschmaschinen sind im Hauptgebäude. Spartanisch, aber praktisch. Es reicht aus, um einen netten Abend zu verbringen.

Im Allgemeinen ist es sehr gemütlich hier, im großen Hof gibt es Sofas, Liegestühle, Tische und Bänke. Außerdem stehen Schüsseln bereit, um seine Füße mit Meerwasser, das aus einem Schlauch kommt, zu baden. Spa auf dem Camino! Etwas rustikal wirkt das Ganze schon, aber trotzdem irgendwie stimmig! Man merkt, dass die Inhaber sich wirklich Gedanken gemacht haben, wie sie den Gästen einen angenehmen Aufenthalt bieten können.

Heute Morgen habe ich mir noch überlegt, wo ich in einer sauberen Wanne meine Füße baden kann, um den Rest des Pflasters zu entfernen, denn das ist es, was mich am meisten quält. Der Arzt hat ja schon vorgearbeitet, das Meiste abgezogen und die offene Fußsohle mit Alkohol und Jod behandelt.

Nach der anfänglichen Skepsis bin ich von unserer neuen Unterkunft begeistert. Genau die richtige Location für mich. Pferde, Katzen, Federvieh. Und eine einzelne abschließbare große Toilette mit einem riesigen Waschbecken, an dem ich mich von Kopf bis Fuß waschen kann. Duschen soll ich ja die nächsten beiden Tage noch nicht. Perfekt. Ich wasche noch schnell T-Shirt, Slip und Socken aus und beziehe unsere Kammer.

Es soll ein gemütlicher Abend werden. Anke und Marion sind wirklich süß und ich freue mich, dass wir uns gefunden haben. Wir trinken Wein, essen unser Studentenfutter und bestellen noch Käse und Oliven dazu.

Im Internet suchen wir nach einer Übernachtungsmöglichkeit für die kommende Nacht. Telefonieren sämtliche Nummern ab. Niemand nimmt ab. Warum können denn alle reservieren und wir nicht? Sind wir denn zu blöd?

Wie kommt man bloß ohne irgendwelche Tricks an eine einigermaßen günstige Location?

Es kotzt uns zwischendurch mal so richtig an …

Die beiden neuen Gefährtinnen erinnern mich irgendwie an ein zerstreutes Paar, das sich seit vielen Jahren in- und auswendig kennt, sich gegenseitig auf die Schippe nimmt und einfach das Leben genießt. Beide ziehen seit Jahren in ihrem Urlaub gemeinsam durch die Welt, immer für zwei Wochen. Begonnen haben sie ihr Dasein als Pilgerinnen in Italien auf dem Franziskusweg, der im Vergleich zum Camino del Norte, sehr anspruchsvoll und hart ist, es gibt keine Verpflegungsmöglichkeit während des Tages, man muss also die ganze Verpflegung mitschleppen. Während dieser Tour haben die beiden ziemlich abgenommen.

Die Übernachtungen auf dem Franziskanischen Besinnungsweg, (auch Sonnengesangs- oder Schöpfungsweg genannt), sind in einfachen Klöstern, er ist sehr spirituell, denn es werden Gottesdienste gehalten, gemeinsam gesungen und gebetet. Genau das, was mir hier fehlt.

Durch ihre Erzählungen bietet sich mir ein anderer Blick auf das Pilgern, denn auf dem „Norte" sind sie bereits zum dritten Mal. Man muss den Weg ja nicht auf einmal zurücklegen! Wenn ich es dieses Jahr nicht schaffe, dann sicherlich zu einem anderen Zeitpunkt. Und dann mit Zelt und ohne Laptop.

Ich lehne mich zurück und beginne, zu entspannen. Es ist die Art und Weise, wie man die Sache sieht! Vielleicht muss man einfach nur die Sichtweise verändern. Habe ich mir denn wieder, wie so oft, unnötig selbst Stress gemacht?

Zurück zum Franziskusweg. Er startet in Florenz, erstreckt sich über 500 Kilometer, überwindet eine Höhendifferenz von über 15 000 Metern und führt dann über Assisi nach Rom. Die Mühen werden durch seine atemberaubenden Passagen belohnt. Die vielen Klöster auf der Route erzählen vom Leben von Franz von Assisi und laden zu Gottesdiensten und Übernachtungen ein.

Spiritualismus pur. Ich bin nun schon 10 Tage hier und habe diese spirituelle Seite bisher nur einmal im Kloster erlebt. Sehr schade, wie ich finde.

Es sollte doch eigentlich ein spiritueller Weg sein oder täusche ich mich hier vielleicht? Doch die Meisten hasten achtlos an den Kirchen vorbei. Ich versuche immer hinein zu kommen, wenn es kein allzu großer Bogen ist, auch um mir einen Stempel in der Kirche zu holen.
Es herrscht so eine himmlische Atmosphäre in den Kirchen.
Doch oft sind die Türen verschlossen.
Vielleicht wäre Italien ja etwas für mein nächstes Abenteuer?

Anke holt mich jäh zurück aus meinen Gedanken und will wissen, ob ich eine aktuelle Tetanusimpfung habe. Schmunzelnd denke ich an Marie, die ihren Impfpass dabeihat und wie wir uns darüber amüsiert haben, dass sie ihn mit sich herumschleppt. Tja, kleine Sünden bestraft der liebe Gott eben sofort! Ich rufe zu Hause an und bitte meinen Mann, mir meinen Impfpass abzufotografieren. Erschrocken stelle ich fest, dass die Impfung mehrere Jahre überfällig ist. Auch das noch. Hoffentlich geht das gut!

Morgen früh soll uns ein Taxi abholen und an den Punkt zurückbringen, an dem wir gestern unsere Reise beendet haben.

Fazit des Tages:
Wenn der Weg das Ziel ist, ist das Ankommen gar nicht so wichtig.

## In Asturien / Principade de Asturias

*Kurz vor Llanes beginnt die Provinz Asturien und erstreckt sich bis Ribadeo. Es gibt geniale Küstenabschnitte, der Atlantik ist imposant, peitscht jedoch oft so schroff an die meist steile Küste, dass das Baden eher selten möglich ist.*

*Die Aussichten sind gigantisch – auf der einen Seite der raue Atlantik, auf der anderen Seite die lange Kalksteinbergkette der „Sierra del Cuera".*

*Llanes, Ribadesella, Villaviciosa, Sebrayu und Gijón sind sehr reizvolle Orte, für die du dir auch etwas Zeit nehmen solltest. Allerdings sind sie durch ihre zentrale Lage direkt am Meer oft überfüllt.*

*Durch weite Strände, enge Gassen, hübsche Cafés und Bars kommt so richtiges Urlaubsfeeling auf!*

*Avilés ist ein sehr beliebtes Städtchen und hat die für mich sehenswerteste Kirche des ganzen Caminos. Sidra (Apfelmost) ist das Nationalgetränk. Unbedingt in einer Sideria einkehren oder bei Manfred Sidra trinken!*

*In der Hauptstadt Asturiens, Oviedo, kannst du auf den Camino Primitivo wechseln.*

*Da es hier öfters regnet, sind die Wiesen grün und saftig, es gibt unzählig viele Obstbäume. Auf den Feldern wachsen Paprika, Tomaten, Bohnen, usw. und in den Bauerngärten wachsen riesige Hortensienpflanzen in allen Farben.*

*Manche Pfade führen weit ins bergige Hinterland und sind bei Regenwetter nur mit festem Schuhwerk begehbar. Mitunter kann es an Pässen auch anstrengend werden, dafür wirst du aber immer wieder mit den herrlichsten Naturansichten belohnt! Es gibt private Herbergen sowie kleine Hotels, die du – vor allem in der Hauptsaison – besser am Vortag reservieren solltest. In den städtischen Herbergen kannst du gar nicht reservieren. Die Zimmersuche wird viel entspannter!*

*Die letzte Etappe führt am Meer entlang nach Tapia de Casariego und Ribadeo.*

*Also unbedingt noch mal dieses Meeresfeeling genießen!*

## 11. Tag    Llanes – Cuerres
##    Casa Belén – Heimat in Betlehem

Es ist noch ziemlich kalt, als wir unsere „Siebensachen" zusammenpacken und unseren Pferdestall verlassen, denn das Taxi ist auf 7 Uhr bestellt und sehr pünktlich. Mit dem Taxi das Wallfahren zu beginnen ist eine völlig neue Erfahrung und ich hoffe nur, dass mich keiner sieht. Irgendwie ist mir das peinlich, an der Herberge mit dem Taxi abgeholt zu werden. Da wir gestern bis zum Ende der nächsten Ortschaft gekommen sind, geht unsere Reise auch dort weiter.

Ich bin froh, dass meine Wunden heute Nacht nicht geblutet haben. Den Blasenrest an der Fußsohle und die mumifizierte, harte Haut, die sich drumherum gebildet hat, habe ich mit einem dicken Mull gepolstert, meine Füße eingecremt und eingepudert. Mehr kann ich jetzt nicht tun.

Wir starten in den Tag, bestaunen ehrfürchtig, wie die Sonne über dem Meer nach oben schwebt und genießen den Sonnenaufgang, der die ganze Küste und das Meer in Pastellfarben eintaucht. Wieder werde ich ganz demütig.

Es geht entlang eines schmalen Küstenpfades, andächtig bleiben wir immer wieder stehen, genießen die bezaubernde Landschaft, machen Fotos. Erst nach zwei Stunden finden wir ein kleines Café, das geöffnet hat, endlich können wir gut gelaunt frühstücken. Unsere heutige Etappe führt über weite Feld- und staubige Schotterpfade ins Inland und ich habe das Gefühl, dem vor uns liegenden Berg immer näher zu kommen. Wir gelangen über einen kleinen Höhenzug, sehen die Ruinen eines alten Klosters und erzählen uns von unserem Leben.

Anke und Marion sind Lehrerinnen. Aha – das passt. Anke unterrichtet Biologie und Mathe, Marion Englisch und Religion. Sie haben sich in der Schule kennengelernt und sind seither befreundet. Die beiden sind so amüsant!
Immer fröhlich und auf der Suche nach irgendetwas Essbarem.

Auf einem kleinen Markt in Piñeres bekommen wir selbstgebackenen Kuchen. Welch ein Fest.

Ich genieße einen leckeren Feigenkuchen. So was habe ich noch nie gegessen – saftig und fruchtig – ich bin begeistert! Es ist der leckerste Kuchen, den ich je gegessen habe!

Immer wieder betrachten wir die geschickt gebauten Steinmauern (die Spanier sind da wahre Meister) und ich erzähle den beiden etwas von mir, meinem Leben und von Yoga. Möchte ihnen etwas Appetit auf Yoga machen, damit sie fit und munter bleiben. Bin mal gespannt, ob es klappt.

Das mit den Übernachtungsmöglichkeiten ist wirklich demotivierend – bereits 10 Kilometer nach unserem Start versuche ich, die Herbergen abzutelefonieren. Entweder geht keiner ran, sie sind „completo" oder man kann nicht reservieren. Wenn das so weiter geht, dann müssen wir auf einer Parkbank schlafen.
Die Route ist unspektakulär und langsam nähern wir uns unserem Ziel, denn wir würden heute gerne noch „Casa Belén" erreichen.

Im Reiseführer steht, dass das deutsche Ehepaar Brigitte und Manfred dort eine private Unterkunft für Pilger eingerichtet hat. Sie bieten sogar eine gemeinsame Andacht an! Ich bin begeistert – da will ich hin!!! Leider kann man dort nicht reservieren bzw. es geht niemand ran. Die Herberge vor „Casa Belén" ist bereits ausgebucht.

Wir stehen vor einem gepflegten Haus mit einem riesigen Garten, doch es scheint niemand da zu sein. Schade. Wir beratschlagen, was wir tun können. Meine Beine tun wieder furchtbar weh, die Blase meldet sich zurück und die Wunden an Arm und Bein beginnen fürchterlich zu jucken.

Plötzlich geht die Tür auf. Ein hagerer, grauhaariger Mann mit gütigen Augen öffnet die Tür und fragt, ob wir aus Deutschland kommen. Wir bejahen und sagen, dass wir extra zum „Casa Belen" marschiert sind, weil sich das so toll im Reiseführer anhört und wir uns schon den ganzen Tag auf sein Haus und die Gemeinschaft gefreut haben.
Der Mann entgegnet: „Ach, das tut mir leid – wir nehmen in diesem Jahr keine Gäste auf, wir machen ein Sabbatical."

„Oh nein!", entspringt es mir verzweifelt. Tränen schießen in meine Augen. Verwundet zu sein macht noch verwundbarer, als man eigentlich schon ist.

Er entdeckt meine jetzt durchnässten und blutigen Verbände und die Verzweiflung in meinen wässrigen Augen und fragt mich, was passiert sei. Mit zittriger Stimme erzähle ich ihm von meiner Misere.

„Wie weit seid ihr denn heute gewandert?", will Manfred wissen. Wir antworten seufzend: „22 Kilometer und wir sind total fertig!" Er hat ein Einsehen. Lächelt.

„Dann mach ich heute halt mal eine Ausnahme. Ich bin Manfred".

Mir fällt ein riesiger Stein vom Herzen und ich bin unendlich erleichtert. Nicht auszudenken, wenn ich noch weiter hätte laufen müssen. Schon die 22 Kilometer waren alles andere als der vom Doc verordnete „kleine Spaziergang".

Er zeigt uns die Gästezimmer, ein Zwei- und ein Vierbettzimmer, Bad und die Küche. Nach unserem Rundgang lädt er uns zu Tee und Keksen ein und bietet uns sogar gastfreundlich seinen Garten zum Verweilen an. „Casa Belén" bedeutet übersetzt „Bethlehem". Manfred und Brigitte wollten eine Herberge haben, wie sie Maria und Josef in Bethlehem wohl gerne gehabt hätten. Belén heißt auch Krippe. Sie möchten ihren Gästen eine Art Zuhause geben, wenn auch nur für eine Nacht. Es ist einmalig hier, so friedlich, entschleunigt und authentisch. Dieser tolle Mensch vertraut uns wie selbstverständlich sein Haus an, schnappt sich sein Fahrrad und geht mit seinem Hund zum Baden. Im gepflegten Garten gibt es eine Hängematte, Liegestühle, ein Gänsegehege und eine kleine Kapelle, die ausgestattet ist mit Meditationskissen, einem kleinen Altar, Decken und Gitarre. Ideal, um einen Gottesdienst zu feiern. Ich fühle mich gut aufgehoben. Hier möchte ich morgen Yoga machen und meditieren.

Ich rufe Finja an. Berichte von unserem Glück, in „Casa Belen" untergekommen zu sein und frage sie, ob ich für sie auch nach einem Zimmer fragen soll.

In der Zwischenzeit ist Manfred vom Baden zurückgekehrt. Finja und Marie sind ebenfalls angekommen. Auch sie genießen Manfreds Freundlichkeit und Herzlichkeit.

Wir sitzen schon in gemütlicher Runde, als Marie zerstreut aus ihrem Zimmer kommt und uns hektisch mitteilt, dass sie ihren Reiseführer samt Credencial verloren hat. Vermutlich in der Bar von Piñeres oder auf der Strecke dahin. Sie fragt Manfred, ob sie sein Fahrrad bekommt, denn sie möchte die Strecke noch mal abfahren.

Nett, wie Manfred eben ist, bietet er ihr an, mit dem Auto dort hin zu fahren. Gemeinsam ziehen sie los. Der Ausweis wartet tatsächlich noch in der Bar darauf, abgeholt zu werden. Welch ein Glück.

Zum Abendessen soll es Tortilla mit Salat geben. Für die Zubereitung setzen wir uns gemeinsam in den Garten und schnippeln Kartoffeln, Salat, Äpfel, Zwiebeln und Tomaten klein. Ich bin für das Knacken der Nüsse für den Salat zuständig.

Manfred lädt uns in die Küche ein, um ihm beim Kochen zuzuschauen und ihm Gesellschaft zu leisten. Er macht das Fett heiß, gibt die Kartoffeln und Zwiebeln in die Pfanne. Es brutzelt so vor sich hin und riecht schon köstlich. Dann gibt er die Champignons dazu.

Nun kommt der Tortilla-Trick: Er gibt nicht die Eier zu den Kartoffeln, sondern das Kartoffelgemisch zu den Eiern!

Dann kommt die bereits lecker duftende Masse wieder in die Pfanne und wird ausgebacken. Das Kartoffelgemisch wird in einen extra Tortilla-Teller gestülpt, nach kurzer Zeit umgedreht und wieder in die Pfanne gegeben, um die andere Seite auszubacken.

\* \* \*

### „Tortilla de Patatas"
### Rezept von Manfred (für ca. 6 Personen)

| 1200 g | Kartoffeln |
| 4 – 5 | Zwiebeln |
| 500 g | Champignons oder andere Pilze (wenn vorhanden) |
| 12 | Eier |

Salz, Pfeffer, Paprikagewürz

\* \* \*

Während die andere Seite vor sich hin brutzelt, bittet er uns – mit Glas und Flasche in der Hand – in den Garten. Grinsend weist er uns ins Sidra trinken (im Schwäbischen würde man „Moschd" sagen) ein. Kunstvoll hebt er die Flasche hoch und gießt von etwa einem Meter Höhe dieses goldgelbe Getränk in das Glas. Natürlich geht das nicht ohne zu kleckern und mir wird klar, weshalb wir dazu nach draußen gegangen sind. Manfred trinkt den Apfelwein in kleinen Schlucken aus, lässt einen Rest im Glas, schwenkt dieses und kippt den kleinen Rest auf die Wiese.

„Das desinfiziert das Glas und so können alle aus dem gleichen Glas trinken", meint Manfred.

Diese Prozedur wiederholt er für uns bis die Flasche leer ist.

Witzig, diese Bräuche! Und wie lecker diese Sidra doch schmeckt! Unbeschwert und fröhlich plaudern wir noch eine ganze Weile im Garten.

Das Essen ist fertig. Wir sitzen alle zusammen am langen Holztisch im geräumigen Esszimmer und genießen nach einem Tischgebet, das Manfred sehr wichtig ist, die Tortilla und den leckeren Salat.

Als besondere Beilage gibt es Manfreds berühmte Currygurken.


\* \* \*


### „Currygurken"

| | |
|---|---|
| 1 kg | Gurken |
| 2 | Zwiebeln |
| 0,4 l | Essig |
| 250 g | Zucker |

½ Stange Zimt
½ Stück Ingwerwurzel
5 Pfefferkörner, 2 Gewürznelken, Dill, Curry

Gurken entkernen und würfeln. Zwiebeln schälen.
1 Liter Wasser mit Salz aufkochen. Gurken und Zwiebeln darin 3 Minuten kochen lassen. Mit dem Schaumlöffel herausnehmen.

Dill grob hacken. Abwechselnd mit den Gurken und den Zwiebeln in Gläser schichten.

Essig, Zucker, Zimt, Ingwer, Pfefferkörner, Nelken und Curry 10 Minuten zu einem Sud kochen.
Heiß über die Gurken gießen. Gläser sofort verschließen.

\* \* \*

Tortilla und Currygurken habe ich übrigens schon mehrmals mit Erfolg nachgekocht. Gelingt immer und schmeckt!
Der Rotwein fließt und die Unterhaltung wird ebenfalls immer flüssiger!

Manfred hat viele Jahre in Spanien als Lehrer gearbeitet und sich in das Land verliebt. Als er sich auf den Camino del Norte begibt, reift in ihm die Idee, wenn er in Rente ist, doch eine Herberge in Spanien zu eröffnen.
Seine Frau war ebenfalls von der Idee begeistert und so suchten sie sich in Nordspanien ein geeignetes Grundstück, unmittelbar am Camino.
Es verstreichen noch einige Jahre, bis an diesem wunderbaren Ort schließlich das Wohnhaus mit zwei Zimmern für Gäste sowie einer kleinen Kapelle entstehen, in der man beten, singen und meditieren kann.
Manfred und seine Frau Bettina freuen sich, ihren Gästen auf deren Reise das Gefühl eines Zuhauses zu geben. Mit Familienanschluss. Genau das ist es, was ich gerade brauche. Nach meinem Unfall hat mir das sehr gefehlt. 10 Tage mehr oder weniger allein sind schon lange – und ich habe noch 18 Tage vor mir.
Als krönender Abschluss kocht Manfred für uns noch einen Tee mit frischen Zitronenverbenen aus dem Garten. Von diesem tollen Abend werden wir vermutlich noch lange zehren.
Nach Sonnenuntergang, meine Mädels schlafen schon, gehe ich zum Meditieren in die kleine Kapelle.
Im Eingangsbereich liegt eine Box mit kleinen Zettelchen, auf denen Zitate, kleine Anregungen oder Wünsche für die Besucher stehen.

Ich ziehe diesen Zettel:

*Jesus spricht: Wer aber von dem Wasser trinkt, das ich ihm geben werde, den wird in Ewigkeit nicht dürsten, sondern das Wasser, das ich ihm geben werde, wird in ihm zu einer Quelle von Wasser werden, das bis ins ewige Leben quillt.*
*Johannes 4,14*

Noch weiß ich nicht so richtig, was das bedeuten soll.

**12. Tag**　　　**Cuerres – La Isla**
　　　　　　　**Pilgern auf dem Yogaweg?**

Das Krähen des Hahnes weckt mich, es wird langsam hell und ich freue mich schon darauf, in Manfreds Garten Yoga zu machen. Die Tage zuvor konnte ich aufgrund meiner Blessuren nur ein sehr kleines Programm absolvieren. Und das auch nur im Stehen. Langsam scheinen die Wunden zu heilen – nicht nur die körperlichen. Den Verband darf ich zwar erst morgen entfernen, aber ich glaube, dass die Schürfwunden darunter ganz ordentlich aussehen.

Meinen Rucksack habe ich gestern schon in die Küche gestellt, damit ich meine Langschläferinnen nicht störe. Ich schnappe meine rote Yogamatte und schleiche mich raus. Ich dehne und strecke mich in alle Richtungen. Herrlich! Die Sonnengrüße kann ich leider nur auf einer Seite machen, da die andere Seite noch viel zu sehr schmerzt. Egal. Ich gebe nicht auf und begebe mich in die Vorbeuge, die ich etwas länger halte. Wie ich es genieße, den Rücken zu strecken.

Die Vorbeuge, auf Sanskrit „Paschimottanasana" genannt, steht für Geduld, Hingabe und die Fähigkeit, loszulassen.
Genau das brauche ich jetzt in diesem Moment!

* * *

„sthira-sukham-āsanam"
„Die Sitzhaltung soll fest und angenehm sein."
*Yogasutra* 2.46 von Patanjali

* * *

Doch warum benutzt man im Yoga eigentlich die Sanskrit? Gibt den Übungen, den Asanas, so komische Namen? Eines der Ziele ist, dass Yoga nicht regionalisiert wird – in allen Ländern auf dieser Welt soll eben Paschimottanasana auch Paschimottanasana bleiben. Als internationales Wort. Ich sehe Sanskrit als das „Latein der Yogis". Jeder Buchstabe hat eine Bedeutung und wird für einen bestimmten Zweck eingesetzt.

Außerdem verleiht die spezielle Aussprache der Asana eine besondere Schwingung.
Paschimottanasana wird übersetzt mit: „intensive Streckung der Körperrückseite".

* * *

Ja – etwas Geduld brauche ich noch, bis ich wieder ganz hergestellt bin. Loslassen. Ja, loslassen von den ganzen Dingen die man eigentlich meint, zu brauchen. Hier braucht man nur etwas zum Essen, zum Trinken, zum Duschen und zum Schlafen.
Und Füße, die einem tragen. Alles andere ist zweitrangig.

Auch „Matsyasana", den Fisch, kann ich noch nicht machen, mein Ellbogen ist noch ziemlich lädiert. Ich entscheide mich für das Kamel „Ustrasana", diese Übung hat einen ähnlichen Effekt, sie weitet die Atemräume und öffnet das Herz. Ja, auch ein offenes Herz ist wichtig, um die Geschenke des Caminos zu verstehen und anzunehmen.

Mit meinen Gebrechen geht auch noch „Ardha Matsyendrasana", der Drehsitz. Der macht flexibel. Auch das ist hier wichtig. Flexibilität, denn der Camino ist flexibel, die Leute sind flexibel. Was ist, wenn du keine Unterkunft im gewünschten Ort findest? Was dann? Wenn du da nicht flexibel bist, hast du verloren. Du musst flexibel genug sein, um noch 5 Kilometer weiter zu können, das habe ich mittlerweile begriffen.

Auch „Sarvangasana", den Schulterstand, kann ich ohne Qualen praktizieren. Er hilft dir, dich und die Dinge so anzunehmen, wie sie eben sind. Was willst du denn tun, wenn die Herberge, in der du bist, verdreckt ist und du nicht die Kraft hast, weiter zu laufen? Du musst es annehmen. Sonst hast du keine Chance.

Ich frage mich, warum hier nicht mehr Pilger Yoga machen. Es würde sicherlich vielen gut tun, sie wären auf der Zimmersuche entspannter und müssten nicht den anderen das Bett vor der Nase wegschnappen. Und manche wären sicherlich freundlicher.

In der kleinen Kapelle im Gartenhaus setzte ich mich auf eines der bunten Meditationskissen, mache ein paar Runden Kapalabhati. Ja, die Energie kann ich dringend gebrauchen! Die Wechselatmung verteilt die Energien und gibt mir neue Kraft, hilft mir, meine Gedanken zu sortieren und zu beruhigen. Was wird der Tag bringen? Wie geht es weiter?

Die Schwingung im Gebetsraum ist sehr angenehm und ich meditiere sicherlich eine Viertelstunde. So großartig und voller Kraft habe ich mich schon lange nicht mehr gefühlt. Meine Wunden spüre ich kaum mehr. So könnte es den ganzen Tag bleiben.

Als ich nach oben komme, duftet bereits der Kaffee und ich darf mich an den gedeckten Tisch setzen. Das habe ich sonntags selten, denn zu Hause bin meistens ich diejenige, die für alles sorgt.

Die Mädels sitzen schon schnatternd beim Frühstück und wir haben ein ausgelassenes Miteinander.

Nach dem Abspülen brechen Anke und Marion auf. Da wir bereits ein Bett in La Isla reservieren konnten, habe ich keine Eile und trödle noch etwas rum. Außerdem möchte ich mich noch von Manfred verabschieden und ihm sagen, dass ich die Schwingung in seinem Meditationsraum als sehr angenehm empfand. Wir kommen ins Gespräch. Er fragt sehr interessiert: „Was für ein Yoga unterrichtest du denn? Ich kenne nur Hatha-Yoga und eigentlich weiß ich auch nicht so genau, was das ist. Das ist doch gut für den Rücken".

Ich überlege kurz, denn ich möchte Manfred Yoga so verständlich wie möglich erklären und entgegne: „Es ist tatsächlich so, dass die meisten Menschen auf Grund ihrer Rückenprobleme zum Yoga finden und in der Zwischenzeit werden sogar viele von ihrem Arzt zu mir geschickt. Die vielen Übungen dehnen und kräftigen den Rücken, machen ihn flexibel und stark. Yoga ist aber nicht nur ein klasse Rückentraining, es bedeutet Einheit und Harmonie. Ich unterrichte so eine Art Ute-Yoga. Das ist eine Kombination aus verschiedenen Yogastilen und -arten. Das kann man so ein bisschen wie mit dem Camino vergleichen."

„Es gibt", fahre ich fort, „das *Karma-Yoga*, das ist der selbstlose Dienst am Nächsten. Zum Beispiel, wenn jemand seinen Garten für die müden Vorbeiziehenden zum Ausruhen zur Verfügung stellt oder ihnen ein Getränk anbietet. Wenn jemand sein Proviant teilt und dir in irgendeiner Art und Weise hilft, dich versorgt, dir die Füße massiert und sogar verarztet.
Oder wie du, einfach deine Türen öffnest, weil drei Mädels in deinem Garten stehen und völlig am Ende ihrer Kräfte sind.
Dieses Helfen kann zu Einheit und Harmonie führen, unser schlechtes Karma abbauen, um neues, besseres zu schaffen.

Im *Raja-Yoga* wird die Entwicklung und Beherrschung des Geistes angestrebt. Wenn ich mental an mir arbeite, um den Camino schaffen zu können. Mich immer wieder von Neuem motiviere, mir Mut zuspreche, mich so programmiere, dass ich die Hindernisse, die ich während der Reise bekomme, meistern kann.

*Jana-Yoga*, der „Pfad der Weisheit" wird mit Hilfe von Wissen, Verstand, Intellekt und Unterscheidungsvermögen beschritten. Wenn ich z. B. die Kilometer zähle bzw. die Schritte oder den Kalorienverbrauch auswerte, die Höhenangaben, die Vegetation, die Natur betrachte und mich über die Region, die Etappen und Hintergründe informiere, alles begründen möchte. Wenn ich die heiligen Schriften des Jakobs studiere. Auch das kann sehr zufriedenstellend sein.

*Bhakti-Yoga*, das ist die Hingabe zu Gott. Wenn gemeinsam im Kloster gebetet und gesungen – die Gemeinschaft gepflegt wird. So wie in deinem Haus, bei Tisch wird gebetet, in der Kapelle Gott gelobt, die kleinen Zettelchen weisen auf die Lehren Gottes hin. Wenn während des Pilgerns auch in Kirchen und zu

Gottesdiensten gegangen wird. Die Herrlichkeit der Schöpfung beachtet wird."

Ich seufze kurz. Die Zufriedenheit finden. Zu sich selbst finden. Müsste das nicht eigentlich der wirkliche Sinn dieses spirituellen Weges sein? Bhakti Yoga, die Hingabe, das Loben des Höchsten?

„Und dann gibt es eben noch das *Hatha-Yoga*, den körperlichen Teil. Wenn wir laufen, uns spüren, atmen, wenn wir Blasen bekommen und diese pflegen. Wenn wir uns nach dem langen Wandertag dehnen, uns entspannen und die eigenen Füße massieren. Wenn der Körper beim Wandern eins wird mit der Seele und der Kopf endlich frei von Gedanken ist. Alles mit dem Ziel, in Einheit und Harmonie zu kommen."

„Dann ist der ganze Weg Yoga!?", meint Manfred mit nachdenklicher Miene.

Ich nicke: „Der ganze Camino ist Yoga!"

* * *

Wir umarmen uns und ich ziehe mit all seinen guten Wünschen weiter. Casa Belén war für eine kurze Zeit mein Bethlehem, mein Zuhause. Ja, so langsam vermisse ich mein Zuhause. Noch zweieinhalb Wochen liegen vor mir – hoffentlich geht mir die Puste nicht aus!

Ich wandere durch unspektakuläres Gelände, sehe Kiwi- und Apfelbäume und genieße die Einfachheit der Straße. Nun kann ich ganz bei mir sein. Schärfe meine Sinne, atme tief und ganz bewusst ein. Es riecht nach frischer Minze, Eukalyptus und Lorbeer. Von weitem höre ich Ziegen meckern, sehe in die Augen der Menschen, an denen ich vorbeiziehe. Es sind freundliche Augen, offene Blicke.

Meine Füße tragen mich zuverlässig und die Schmerzen sind erträglich. Langsam wird es besser, denke ich!

Ganz in mich versunken trotte ich so vor mich hin. Keine Menschenseele weit und breit und auch Finjas roter Rucksack ist nicht mehr zu erkennen. Mir kommt der Gedanke, ob ich nicht vielleicht die falsche Fährte genommen habe?

Doch vermutlich sind einfach alle schon durch, denn welcher Pilger geht erst um halb zehn Uhr los! Ein paar Kilometer weiter gabel ich Finja dann doch wieder auf, sie unterhält sich gerade mit einer Einheimischen. Wir trotten ein Stück gemeinsam. Sie erzählt mir, dass sie sich in den ersten Tagen sehr mit sich selbst beschäftigt hat und ein paar ihrer Themen aufarbeiten konnte.

Jetzt will sie unbedingt mehr über die Kirche und Gott wissen und ich rate ihr, bereits hier das Gespräch mit Geistlichen zu suchen und vielleicht zu Hause eine Jugendgruppe zu leiten. Die Gemeinden sind immer sehr dankbar, wenn sie Leute haben, die mithelfen.

In der Kirche von Ribadesella findet um 12 Uhr ein Gottesdienst statt. Finja möchte unbedingt hin und danach mit Marie einen Strandtag machen.

Es ist kurz nach 11 Uhr, als wir am Kirchplatz ankommen und obwohl ich damit gleich zwei Stunden verliere, beschließe ich, sie zur Messe zu begleiten.

Es ist doch ein spiritueller Weg und da sollte es doch drin sein, sonntags eine Messe zu besuchen und nicht vorbei zu eilen.

Verpasst man denn sonst nicht den Sinn des Ganzens?

\* \* \*

Komischerweise scheinen nur wir so zu denken, denn wir können außer uns keine anderen Pilger in der Kirche ausfindig machen.

Im Gottesdienst verstehe ich alles, obwohl ich nichts verstehe.

Die katholischen Bräuche und der Ablauf des katholischen Hochamts scheinen wohl überall auf der Welt ziemlich ähnlich zu sein – ich weiß genau, was als Nächstes kommt und bete die Gebete im Geist einfach in Deutsch mit.

Bei der spanischen Predigt meditiere ich.

Nach dem Gottesdienst wartet Marie bereits verschwitzt am Kirchenausgang. Wir holen uns beim Messdiener noch einen hübschen Stempel und umarmen uns. Von nun an trennen sich unsere Wege, denn beide bleiben noch in Ribadesella.

Irgendwie habe ich das Gefühl, den beiden auf dem Camino nicht wieder zu begegnen.

Ich gönne mir noch ein Eis und verlasse über die belebte Strandpromenade den Ort. Als ich merke, dass mein Wasser zu Neige geht, ist auch schon eine Wasserquelle da und ich erinnere mich an den Spruch aus Manfreds Kapelle, den ich immer noch nicht so richtig verstanden habe.

Heute habe ich keine Eile, denn wir haben in La Isla reserviert. Somit ist es egal, wann ich ankomme und das macht die Sache um einiges entspannter. Langsam fühle ich mich besser. Und sicherer!

Die Luftfeuchtigkeit ist sehr hoch – ich glaube, es kommt heute noch zu einem Gewitter. Schnell raus aus der Stadt, immer den Berg hinauf, bis es wieder ruhiger um ich herum wird. Die Geschäftigkeit und der Trubel liegen nun hinter mir und ich genieße wieder die Einsamkeit. Es geht einen steilen Trampelpfad hinauf, bis sich hinter einer Kuppel die Bucht von Vega vor mir ausbreitet. Was für ein Postkartenmotiv! Sonnenschein, tiefblaues, wie tausend Diamanten glitzerndes Meer, ein Segelboot. Bezaubernd. Und mir kommt das Lied „Danke" in den Sinn, welches heute mein Mantra sein soll!

Ich gehe ein paar Meter abseits, setze mich aufrecht und doch entspannt auf einen Stein und beginne mit einer kleinen Meditation:

\* \* \*

## Meditation zur Dankbarkeit

Richte deine Aufmerksamkeit auf deinen Atem,
ohne ihn beeinflussen zu wollen.
Es ist nichts anderes wichtig als dein Atem.
Wie sanfte Wellen am Strand kommt und geht dein Atem,
zuverlässig, ruhig und gleichmäßig.

Sei dir bewusst, dass du dich nicht um deinen
Atem kümmern musst.

Sei dankbar dafür, dass du durch den Atem, von Augenblick zu Augenblick, von einem Atemzug zum nächsten, ein Leben lang, am Leben erhalten wirst – ohne dein Zutun.
Dass du „geatmet wirst".
... *Pause* ...

Spüre nun in die Mitte deiner Brust und verbinde dich mit deiner Herzenskraft.
Spüre zu deinem Energiezentrum im Herzraum, deinem Herzchakra hin.

Vielleicht kannst du sogar in der Mitte deiner Brust die Farben rosa oder hellgrün erkennen, vielleicht in Form einer Blume oder eines Bildes.

Stell dir vor, dass du beim Einatmen von oben Licht aufnimmst und dich im Herzen berühren lässt – in deinem Herz entsteht vielleicht sogar eine wärmende Sonne.

Lasse es zu, dass sich dein Herz durch das Licht erwärmt.

Dieses Licht strahlst du beim Ausatmen vom Herzen her in alle Richtungen aus.

Dann lass die Energie von Liebe und Freude vom Herzen aus überall hin strahlen.

Wiederhole dies noch einige Male und spüre mit dieser Dankbarkeit und dieser Erfahrung die Liebe und Freude im Herzen.
... *Pause* ...

Sage nun noch einmal von ganzem Herzen „Danke" für alles Gute, was bisher in dein Leben gekommen ist!

\* \* \*

Die gelben Pfeile leiten mich über einen angenehmen Graspfad hoch zu einem flachen Küstenplateau. Mit beeindruckendem Blick auf die Küste geht es dann wieder bergab.

Nach einer weiten Strandpassage komme ich an einen schmalen, teilweise schlammigen Pfad. Gut, dass es hier nicht geregnet hat, denn dann wäre dieser sicherlich unpassierbar. Ich muss sehr aufpassen, dass ich im Schlamm nicht wieder ausrutsche, das wäre mit meinen offenen Wunden fatal. Ich taste mich durch das Gelände, mache kleine, achtsame Schritte und rutsche doch immer wieder auf dem schmierigen Untergrund aus. Ich wanke – wie gut, dass ich durch mein Yoga trotz des Gepäcks doch eine ganz ordentliche Balance habe. Konzentriert meistere ich das Gelände, ohne zu stürzen. Geschafft! Ich atme auf!

Nachdem der Campingplatz passiert ist, geht es erneut auf einen holprigen, staubigen Küstenpfad. Rechts davon sehe ich wieder diese grandiose Küste, das türkis glitzernde Wasser und links die sanft hügelige Bergkette. Eine grüne, fruchtbare Ebene zieht sich durchs Land, auf der Schafe und Kühe weiden. Irgendwie erinnert mich das hier an Irland!

Etwas später komme ich zu kleinen seltsamen Holzhütten, etwas vergleichbares habe ich bisher nur im archäologischen Freilichtmuseum am Bodensee in Uhldingen-Mühlhofen, den „Pfahlbauten" gesehen. Abgestützt durch Pfähle, obwohl es hier sicherlich nicht hochwassergefährdet ist, ragen quadratische Holzbauten in die Luft. Unten sind landwirtschaftliche Geräte abgestellt, oben könnte man wohnen oder vielleicht auch Heu oder ähnliches lagern. Vielleicht sind es ja alte Kornspeicher?

Ich komme in einem Vorort von La Ilsa an. Marion und Anke warten dort in einer Bar auf mich und trinken Kaffee. Wir setzen unsere Etappe gemeinsam fort.
Es fühlt sich gut an, wieder zu dritt zu sein!

Die Herberge in La Isla, in der wir kurze Zeit später landen, ist mittelmäßig – aber direkt am Strand. Mittelmäßige Betten, kleine Zimmer, die vollgestopft wurden mit Stockbetten. Wir sollen im Schlafsaal mit Blick zum Friedhof übernachten, doch irgendwie ist mir bei dem Gedanken unwohl, so nahe bei den Gräbern zu schlafen. Fast schon möchte ich nachfragen, ob sie nicht doch ein Bett im Schlafsaal Richtung Meer frei haben, aber ich lasse es dann aus irgendeinem Grund doch sein. Vielleicht ist es ja für etwas gut.

Der Speisesaal ist spartanisch und lieblos mit alten Holztischen und klapprigen Stühlen eingerichtet. An einem Automaten kann man überteuerte Getränke und Snacks ziehen. Die weiß gekachelten Waschräume sind groß und bieten für alle ausreichend Wasch- und Duschmöglichkeiten.
Alles wirkt nur auf Profit ausgelegt.

Das Essen ist ebenfalls enttäuschend, lieblos gekocht, kaum gewürzt. Eine breiige Nudelpampe mit Fischgeschmack, der Salat in der Essigbrühe gewelkt.
Alles in allem nur mittelmäßig – aber eben direkt am Strand.

Um nach dem klebrigen, fettigen Essen nicht das Risiko einer Magenverstimmung einzugehen, beschließen wir, in der Bar nebenan noch einen Absacker zu trinken. Das Bier ist kalt und spritzig, der Rotwein dunkel, fruchtig und gut temperiert und der Kräuterbitter erfüllt seinen Zweck – also deutlich besser als mittelmäßig und ebenfalls direkt am Strand!

Mit einem grandiosen Sonnenuntergang, mehreren „Sundowner-Getränken" und netten Gesprächen geht ein schöner Tag zu Ende.

Hier die Fotos der Etappen von Santander nach La Isla.

Viel Freude damit!

**13. Tag**    La Isla – Villaviciosa
**Siesta mit Sidra**

Um ungefähr 5.30 Uhr wird im Bett schräg gegenüber ein Handy wach, das Frauchen schläft noch tief. Im Gegensatz zu der Handybesitzerin, die kurz nach ausschalten des Weckers weiterschnarcht, bin ich nun hellwach.

Da wir gestern in der gemütlichen Strandbar versumpft sind, habe ich gerade mal fünfeinhalb Stunden geschlafen. Der Kopf hämmert, aber immerhin hat der Alkoholkonsum verhindert, dass uns der fettige Nudelbrei von gestern auf den Magen geschlagen ist.

Das kommende Szenario ist klar. Nach und nach werden die ganzen Handys unterschiedlichste Wecktöne von sich geben, ein Geraschel und Gepacke wird beginnen und an Schlaf ist nicht mehr zu denken. Leider ist es noch so dunkel, dass ich, um den Strand zu finden, sicherlich eine Stirnlampe bräuchte. Eine Stirnlampe kommt das nächste Mal auf jeden Fall mit ins Gepäck, denke ich noch. Nächstes Mal? Wir werden sehen....

Als grenzenloser Optimist habe ich leider nur einen leichten Pulli dabei, so ist es für eine längere Yogaeinheit noch viel zu kalt. Und so mache ich eine Tiefenentspannung nach der anderen, um mich wenigstens nicht aufzuregen, während das Geraschel und Getuschel im Schlafsaal seinen Höhepunkt erreicht.

Langsam wird es über dem Friedhof hell. Gestern habe ich mich noch aufgeregt, dass wir keinen Schlafsaal mit Meerblick bekommen haben – im Nachhinein war es jedoch gut, denn dort war es heute Nacht mehr als unruhig, da der Einzige, der schlafen konnte, so laut geschnarcht hat, als würde er einen ganzen Wald umsägen. Ein junges Mädchen stand gegen Mitternacht ganz verzweifelt im Flur und heulte fast, da das Schlafen unmöglich war. Glück gehabt – wir waren im Nachhinein doch im richtigen Zimmer!

Jetzt geht es los zum Sonnenaufgang ans Meer. Leider ist an Sonnengrüße immer noch nicht zu denken, da meine Knie permanent weh tun, aber auch die „Paralympics-Yogaübungen" tun mir gut. Ich unterrichte seit vielen Jahren auch Senioren, die älteste ist übrigens 87 Jahre und ich weiß, wie man die Übungen an die körperlichen Gebrechen bestens anpassen kann. Die eine hat eine neue Hüfte, die andere ein zweites Knie, die dritte eine kaputte Schulter. Schwindel, Kurzatmigkeit, Asthma. Zwei der Damen haben COPD, eine schwere Lungenkrankheit. Und doch kommen alle jede Woche brav in den Yogaunterricht. Quälen sich die Treppen hoch, denn zu meinem Yogastudio gibt es keinen Aufzug. „Nur" um mit mir Yoga zu üben. Und weil es ihnen so guttut, weil die Gruppe so nett ist und weil ich so ein lieber Mensch bin – wie meine Damen sagen. Ich gebe zu, dass mir die Damen meines Montagskurses sehr ans Herz gewachsen sind. Sie strahlen – trotz ihres teilweise sehr hohen Alters und ihrer vielen Gebrechen, so viel Freude und Optimismus aus. Natürlich wissen sie, dass das Leben nicht immer so weiter gehen kann, aber sie sehen das Ganze mit Humor und lassen keinen Trübsinn aufkommen. *„Oben licht und unten dicht"* ist übrigens das Motto der Gruppe!

Ich gebe zu, es ist nicht immer einfach, für alle unterschiedlichen gesundheitlichen Themen Übungen zu finden, aber im Laufe der Jahre habe ich gelernt, dass es mit etwas Kreativität für nahezu jede Übung Alternativen gibt, die auch Menschen mit den unterschiedlichsten Beschwerden machen können. Das ist das Tolle am Yoga! Man kann doch jeden da abholen, wo er sich gerade befindet.

*Yoga muss sich an den Menschen anpassen, nicht umgekehrt!*

\* \* \*

Nach den Atemübungen und der Meditation fühle ich mich so richtig fit und bereit für den Tag und es macht mir gar nichts mehr aus, zu wenig geschlafen zu haben. Anke und Marion sitzen schon beim Frühstück oder wie man das hier nennt. Mit dem Baguette könnte man jemanden erschlagen (Brot vom Vortag gibt es ja in jedem Supermarkt billiger), aus dem Kaffeeautomat kommt nur Kakao, weil das Kaffeepulver alle ist, und auch sonst ist es ziemlich dürftig. 25 Euro war diese Location auf jeden Fall nicht wert. Aber da die beiden anderen Herbergen im Ort geschlossen waren, gab es auch keine Alternative.
Immerhin, beschönige ich immer wieder, direkt am Strand.

„Essen, trinken, duschen und ein Bett machen des Pilgers Leben nett", meint Marion. Man wird bescheidener.

Wir starten so gegen 7.30 Uhr und irren zuerst – wie sich später herausstellt – auf der falschen Fährte, aber wenigstens am Strand entlang. Egal. Für heute Nacht haben wir in Villaviciosa, laut unserem Reiseführer einem hübschen kleinen Ort, drei Zimmer in der zentral gelegenen Herberge gebucht. Im kleinen Örtchen Colunga machen wir gerade unsere erste Pause, als mich von hinten jemand antippt. Mein Grieche! Ich bin so überrascht, dass ich ihn wieder sehe. Damit habe ich nun wirklich nicht gerechnet. Wir umarmen uns, ich zeige ihm meinen Arm und mein Bein, doch bevor ich ihn zum Kaffee einladen kann, ist er auch schon wieder verschwunden. Etwas seltsam ist er schon, mein rettender griechischer Engel mit der riesigen Reiseapotheke.

Die bisherige heutige Strecke ist unspektakulär und einfach. Apfel-, Nuss- und Kiwibäume leiten uns hinaus aus dem Ort ins Hinterland. Wir kommen erneut an Kornspeichern vorbei, müssen mehrere ziemlich befahrene Hauptstraßen passieren und schieben uns dann nochmals den Berg hinauf. Jeder läuft so vor sich hin und verliert sich in seinen Gedanken.

Plötzlich rennen Kühe auf uns zu. Erschrocken springen wir zur Seite, denn wir sehen erst später, dass ein paar Männer die Kuhherde durchs Dorf treiben. Almabtrieb in Spanien. Cool. Das habe ich bei meinen Trekkingtouren in den Alpen bisher verpasst.

Vergnügt und heiter schlendern wir weiter. Neugierig möchte ich von Marion wissen, was sie (immerhin ist sie ja Religionslehrerin) über das Pilgern weiß. Da muss sie sich doch schließlich auskennen.

„Was denkst du, warum pilgern so viele Menschen?"
Marion antwortet: „Eigentlich ist das Wallfahren ja eine katholische Sache. Wenn du nach Santiago kommst, werden dir deine Sünden erlassen!" – „Und, glaubst du das auch?" Marion wird stumm und denkt nach.

Dann beginnt sie, die Geschichte von Jakob zu erzählen: „Jakob wurde, so wird vermutet, im Jahr 44 von König Herodes gefangen genommen, gefoltert und getötet. Der König verbot, ihn zu begraben. Jakobs Jünger jedoch stahlen den Leichnam in der

Nacht und brachten ihn an Bord eines kleinen Bootes, das sie auf das Meer hinaustreiben ließen. Die Meeresströmung trieb das Boot ins spanische *Galicia*, wo man den Apostel schließlich heimlich in einem Wald bestattete.

So um das Jahr 800. wird erzählt, gab es ein seltsames Leuchten und man hörte Gesänge, so wurde das Grab des Jakobus entdeckt. An der Stelle des Grabmals wurde eine Kapelle errichtet. Es wird von weiteren Erscheinungen und wundersamen Ereignissen an diesem Ort berichtet. Papst *Calixto II.* legte fest, dass jenen, die in einem „heiligen Jahr" nach Santiago pilgerten, alle Sünden erlassen würden. Ein „heiliges Jahr" wird immer dann gefeiert, wenn der Tag des Apostels (25. Juli) auf einen Sonntag fällt."

Wir unterhalten uns noch eine Weile übers Pilgern, Gott und die Welt.

Das Gelände wird steiler und steiniger – wir schleppen uns über einen schmalen Pfad den Berg nach oben. Von weitem können wir einen kleinen Funken der blauen Farbe des Meeres erkennen. Im Örtchen Sebrayu möchten Anke und Marion Rast machen und einen Kaffee trinken. Es gibt dort zwar eine Herberge, die hat allerdings noch geschlossen. An einem Brunnen füllen wir unsere Trinkflaschen. Doch da der Ort nur 34 Einwohner hat und es weder Café noch Bar gibt, setzen wir uns einfach auf eine Mauer, ziehen unsere Schuhe aus und trinken anstatt Kaffee unser Brunnenwasser.

Wir erreichen das nächste Dorf, biegen rechts ab und gelangen an ein Haus, das für die Passanten eine Terrasse mit einem Getränke-Automat, Liegestühlen, Bänken und einem Tisch eingerichtet hat. Im Garten stehen lustige Metallfiguren, eine stellt sogar einen Wanderer mit Stock und Rucksack dar.

An der Wand ist eine große Tafel befestigt, auf der die Gäste mit weißer Kreide ihre Gedanken, Gedichte oder Sprüche aufschreiben können.

Ein Spruch sticht Anke sofort ins Auge: *„Ich hasse Pilgern!"*

Mir hingegen fällt dieser auf: *„Don´t stop walking".*

Anstatt des lauwarmen Brunnenwassers trinken wir nun eine Flasche gekühlte Sidra und stoßen mit dem köstlichen Getränk auf Manfred an. Der Alkohol steigt mir sofort in den Kopf, gleichzeitig werden meine Füße schwer wie Blei. Ich brauche eine kleine Siesta! Wow. Sidra wirkt bei der Hitze besonders gut!

Meine beiden Mädels haben ebenfalls einen kleinen Schwips und wir entscheiden, lieber noch etwas hierzubleiben.

Nach einem kurzen Mittagsschläfchen geht es erholt weiter.

Wir reden über das Christentum und die Bibel. Marion ist sehr interessiert und möchte wissen, ob es so etwas wie die „Zehn Gebote" auch im Yoga gibt.

Natürlich, es gibt die Yamas, das ethische Fundament im Umgang mit anderen. Und – wer hätte das (nicht auch) gedacht – es finden sich die Zehn Gebote wieder.

Hier eine Auswahl.

1. Ahimsa, die Gewaltlosigkeit oder das Nichtverletzen
   Das Gebot: Du sollst nicht töten/morden

2. Satya, das ist die Wahrheit
   Das Gebot: Du sollst kein falsches Zeugnis geben wider deinem Nächsten

3. Asteya, das Nichtstehlen
   Das Gebot: Du sollst nicht stehlen

4. Brahmacharya, die Selbstbeherrschung
   Das Gebot: Du sollst nicht begehren deines Nächsten Frau

5. Aparigraha, das Nichtannehmen von Geschenken
   Das Gebot: Du sollst nicht begehren deines Nächsten Hab und Gut

In den verschiedenen Religionen ist doch vieles so ähnlich – wieso wird denn immer wieder auf Grund des Glaubens gestritten und gemordet, ja sogar Kriege angezettelt?

Wir gelangen nach Villaviciosa, einem feinen Städtchen, in dem sich viel um den Apfel dreht. Überall gibt es Apfelbäume und ich komme mir fast vor wie zu Hause, denn ich wohne im Schönbuch, dem Streuobstparadies Baden Württembergs.

Villaviciosa wird auch die „fruchtbare Stadt" genannt und hier gibt es die namhaftesten Hersteller der besonderen Sidra, die ihr ja bereits kennt! Die Herberge, in der wir diesmal untergekommen sind, zeichnen wir gerne mit drei Sternen aus, denn es gibt zum ersten Mal einen Willkommensdrink – einen feinen, frischgepressten Orangensaft! Sie ist absolut zentral und unser 4-Bett-Zimmer hat sogar ein eigenes, sauberes Bad. Gleich in der Nähe befindet sich das Krankenhaus und ich hole mir meine längst fällige Tetanus-Impfung ab. Dem Pilgergott sei Dank ist nichts passiert!

Nach dem kulinarischen Desaster von gestern möchten wir uns etwas richtig Gutes gönnen und suchen deshalb ein sehr ansprechendes Restaurant mit geschmackvoll eingedeckten Tischen aus. Schon beim Lesen der Speisekarte läuft mir das Wasser im Mund zusammen und auch die Weinkarte liest sich wie ein Gedicht. Ich möchte Pulpo essen. Mein Vegetariertum habe ich – wie ihr zurecht vermutet – an den Nagel gehängt. Immerhin ist Fisch ja kein Fleisch, sondern die spanische Tintenfischspezialität, die Hape Kerkeling ebenfalls sehr oft auf dem Camino gegessen haben soll. Anke isst Kartoffeln mit Chorizo und Marion ein Fleischgericht, dass sich nachher als Lammrippchen entpuppt. Dazu einen spanischen, staubtrockenen tiefdunklen Rotwein – das große Weinglas fast bis zum Rand gefüllt. Vorsichtshalber werfe ich eine Histamin-Tablette ein. Alles schmeckt hervorragend!
Zufrieden und satt schlendern wir noch eine Weile durch die Gassen.

Was für ein netter Abend!

## Pulpo Gajego

Tintenfisch (ausgenommen) mit einem Lorbeerblatt
1 Stunde lang weichkochen.
Im Sud erkalten lassen.
Danach in mundgerechte Stücke teilen.
1 – 2 Zehen (oder auch mehr) Knoblauch klein schneiden, in
heißem Öl goldgelb anrösten und
den Tintenfisch darin schwenken
(nicht an Knoblauch sparen und diesen nicht zu dunkel
werden lassen).

Mit Salz, Pfeffer und Paprika würzen.

Super schmeckt es, wenn man gekochte Kartoffeln im restlichen Knoblauchöl schwenkt und einen Salat dazu isst.

* * *

Entspannt schlurfen wir früh ins Bett, denn morgen erwarten uns zwei lange Anstiege und bis jetzt haben wir noch keine Bleibe, da wir niemanden telefonisch erreichen konnten.

Resümee des Tages:
Satt und zufrieden im sauberen Bett schläft es sich besser, als hungrig in der dreckigen Kammer!

**14. Tag**      Villaviciosa – Gijón
                 **Bestellungen beim Kosmos**

Ohne Frühstück brechen wir aus unserer schmucken Herberge in den Morgen auf, verlassen die „fruchtbare Stadt" über einen blühenden Park und erreichen nach einigen 100 Metern den Abzweig zum Camino Primitivo.

Der „ursprüngliche Weg", der in Oviedo startet, steht für die Natürlichkeit, das Primitive. Auf ihm pilgern nicht ganz so viele, denn er ist sehr herausfordernd und mit vielen Höhenmetern und einem anspruchsvollen Streckenprofil sehr schweißtreibend und nur für diejenigen geeignet, welche über eine gute Kondition verfügen. Die Mühen sollen sich jedoch lohnen, denn er bietet fantastische Ausblicke und eben die Ruhe, die man auf dem „Norte" manchmal vergeblich sucht.

Auch wenn es noch so verlockend klingen mag und wir sicherlich in der Zwischenzeit zu den konditionell „mittelmäßigen" Pilgern zählen, lassen wir uns nicht von „unserem" Ziel abbringen. Wir sind uns einig, dass wir auf dem „Camino del Norte" besser aufgehoben sind! Zudem locken weitere Etappen entlang der spanischen Küste.

Eine einheimische Señora hat einen kleinen Stand für die Vorbeiziehenden vorbereitet – ihn liebevoll mit Kaffee, kalten Getränken, Obst, Keksen und Nüssen bestückt, die für eine kleine Spende mitgenommen werden können. Diese kleine, untersetzte Frau im dunkelblau geblümten Kittel strahlt so viel Herzlichkeit aus! Ihre dunklen Augen funkeln, als sie uns einen Filterkaffee einschenkt. Sie würde so gerne auch auf den Jakobsweg! Doch als „junges Ding" hatte sie andere Pläne, dann kam die Familie und ihre Kinder – immer war etwas anderes und jetzt lassen es ihre Beine nicht mehr zu, eine so lange Strecke zurück zu legen. Umso mehr freut sie sich für die anderen, genießt den Austausch und die Geschichten, die ihr die Passanten erzählen.

Diesmal sind wir bestens mit Lebensmitteln für die Tagesetappe versorgt, denn wir haben zwei Pässe mit 437 und 271 Höhenmeter ohne Einkaufsmöglichkeit vor uns.

Mit dem Becher in der Hand plaudern wir mit den Gleichgesinnten. Einige machen sich mit schwerem Gepäck auf zum

145

Camino Primitivo. Unter ihnen ein bunter Haufen aus jüngeren, nur so vor Kraft strotzenden jungen Italienern, aber auch eine ältere osteuropäisch aussehende Frau, mit braungebranntem, faltigem Gesicht, einem ausgebleichten Kopftuch, ausgelatschten Wanderschuhen, einem Holzwanderstock und zerschlissenem Rucksack. Sie sieht nicht so aus, als ob sie das erste Mal auf dem Camino ist. Ich spreche sie in Englisch an – und sie erzählt, dass sie aus Polen kommt und jedes Jahr pilgert.

Nach dem „Camino Frances" und dem „del Norte" möchte sie sich einer neuen Herausforderung stellen. Ich bin beschämt, da ich bisher ja die eine oder andere Strecke mit dem Bus zurückgelegt habe. Ob ich den Camino Primitivo überhaupt schaffen würde?

Am Stand lernen wir zwei ältere Deutsche kennen, beide schwer bepackt, die unterschiedlicher nicht sein könnten. Der eine ist klein und hat einen Bauch, als ob er einen Medizinball gegessen hätte, der andere groß und hager. Jeder von ihnen schleppt einen riesigen Rucksack mit Zelt, Gaskocher, löslichem Kaffee, Geschirr, usw. über den Berg. Beide sind, gelinde gesagt, sehr mitteilungsbedürftig und reden ohne Unterlass. Ich nenne sie einfach mal Dick und Doof.

Weiter geht´s. Jetzt hängen sich die beiden Schwerbepackten auch noch an unsere Fersen. Aus mit der Ruhe!

Die Straße schlängelt sich den Berg hinauf, vorbei an einem Wald, wir durchqueren die Autobahn und erreichen eine prächtige Pappel-Allee. Doof krallt sich Anke, Dick klebt an mir, labert und labert ohne Punkt und Komma, während er seine viel zu vielen Kilos den Berg hinauf schleppt. Die Strecke wird immer steiler und ich denke, jetzt wird er bestimmt gleich keuchend und hechelnd nach Luft schnappen und seinen Wortschwall unterbrechen. Doch weit gefehlt. Seine Lebensgeschichte zieht sich wie Brei. Ich will sie gar nicht hören! Er redet immer noch ohne Pause – Ihr seid mir sicher dankbar, wenn ich Euch die Details erspare, die euch sicherlich genau so wenig interessieren wie mich. Der muss wohl seine Worte loswerden. Ich höre nur mit halbem Ohr zu.

Da er Herzprobleme hat und ich dann doch eindeutig fitter bin, kann ich ihn nach gefühlten drei Stunden endlich am Berg abhängen.

Booh, ist das stressig, wenn dir jemand auf dem Camino die Ohren abkaut. Ich will doch nur meine Ruhe haben und genießen. Auch Anke hat sich in der Zwischenzeit befreit und wir hoffen, schnell genug zu sein, damit sie uns nicht wieder einholen.

Wir steigen steil bergauf, sehen Gehöfte, Apfelbäume, Tierweiden und entdecken in der Ferne den Cordillera Cantábrica, den Berg in Richtung Sünden. Ab und zu erhaschen wir einen Blick zur Küste nach Gijón, unserem Ziel.

Es zieht sich, aber wir halten unser mittleres Tempo beständig, möchten eine Rast machen, aber es bietet sich kein einziger Platz an, keine Bank, keine Steine, auf die wir uns setzen und die Schuhe ausziehen könnten. Es wird immer heißer, die Schatten spendenden Bäume sind verschwunden und wir sind froh, dass wir ausreichend Wasser dabeihaben. Der Schweiß steht uns auf der Stirn.

„Pole Pole", sagt Cilli, meine Bergführerin immer, wenn wir die 800 Höhenmeter im Montafon erklimmen, um auf 2300 Meter zu kommen. „Langsam, langsam! So ist die Devise beim Besteigen des Kilimandscharos!" Pole, Pole geht es über Betonsträßchen immer höher den Pass hinauf. Wir kämpfen uns bereits seit einanderhalb Stunden hoch, ich bin komplett durchgeschwitzt und hungrig, denn außer einer Banane und dem Becher Kaffee am Stand der freundlichen Dame habe ich noch nichts gegessen.

In einer solchen Situation hilft mir meine Lieblingsmeditation, die ich gerne mit meinen Teilnehmern bei dem Yogawochenende im Allgäu oder im Montafon mache:

\* \* \*

### Meditation: „Schritt für Schritt den Berg hinauf"

*Sieh dir in Gedanken eine Bergkette an.*
*Jeder Berg sieht anders aus und hat seine eigenen Charakterzüge.*
*Es gibt keine besseren oder schlechteren Berge,*
*wohl aber solche, die steil, felsig und scharfkantig sind*
*und andere, die leicht hügelig und voll bunter Blumen sind.*
*Manche sind kalt, rau und voller Geröll, Eis und Schnee.*

*Stellen wir uns unser Leben als eine Bergwanderung vor:*

*Unser Berg, unser Leben, stellt auf jeden Fall eine*
*Herausforderung dar, die es zu meistern gilt.*
*Die Yogaphilosophie lehrt, dass jeder genug Kraft in sich hat,*
*um seine Lebensaufgaben zu bewältigen*
*und dass Hilfe da ist, wenn man sie sich wünsche und zulasse,*
*dass einem geholfen werde.*

*Manche Berge, die wir erklimmen möchten,*
*können wir uns aussuchen, andere nicht.*
*Aber wir können uns immer die für uns beste Route zum Gipfel suchen,*
*andere Personen, Gefährten zu Rate ziehen,*
*die ihn schon einmal gegangen sind.*
*Können uns meistens entscheiden, ob wir die direkte, vielleicht steilere*
*und schwierigere Strecke wählen oder vielleicht einen*
*längeren, aber dafür einfacheren Umweg laufen.*

*Wir können uns Hilfsmittel aussuchen, vielleicht Stöcke, Steigeisen*
*oder ähnliches, die uns unterstützen!*
*Und manchmal können wir auch die Seilbahn nehmen!*

*Stelle dir nun deinen Berg vor.*
*Lasse Form, Farbe, Licht- und Schattenseiten des Berges, den Himmel,*
*die Sonne, die Erde, eine Weile auf dich wirken.*

*Du beginnst nun deine Wanderung.*
*Visualisiere einen Weg, der sowohl etwas von dir fordert, trotzdem aber*
*so schön ist, weil du dein Marschtempo und*
*deinen Rhythmus ganz deinen Bedürfnissen anpasst.*

*Du lässt dir Zeit zum Ausruhen.*

*Lasse es dir wohl sein, koste alles was dir gefällt aus*
*und gehe immer wieder ein Stückchen weiter, dem Ziel entgegen.*
*Du freust dich an den Begegnungen mit Menschen und Tieren –*
*und manchmal gehst du ein Stück mit jemandem zusammen.*

*Lässt immer wieder dieses grandiose Panorama auf dich wirken.*

*Den Blick ins Tal, in die Wolken, den Himmel, die Sonne.*

*Der Blick zurück, woher du kamst.*

*Den Blick dorthin, wohin du ziehst.*

*In der Stille genieße noch einige Minuten.*

*Bedenke dabei – der Weg ist dein Ziel!*

\* \* \*

Als wir nach einer Stärkung mit den wichtigsten Lebensmitteln der letzten Wochen (Müsliriegel und Bananen) den Pass bergab wieder verlassen, reden wir über unsere Ziele, über das, was wir uns von dem Camino erhoffen.

Anke möchte mit ihrer Schwester Frieden finden, die sich nach einer schweren Krankheit von ihr distanziert hat. Und sie möchte zu den Gorillas nach Afrika. Das sind großartige Ziele!

Marion möchte mit ihrem Ex-Mann Frieden schließen, von dem sie schon seit Jahren getrennt lebt, sich aber noch nicht scheiden lassen kann, weil einiges noch nicht geklärt ist. Und sie möchte reisen. Den Camino nutzen sie als gemeinsame Zeit und als Urlaub vom stressigen Schulalltag. Jedes Jahr ein gemeinsames Abenteuer! Das ist toll!

Ich freue mich so sehr, dass die beiden mich in ihrer Gemeinschaft so nett aufnehmen und ich Teil ihrer Unternehmung sein darf, denn je mehr Zeit ich mit den beiden verbringe, desto mehr schätze ich ihren Humor und die uneingeschränkte Freundlichkeit, die nun auch tiefergehenden Gespräche und die sehr leckeren Abendessen in schicken Restaurants, die wir gemeinsam genießen.

Mit den beiden lerne ich die abwechslungsreiche, köstliche spanische Küche besser kennen. Natürlich ist ihr Budget deutlich größer als das von Studentin Finja und auch von Marie.

Anke und Marion gönnen sich auch mal etwas! Wein und Fisch, Taxi und Bus! Wir werden unter Autobahnbrücken durchgeführt, hasten über befahrene Straßen, bevor wir wieder in die attraktiveren Landstriche gelangen. Steil steigen wir bergan und je höher wir kommen, desto ruhiger wird es um uns herum – ich kann mich wieder auf mich selbst besinnen. Schritt für Schritt den Berg hinauf. Langsam und stetig.

Endlich sind wir auf 437 Meter am Pass *„Alto de la Cruz"* angekommen. Müde, aber zufrieden genieße ich den gigantischen Blick über das Tal zum Meer. Diese Weite zaubert wieder ein Lächeln in mein Gesicht – ich atme lang und tief und scheine das Meer förmlich wieder zu riechen. Doch rieche ich es real? Oder ist es, wie in der Vedanta beschrieben, eine Illusion?

\* \* \*

### Maya – Die Illusion

*„Von seiner Unwissenheit getäuscht, verwechselt der Mensch eines*
*mit dem anderen.*
*Mangel an Unterscheidungskraft lässt ihn eine*
*Schlange für ein Seil halten.*
*Greift er in diesem Glauben nach ihr, so ist er in großer Gefahr.*
*Das Unwirkliche für Wirklichkeit zu halten,*
*schafft den Zustand der Bindung."*

Text Wikipedia – SHANKARA: Die Erkenntnis der Wahrheit

\* \* \*

Diese Mischung aus Existenz und Nicht-Existenz hat für die in „Maya" lebende Person fundamentale Widersprüche zur Folge. Swami Sivananda, in dessen Tradition ich ausgebildet wurde, verdeutlicht dies in seinem Buch „Göttliche Erkenntnis" anhand von Beispielen:

*„Du weißt, dass du sterben wirst,*
*und doch denkst du, du wirst ewig leben.*
*Das ist Maya.*
*Du weißt, dass die Welt voller Leiden ist, und doch erfreust du dich an*
*den vergänglichen Objekten und gibst sie nicht auf.*
*Das ist Maya."*

\* \* \*

„Mann – habe ich Kohldampf!", holt mich Ankes Stimme aus der Versenkung und sofort fällt mir auf, dass ich ebenfalls Hunger und Durst habe. Und das ist sicherlich keine Illusion!

Ein Jogger mit Hund sieht uns keuchen und schwitzen und erkennt den Ernst der Lage! Er ruft uns zu, dass in 30 Minuten ein Restaurant auf uns wartet. Prima. Leichtfüßig starten wir nochmal durch. Von wegen halbe Stunde! Nach einer weiteren Stunde – nein leider wieder keine Maya, wir haben auf die Uhr geschaut – gelangen wir endlich zu dem bewirtschafteten Berggasthof mit Bar.

Ich bestelle ein Bocadillo con Tortilla sowie einen Café con leche und wir setzen uns nach draußen. Langsam ziehe ich an meinen Schnürsenkeln und öffne meine Schuhe. Ungläubig stelle fest, dass sich an der Fußsohle schon wieder Hornhaut gebildet hat, die mir bei jedem Schritt weh tut. Nicht schon wieder! „Ich glaube, ich brauche eine Nagelfeile, um die Hornhaut etwas abzufeilen, damit sich keine neue Blase mehr bildet", sage ich kopfschüttelnd, woraufhin Marion mir ihre anbietet. Doch da ich sowohl Nagel- und in der Zwischenzeit auch Fußpilz im Angebot habe, lehne ich dankend ab. Freunde teilen ja viel – aber nicht ihre Pilzkulturen!

Auf der Toilette des geschmackvoll eingerichteten Gasthauses komme ich mir vor, wie in dem Spa-Bereich eines guten Hotels. Wattestäbchen für die Ohren, Hygieneartikel für die Damen, bunte Wattepads und kleine Stückchen von roten Einwegnagelfeilen. Ich fasse es nicht, denn ich habe noch nirgends auf der Toilette eines Gasthofes Nagelfeilen entdeckt und jetzt, wo ich sie brauche, sind sie da! Ich bin noch ganz irritiert und stecke mir gleich drei kleine Stückchen in die Hosentasche für meine abendliche

Pediküre. Als ich Anke und Marion davon erzähle, sind sie ebenfalls ganz baff!

Ich erzähle den beiden von meiner Freundin Rita, die sich alles einfach herbeiwünscht, es regelrecht bei einer höheren Macht bestellt.

Natürlich habe ich das auch ausprobiert, zuerst mit Parkplätzen, die ich seither zuverlässig finde, in dem ich mir sie sozusagen „herbeiwünsche".

Meinen Mann habe ich übrigens auch so gefunden. Bestellt – und auf einmal war er da. Manchmal denke ich, ich hätte den Wunsch konkreter formulieren sollen ...

Dick und Doof, unsere mitteilungsbedürftigen Rentner, haben uns nun auch eingeholt. Schnaubend und schwitzend lassen sich die beiden auf unsere Bank plumpsen. In Erwartung eines umfangreichen Erfahrungsaustausches lächeln sie uns an – doch wir packen schnell unsere Sachen zusammen. Ich will nur noch meine trockenen Socken anziehen und dann nix wie los. So ein Mist. Mein zweites Paar Socken wollte wohl in Villaviciosa bleiben und ich muss in meine alten, verschwitzten Socken zurück. Was für ein günstiges Fußklima, denken jetzt wohl meine Funghi-Kulturen. Nur mein neuer Fußpuder trägt etwas zur Milderung bei.

Wir möchten los, der Pass „Alto de Curbiellu" mit 271 Metern wartet auf uns, ein Klacks denke ich noch – denn wir haben heute ja schon einen weitaus höheren Pass erklommen. Doch es erwartet uns ein steiniger, lehmiger Anstieg – ein kleiner Bach plätschert am Rand und macht den Boden morastig. Wir müssen tierisch aufpassen, nicht abzurutschen und ich bin froh, dass ich die Stöcke dabeihabe.

Es geht wieder bergauf, bis wir an eine Kuppe kommen, hinter der wir das Meer und Gijón erblicken können. Andächtig bleiben wir stehen und genießen die Fernsicht. Einfach grandios – jeder Schritt hat sich gelohnt. Entspannt schlendern wir – ohne Eile – denn in Gijón ist uns ein 4-Bett-Zimmer sicher. Gegen Nachmittag erreichen wir die Herberge. Gepflegt und sauber mit weißen Betten und mehreren großen Bädern. Hoffentlich kommen Dick und Doof nicht in unsere Kammer.

Gijón ist die größte Stadt Asturiens – bisher hat sie mich jedoch noch nicht begeistert – sie wirkt auf mich eher wie ein düsteres

Industriegebiet. Mit dem Bus fahren wir ins Zentrum, möchten Richtung Santa Catalina, der kleinen Halbinsel, an deren Beginn sich die hübsche Plaza Major erstreckt. Wir halten Ausschau nach einem guten Sportgeschäft, damit ich mir ein zweites Paar Socken kaufen kann. Wir irren in die vermeintlich falsche Richtung und landen überraschenderweise direkt vor einem Sportgeschäft. Im Laden entdecke ich zufällig extrem leichte Flip-Flops, die ich beim Duschen anziehen könnte. Ich fand es schon ein paarmal ziemlich eklig, mit den Sandalen in die Dusche zu steigen oder mit dem Gedanken, dass ich mir barfuß noch mehr Fußkrankheiten hole als ich bereits habe - geschweige denn, dass sich die anderen mit meinem Fuß- oder Nagelpilz anstecken könnten. Ist doch auch nicht yogisch, oder?

Wir genießen es, durch die Gassen der Halbinsel zu schlendern, möchten in die malerische „Iglesias de San Pedro" am Hafen, doch auch dieses Gotteshaus hat wieder einmal geschlossen. Die Schiffe im Yachthafen erinnern mich an meine Liebe zum Segeln.

In einem geschmackvoll im maritimen Stil eingerichteten Restaurant mit weißen Tischdecken lassen wir uns nieder. Die asturische Küche ist reich an traditionellen Gerichten aus Fisch, der aus dem kantabrischen Meer stammt, das die Küsten Gijóns umspült. Hier könnte ich es noch ein paar Tage aushalten!

Ich genehmige mir ein Fisch- und Meeresfrüchtesüppchen und genieße eine gegrillte Meerbarbe mit Muscheln und Garnelen. Alles badet in Öl, Knoblauch und Zwiebeln. Dazu gönne ich mir einen Weißwein. In der Karte steht, er würde nach Pfirsich und Erdbeeren duften und eine Ananas-Note haben. Naja – ich bin kein Wein-Gourmet und finde ihn einfach lecker und passend zum Fisch. Anke genießt eine „Fabada asturiana", einen typischen Bohneneintopf und Marion „Cachopo", Filets vom Rind mit Ibérico Schinken und asturischem Käse. Beide trinken einen tiefroten trockenen Wein. Danach lassen wir den Abend in einer Sidería mit köstlicher Sidra, dem asturischen Apfelwein, ausklingen und denken zurück an den netten Abend bei Manfred.

Was für ein gelungener Abend.

Mit dem Bus gelangen wir – müde und satt – wieder zurück zur Herberge. Ich sitze noch bei einem Glas „KAS limón" im

Garten und lasse den Tag Revue passieren, als Finja und Marie durch die Türe kommen. Wir freuen uns sehr über das Wiedersehen. Die Mädels sind immer früh aufgestanden und haben über 30 Kilometer am Tag zurückgelegt! Ich freue mich, die beiden wieder zu sehen! Schade, dass wir nur ein 4-Bett-Zimmer haben – sonst hätten sie in unserem Zimmer einquartiert werden können.

Eigentlich, so sollte man meinen, ist ein 4-Bett-Zimmer ideal. Kostet nicht so viel und wenn man sowieso zu dritt ist, dann macht die vierte Person ja nichts mehr aus. Eigentlich.

Unsere vierte Person, ein italienischer Sunnyboy, kommt schon angetrunken ins Zimmer. Legt sich auf sein Bett und spielt mit seinem Handy. Kann er ja. Wenigstens sieht er gut aus und da verzeiht man schon so manches. Doch als ich gerade beim Einschlafen bin, geht ein Clip auf seinem Handy los, er erschrickt genauso sehr wie ich und lässt das Handy kurzerhand auf Marions Kopf fallen, die im Bett unter ihm liegt. Diese schreckt hoch, schreit und prustet und für alle ist zumindest der erste Teil der Nacht gelaufen.

Da morgen in Spanien Feiertag ist, scheint der komplette Ort zu feiern, überall spielt Musik und es ist so laut auf der Straße, dass ich bei diesem Lärm nicht mehr einschlafen kann! Nicht so der alkoholisierte Handyspezialist. Wohl dank seines erhöhten Alkoholgehalts im Blut kann er prima schlafen und unterhält unser ganzes Zimmer mit seinem Geschnarche.

Freundlicherweise hatte er zum Lesen seine Stirnlampe angeknipst.
Blöderweise ist er mit der Lampe auf der Stirn eingeschlafen und leuchtet nun wie ein Glühwürmchen das ganze Zimmer aus.

Stündlich ab Mitternacht schießen dann auch noch Feuerwerksraketen über den Häusern hoch und schrecken mich jedes Mal auf. Normalerweise mag ich ja Straßenpartys. Aber jetzt möchte ich einfach schlafen! Der Einzige, der in dieser Nacht gut schläft, ist unser alkoholisiertes Handyspezialisten-Sunnyboy-Glühwürmchen!

Morgen ist der letzte gemeinsame Tag mit Marion und Anke. Sie müssen wieder zurück nach Deutschland. Wir leisten uns ein Zimmer in einer Pension in Avilés, dessen Buchung mit Leichtigkeit klappt!

**15. Tag**       Gijón - Avilés
                  **Abschied nehmen**

Der Wecker klingelt. Ausgeschlafen haben wir alle drei noch nicht
so richtig. Da die Herberge außerhalb liegt, nehmen wir den Bus
in die City. Wir warten an der Bushaltestelle auf die Linie Nr. 12,
als zwei Gestalten auf uns zu kommen. Dick und Doof haben
heute im Schlafsaal des 5 Kilometer entfernten Campingplatzes
übernachtet und sind jetzt schon hier. Respekt! Ausdauer haben
die beiden. Wohlgelaunt fahren sie nun ebenfalls mit dem Bus. Ich
stelle mich morgenmuffelig und so lassen mich die beiden in
Ruhe.

Wir ziehen durch die gepflegte Altstadt, am Yacht-Hafen entlang, bestaunen die Schiffe und die geschäftigen Stadtangestellten,
die Reste der durchgefeierten Nacht aufräumen. Alles soll für den
Feiertag wieder blitzblank sein. Erst am Ende der langen Hauptstraße finden wir ein geöffnetes Café.

Dick und Doof, in Wirklichkeit Bernd und Johann, frühstücken
mit uns. Eigentlich sind sie ja ganz nett und morgens auch noch
nicht ganz so gesprächig. Da ich heute Morgen kein Yoga machen
konnte, nutze ich die Zeit, bis der Kaffee kommt und dehne mit
den Yoga-Helden meinen Hüftbeuger und die Wade. Bernd
möchte sich „wichtig" machen und mir zeigen, wie man´s richtig
macht. Er zwängt sich in eine seltsame Verrenkung, in der er seine
Knie komplett verdreht  und meint: „Die Übung habe ich von
einem Arzt gelernt". Doch Yoga ist das nicht!!!

Ich entgegne ihm noch freundlich „deine Übung mag ja gut
sein, aber ich möchte meinen Hüftbeuger dehnen und das funktioniert mit deiner Übung nicht!". Er lässt nicht locker, bis ich ihm
nun nicht mehr ganz so freundlich sage, dass ich ja wohl selbst
besser wissen muss, welche Dehnung mir jetzt guttut. Ich habe
einfach keine Lust, mit Doof darüber zu diskutieren. Der Tag hat
noch nicht mal richtig begonnen und meine Stimmung ist schon
im Keller.

Damit ich mich während des Frühstücks nicht mit den beiden
unterhalten muss, versuche ich die nächste Location für übermorgen in El Pitu zu reservieren. Ich rufe an und wider Erwarten geht
gleich jemand ans Telefon. In Spanisch sagt man mir, dass ich über

*„Booking.com"* reservieren muss, sonst geht es nicht. Wie? Booking.com? Auf dem Camino? Die Zeiten haben sich wohl ordentlich geändert. Mit dem Handy versuche ich, das Zimmer zu reservieren und scheitere daran, weil ich keine Kreditkarte dabeihabe, mein PayPal-Passwort nicht auswendig weiß und natürlich eine Direktüberweisung ohne mein Bankprogramm nicht funktioniert. Ich bin fassungslos. Da geht man auf den Jakobsweg und kann keine Herberge ohne Kreditkarte oder PayPal reservieren. Ist das das moderne Pilgern? Hätte ich nicht lieber das Alte gehabt?

Ich fasse es immer noch nicht und während ich mich noch ärgere, haben die anderen schon zusammengepackt und möchten weiter. Die nächsten Kilometer beschäftige ich mich mit dieser Buchung, muss mit meinen Wanderpartnern darüber sprechen. Alle sind erschüttert und verstehen den Sinn des Caminos nicht mehr wirklich. Anke und Marion kennen das von ihren letzten Caminos nicht. Immer wieder kommt das Thema auf. Mein Kopf wird gar nicht so richtig frei, weil ich mir ständig Gedanken machen muss, wo ich die nächste Nacht schlafen kann. Erneut wünsche ich mir, durch ein eigenes Zelt autark zu sein. Eine Spanierin erzählt uns dann auch noch, dass ihre Freunde schon drei Mal draußen geschlafen haben, weil sie keine Unterkunft gefunden haben. Nicht sehr verlockend, denn die Nächte können hier im Norden kühl und feucht sein.

Ich schaudere. Ob ich das morgen Nacht wohl auch tun muss? Ob ich Anke nach ihrer Kreditkarte fragen soll?
Wir eilen über eine vielbefahrene Straße, vorbei an qualmenden Kaminen und düsteren Gebäuden entlang des Industriehafens aus der Stadt. Was für eine schreckliche Etappe!

Im Quintett unterhalten wir uns über unsere bisherigen Unterkünfte, Pensionen, Menüs und Waschmöglichkeiten. Der Dicke sagt, dass er seine Socken noch kein einziges Mal gewaschen hat. So langsam festigt sich mein Eindruck, dass Dick nicht nur dick, sondern auch doof ist!

Ich flüstere Anke ins Ohr: „Das kann ja lustig werden. Hoffentlich lässt der seine Schuhe während der Pause an! Ich habe keine Stinkefüße und wasche trotzdem jeden Abend die Socken!"

Damit ich buchstäblich etwas „Abstand" gewinne, kaufe ich gemütlich etwas Obst für die Tour ein und reihe mich hinten wieder ein. Alles ... nur nicht mit Dick und Doof reden.

Für Marion und Anke ist es heute der letzte Wandertag und ich merke, dass sie manchmal ganz still werden und ganz andächtig vor sich hin schreiten.

Endlich lassen wir den Industriehafen hinter uns. Die links liegenden Industrieanlagen verbreiten eine apokalyptische Stimmung. Es ist schon gruselig hier. Es geht nun über ein ansteigendes Sträßchen steil bergauf und wir schaffen es, die beiden Rentner abzuhängen, die in der Zwischenzeit Marion und Anke das Ohr abgekaut haben. Wir marschieren bergauf durch einen grünen, nach Eukalyptus und Lorbeer duftenden Wald, vorbei an Pferdekoppeln und Kuhweiden und können immer wieder einen Blick aufs weite Meer erhaschen.

An der „Iglesias de Santa Eulalia Sopena" machen wir Rast. Marion liest aus ihrem Reiseführer vor, dass Alfonso II. seiner Königin Jimena diese Kirche zum Geschenk gemacht hat. Das waren noch Zeiten! Ich freue mich schon, wenn mein Mann meinen Geburtstag nicht vergisst.

Jeder trägt etwas für unser Buffet bei. Anke spendet Oliven, Marion Käse und von mir stammt das Brot für ein wahrhaft fürstliches Mahl. Herrlich, dieses gesellige Essen in der Natur.
Ich werde es vermissen.

Als wir an einem alten Waschhaus vorbeikommen, ernte ich mit dem Satz „meine Waschmaschine ist meine beste Freundin und gleich danach kommt die Spülmaschine" absolute Zustimmung und wir lachen herzhaft, sind wir hier doch täglich mit unserer Handwäsche beschäftigt. Nach zwei Wochen Camino haben die Klamotten übrigens nicht mehr die ursprüngliche Farbe, sondern alles sieht etwas matt und gräulich aus.

In Avilés finden wir ohne Umschweif unsere Pension und ich gönne mir mein erstes Einzelzimmer mit eigenem Bad. Hier brauche ich meine neuen Badeschlappen sicher nicht. Alles ist piekfein, sauber und frisch. Es gibt sogar auf dem Balkon die Möglichkeit, die Wäsche aufzuhängen und sich zu sonnen.

Das Telefon vibriert. Finja hat eine Nachricht geschickt, die verrät, dass sie und Marie mit dem Bus nach Avilés gefahren sind. Wir treffen uns später in der Stadt.

Finjas neue Reisebegleitung, ein charmanter Theologiestudent, hat Geburtstag und sie möchte mit ihm und seinem Mitstudenten ins Restaurant – wir schließen uns nicht an. Wir wollen ja nicht stören.

Finja hat eine schwierige Beziehung hinter sich – vielleicht kann der gutaussehende junge Mann sie ja auf andere Gedanken bringen.

Avilés ist eine sehr hübsche Stadt, wir bummeln durch verschiedene Läden, machen Sightseeing und genießen den letzten gemeinsamen Tag.

Später sehen wir Finja alleine und weinend in der Stadt.
Ich nehme sie in den Arm.

**16. Tag**    Avilés – Muros de Nalón
„Ich gebe mein Bestes, und den Rest lasse ich
mir schenken"

Jetzt gönnt man sich einmal den Luxus eines Einzelzimmers, um vor schnarchenden, leuchtenden und stinkenden Zimmergenossen zu fliehen, dann fängt in der Wohnung unterhalb pünktlich um halb sechs der Fernseher an, lautstark die Nachrichten zu verkünden. Es ist eben doch nicht alles Gold was glänzt!

Da es gestern Abend wieder spät geworden ist – immerhin haben wir den letzten gemeinsamen Abend gefeiert, bin ich noch müde. Doch an Schlaf ist nicht mehr zu denken und da ändern auch meine Ohropax nix. Kaum schlage ich die Augen auf, treibt mich wieder der Gedanke um, wo ich heute Nacht wohl schlafen werde. Schon allein der Gedanke daran macht mich wütend.

Ich mache, wie fast jeden Morgen, noch meine Lieblingstiefenentspannung aus dem autogenen Training, um auch mit wenig Schlaf fit für den Tag zu sein und rattere meine Formeln in Gedanken runter:

\* \* \*

*Beide Füße entspannen, lassen los.*
*Beide Fußgelenke entspannen, lassen los.*
*Beide Unterschenkel entspannen, lassen los.*
*Beide Kniegelenke entspannen, lassen los.*
*Beide Oberschenkel entspannen, lassen los.*
*Beide Hüftgelenke entspannen, lassen los.*
*Ich bin ganz ruhig und entspannt!*

Nach diesen Formeln spüre ich, wie die Körperspannung nachlässt und ich ruhiger atme. Doch ich mache weiter:

*Der gesamte Rücken entspannt, lässt los.*
*Beide Hände entspannen, lassen los.*
*Beide Unterarme entspannen, lassen los.*
*Beide Oberarme entspannen, lassen los.*
*Beide Schultern entspannen, lassen los.*

*Ich bin ganz ruhig und entspannt!*

*Die Nacken-Schulter-Gegend entspannt, lässt los.*
*Das Gesicht entspannt:*
*Die Augen entspannen, lassen los.*
*Die Stirn entspannt, lässt los.*
*Das ganze Gesicht entspannt, lässt los.*
*Ich bin ganz ruhig und entspannt!*

Der Lärm des Fernsehers stört mich nun nicht mehr, ich liege einfach nur da und genieße die Schwerelosigkeit. Noch gibt es keine Eile, wir sind erst um 7.30 Uhr zum Frühstück verabredet und so rolle ich noch meine rote Yogamatte aus und nutze die Vorteile des Einzelzimmers. Zum Einstieg gibt es für mich ein paar Sonnengrüße, die ich endlich mit meinen lädierten Knien wieder machen kann. Die werden mir bestimmt guttun. Nach dem ich schon zwei Tage kein Yoga mehr gemacht habe, sondern nur ein paar einfache Dehnungen, genieße ich die zwölf aneinander gereihten Übungen besonders. Sie tun mir einfach gut und mit meinen Variationen komme ich nahezu an alle Zielzonen, die ich mobilisieren, kräftigen oder dehnen möchte.

Ich baue den ersten Helden in meine Übungsreihe ein, das linke Bein ist vorne, beide Arme sind nach oben ausgestreckt und meine Hände sind zu einer Schale geformt. Mir fällt sofort meine Lieblingsaffirmation ein. Ich hoffe, dass sie mir Kraft gibt, weiter zu machen:

*„Ich gebe mein Bestes und den Rest lasse ich mir schenken".*

Ja, so ist es. Ich übertrage diesen Satz auf meine jetzige Situation. Die Lehren des Yogas sind ja nicht fürs Papier gedacht, sondern dazu da, um praktische Unterstützung im Alltag zu bekommen. Ich kann auch nicht mehr machen, als zu versuchen, ein Zimmer zu reservieren und wenn es dann nicht klappt, dann muss ich es anderen Dimensionen abgeben und darauf vertrauen, dass es funktioniert. Oder mir eines bestellen!

In der Vorbeuge übe ich mich mal wieder in Geduld. Geduldig beuge ich mich den Dingen. Lasse geschehen mit dem Vertrauen, dass es schon gut wird. Ja, so ist es und so kann ich auch damit leben. Gestern hätte ich den Camino am liebsten abgebrochen, so deprimiert war ich angesichts dieser nervenaufreibenden Zimmersuche. Ich habe sogar schon mit dem Gedanken gespielt, mich jetzt einfach für zehn Tage an den Strand zu legen und mit dem Bus nach Santiago zu fahren. Ich muss es ja niemand erzählen! Nach meiner Yogaeinheit sieht die Welt nun schon wieder besser aus.

Um 8.30 Uhr sitzen wir immer noch gemütlich im Café an der Ecke und essen Churros, in Fett ausgebackene Teiglinge mit Puderzucker, also echte Kalorienbomben! Eigentlich zu spät für einen Pilger, aber schließlich ist es Ankes und Marions letzter Tag und wir möchten unsere schöne gemeinsame Zeit noch ausklingen lassen.

Für uns alle beginnt heute eine neue Etappe. Die beiden lieb gewonnenen Freundinnen machen noch einen entspannten Abschluss in Santillana del Mar, denn auch für die beiden ist dieses schmucke Städtchen zu einem Lieblingsort geworden, den sie noch einmal besuchen möchten.

Mein Ziel ist das etwa 23 Kilometer entfernte Muros de Nalón. Ein Zimmer habe ich per Internet gebucht, so meine ich jedenfalls, und deshalb habe ich es auch nicht eilig. Außerdem will ich noch Wasser und meine Wanderration Obst einkaufen. Sicher führt mich die heutige Tour an einem Supermarkt vorbei. Die gelben Pfeile habe ich bereits gefunden und so sollte ja eigentlich nichts mehr schief gehen. Eigentlich.

Doch schon lasse ich mich von zwei Spaniern verführen, die ausgeschilderte Strecke zu verlassen. Sie würde nur zur Kirche führen, die eh geschlossen hat und die Route, die sie mir zeigen, sei viel kürzer. Die Spanier erklären mir umgehend, wo´s lang geht und sputen dann in die andere Richtung. Why not! Leider sorgt mein nicht vorhandener Orientierungssinn dafür, dass ich über eine Stunde durch die Siedlung irre, um dann festzustellen, dass ich im Kreis getrottet bin.

Eine freundliche Autofahrerin schickt mich nach oben, da sei der Camino. Ich gehe immer bergauf und endlich finde ich ein Schild

– Richtung Altstadt! Herzig von der Dame, mir den Camino nach Avilés zu zeigen. Aber da komme ich doch her! Ich ärgere mich über mich selbst. Warum nur habe ich mich von meinem Weg abbringen lassen? Warum bin ich nicht den sicheren Pfeilen gefolgt? Ich Idiot mache mir viele meiner Probleme selbst!

Seit zwei Wochen bin ich nun schon auf dem Camino, habe sozusagen „Bergfest". Jetzt zähle ich die Tage rückwärts bis ich wieder nach Hause komme. Doch ist das der Sinn des Ganzen?

Auch ein Passant will helfen, aber er hat keine Ahnung, wo der Camino ist. Ein Müllmann erkennt meine hoffnungslose Lage und gibt mir zu verstehen, dass ich den Berg wieder hinab muss, dann links abbiegen und immer auf der Hauptstraße geradeaus bleiben soll, bis ich in Salinas, einem kleinen Vorort von Avilés bin. Mein Reiseführer hätte mich über ein kleines Wäldchen mit Blick auf die Küste geleitet, was mir grundsätzlich lieber gewesen wäre, aber jetzt bin ich einfach nur froh, in den nächsten Ort zu kommen, um dort hoffentlich den Einstieg zum Muschelweg wieder zu finden. Ich laufe immer entlang der viel befahrenen Hauptstraße – sicherlich nicht die attraktivste Etappe, aber sie scheint mich idiotensicher nach Salinas zu führen. Erfreulicherweise komme ich sogar an einem Supermarkt vorbei, in dem ich meine Tagesration Obst und Wasser besorgen kann. Das besänftigt mich etwas.

Im nächsten Ort finde ich tatsächlich die gelben Pfeile wieder. Der Camino ist hier ausgezeichnet markiert und ich denke, dass diese vielen Markierungen auch noch für die Straßen von Avilés gereicht hätten, durch die ich geirrt bin.

Es ärgert mich gewaltig, dass Avilés und Salinas direkt am Meer liegen, ich es aber noch nicht einmal sehe, weil ich nur durch die Straßen irre. Wollte ich denn nicht jeden Tag Yoga machen, meditieren und einen Stopp am Meer einlegen?

Was will mir dieser Weg denn nur zeigen? Zuerst verliere ich sämtliche Kosmetik-Utensilien, dadurch minimiert sich das Ganze auf ein Shampoo, das ich hier kaufe und sich sehr gut zum Haare waschen, zum Duschen und zum Wäschewaschen eignet. Das kann ich ja noch verstehen. Dann verliere ich meinen Pulli sowie meine Socken. Muss neue kaufen, die sich viel besser eignen. Verliere mein Handy und es findet fast wie ein Wunder wieder zu mir zurück.

Manchmal frage ich mich, ob das alles Zufall ist. Finja meint, es geschehen hier keine Zufälle, das muss alles so sein. Doch was soll ich lernen? Was fehlt mir noch? Und um welches Karma geht es letzten Endes?

Die Gesetze der Spiritualität decken sich mit Finjas Meinung, sie gehen sogar noch einen Schritt weiter, denn sie besagen, dass nichts in deinem Leben ohne Grund geschieht – dass wir unsere Realität mit unseren Gedanken selbst schaffen. Das Gesetz von Ursache und Wirkung. All das, was uns widerfährt, hätten wir durch unsere Gedanken im Unterbewusstsein herbeigerufen. Doch stimmt das? Und wenn ja, macht es uns diese Erkenntnis wirklich einfacher, mit den Themen des Lebens umzugehen?

Ich denke schon, denn mit diesem Wissen haben wir die Möglichkeit, uns umzuprogrammieren und den Aufgaben, den Herausforderungen des Lebens Dankbarkeit entgegenzubringen. Zumindest ein Stück weit. Wir können hinterfragen, warum passiert das gerade. Wo gibt es noch Entwicklungsbedarf?

Doch ist es nicht manchmal so, dass irgendetwas passiert, mit dem man niemals gerechnet hätte, und genau das wirft uns aus der Bahn? Wofür wir nun mal überhaupt nichts können, außer es als unser „Schicksal" anzunehmen? Und es „abzuarbeiten"?

Wir können dazu lernen, denn all das, was das Leben gerade für uns bereithält, jede noch so verzwickte Aufgabe, jede Herausforderung lässt uns wachsen und jedes Ende kann einen Neuanfang für uns bedeuten.

*Achte auf Deine Gedanken, denn sie werden Worte.*
*Achte auf Deine Worte, denn sie werden Handlungen.*
*Achte auf Deine Handlungen, denn sie werden Gewohnheiten.*
*Achte auf Deine Gewohnheiten, denn sie werden Dein Charakter.*
*Achte auf Deinen Charakter, denn er wird Dein Schicksal.*

*– aus dem Talmud –*

Angestrengt ziehe ich steil bergauf und gleich wieder bergab, vorbei an der kleinen Kirche „de San Martin". Das Schild „Camino Real de Castrillón" verunsichert mich doch sehr. Bin ich jetzt, ohne es zu wollen, auf dem Camino Primitivo gelandet? Das wäre ja richtig ungeschickt, aber ich würde es mir durchaus zutrauen, den falschen Pfeilen gefolgt zu sein. Rucksack runter, Reiseführer auf. Gott sei Dank – ich bin auf der richtigen Fährte.

Am Straßenrand spielen ein paar kleine Kitten, so süß und quicklebendig, wie meine Katzen zu Hause, als sie noch kleiner waren! Mein Herz öffnet sich und meine Stimmung wird allmählich besser.

Ich beginne, das „Ganesha-Mantra"

**„Om Gam Ganapataye Namaha,**
**om Gam Ganapataye Namaha"**

zu chanten. Immer wieder und wieder – in einer Endlosschleife. Soll Ganesha doch für mich die Hindernisse aus dem Weg schaffen!

Ganesha, der dickbäuchige Elefant, ist mein Lieblingsgott. Er gilt als Gott der Weisheit, der Überbringer des Glücks und der Beseitiger aller Hindernisse. Wie oft habe ich in meinem Leben dieses Mantra rezitiert. Ganesha sagt, dass du ein Vorhaben frohen Mutes und mit Enthusiasmus anfangen sollst. Gar nicht so lange warten, bis der vermeintlich richtige Augenblick kommt. Die guten

Kräfte, die Unterstützung, die du brauchst, werden schon kommen. Leg los und vertraue.

So ist auch meine Yogalounge entstanden. Natürlich hatte ich anfangs schon ein paar Bedenken, denn für so ein Vorhaben braucht man ja eine Menge Geld. Als ich dann jedoch die richtige Location gefunden hatte, ging alles fast wie von selbst.

Die Bank schenkte mir sehr viel Vertrauen (mein Businessplan war ja auch sensationell) und lieh mir großzügig eine immense Summe, so dass ich loslegen konnte. In vier Monaten harter Arbeit – mein Mann opferte jede freie Minute für mein Vorhaben – haben wir die Räume einer alten Rechtsanwaltskanzlei mitten in der City umgebaut. Wände und Böden rausgerissen, alle Tapeten, Stromkabel, ... entfernt, bis alles im ursprünglichen Zustand, im Rohbau war. Dann der Aufbau: wir haben eine komplett neue Heizung mit eigener Gastherme einbauen lassen, die Wände neu vergipst, neue Böden verlegt, die Elektrik komplett neu installieren lassen, ... alles mit umweltfreundlichen, schadstoffarmen Materialien. Dann war alles so, wie ich es mir vorgestellt hatte und die Leute kamen. Immer mehr strömen zu uns, wir haben nun über 20 Kurse pro Woche, obwohl es in der Kleinstadt noch zwei andere, alt eingesessene Yogaschulen und unzählige Volkshochschulkurse gibt. Das Konzept von liebevollen Kursen, Flexibilität und Vielseitigkeit, gepaart mit den ansprechenden Räumlichkeiten und der großen Liebe aller Lehrerinnen zum Yoga hat sich bewährt.

Ja, ich war von Anfang an mit grenzenlosem Enthusiasmus und Willenskraft am Werk. Ich bin mir sicher, dass Ganesha mir bei unendlich vielen Hindernissen geholfen hat!

So gegen Mittag beschließe ich, mein Glück in einer Pension in Santa Marina zu versuchen, denn da möchte ich morgen übernachten. Ich rufe an, es geht prompt jemand ran. Ich sage mein auswendig gelerntes Sprüchlein: „Soy Elisabeth, soy una Pelegrina de Alleman y yo quero reservar una Cama por manjana." „Si, es possible", sagt eine freundliche Stimme, "Por manjana y por Elisabeth. Vale. Hasta manjana!"

So einfach? Manchmal braucht man eben Glück.
Oder einen Elefanten!

Da ich meine Etappe heute alleine gehe, habe ich endlich wieder Zeit für mich und Zeit, um nachzudenken. Mir wird klar, dass ich die Gegebenheiten auf dem Camino nicht ändern kann. Es sind hier einfach viel zu viele Menschen und Asturien ist noch nicht bereit für diese Masse.

Daran werde auch ich nichts ändern, egal wie demotiviert und enttäuscht ich bin.

Diese Zimmergeschichte muss in Fluss kommen, denn ich will Santiago erreichen, meine Compostela bekommen und allen von meinen Erlebnissen berichten! Von den Widrigkeiten und Kämpfen mit mir selbst und dem System, aber auch von den vielen Begebenheiten und Begegnungen, die diesen Weg so faszinierend und bereichernd machen.

Meine Gedanken beginnen, in die Ferne zu schweifen. Auf ein Segelboot. Der Wind weht mir um die Nase – selbstverständlich segeln wir mit dem Wind, nutzen jeden Windhauch aus. Um unser Ziel zu erreichen, müssen wir ständig die Segel neu ausrichten, mal aufkreuzen, mal wenden.
Am Bodensee ist der Wind manchmal unberechenbar, wechselt ziemlich schnell die Richtung, oft bläst er extrem böig und nach einer oft sehr windigen Phase scheint es, als würde jemand auf einen Knopf drücken und der Wind ist weg.
Zeitweise ist es so, dass wir stundenlang auf dem See ohne Wind „herumdümpeln" und uns langweilen.
Dann ist er auf einmal da und pustet uns ordentlich durch. Unter Umständen sogar so stark, dass wir die Segelfläche verkleinern müssen, also reffen.
Segeln bedeutet, sich immer wieder neu auf den Wind einzustellen. Es ist ein „mit dem Wind" nicht „gegen den Wind".

Es wäre sicherlich besser, nicht gegen dieses System zu strampeln, sondern „sich dem Wind" anzupassen, mit ihm zu gehen? Ein Zimmer zu reservieren, wo es eben geht und die Zeit, die ich dafür aufwenden muss, nicht als verlorene Zeit ansehen, sondern als Investition für eine gute Nacht?!

Ja, so könnte ich damit leben, so könnte es funktionieren. Vielleicht ein Zimmer beim lieben Gott bestellen? Oder bei Sivananda?

Ich bin immer wieder überrascht, wie nah doch Verzweiflung und Hoffnung aneinander liegen. Ein Mann, der mich an meinen Vater erinnert, hält an und ruft mir ein „Buen Camino" zu. Es wirkt erneut, denn ich fühle mich umgehend besser und habe das Gefühl, dass mir seit der gelungenen Zimmerreservierung eine riesige Last von den Schultern gefallen und mein Rucksack etwas leichter geworden ist.

Ich philosophiere weiter. Übertrage die Geschichte in mein Leben. Ich muss mich so annehmen, wie ich eben bin. Es bringt doch nichts, mich darüber zu ärgern, dass mein Orientierungssinn so schlecht ist. Davon wird er auch nicht besser. Vielleicht sollte ich mich mehr mit dem GPS beschäftigen, mir online Dienste, Wanderapps, Himmelsrichtungen und vorhandenes Kartenmaterial sowie Stadtpläne bewusster und achtsamer ansehen? Wäre das nicht besser, als sich selbst zu erniedrigen?

Da könnte mir sicherlich Sarvangasana, der Schulterstand, helfen. Es geht in der Asana darum, sich und die Welt so anzunehmen, wie sie eben sind. Gleichzeitig dehnt sie intensiv den Nacken und entstaut die Beine, ist gut für die Schilddrüse und die Verjüngungsübung schlechthin. So steht es zumindest in meinen Lehrbüchern. Sobald ich wieder ein passendes Plätzchen fürs Yoga finde, werde ich ihn üben. Den kann ich jetzt gut gebrauchen!

Durch meine Gedanken bin ich langsamer geworden und werde von einem Pärchen überholt. Es gibt also tatsächlich noch welche, die noch später dran sind, als ich! Oder haben sie vielleicht heute einfach schon eine längere Distanz hinter sich gebracht?

Nach dem steilen und holprigen Abstieg setzte ich mich auf eine Mauer, ziehe die Schuhe aus und esse den besten Pfirsich, den ich jemals gegessen habe. Ich habe ihn an dem kleinen Stand eines

Bauern gekauft, dick, saftig, fleischig und süß – nicht so wie unsere harten, mit Pestiziden gespritzten Pfirsiche aus dem Supermarkt zu Hause, die vermutlich unreif und grün von den Bäumen gepflückt werden.

Zu meiner Rechten entdecke ich eine verfallene Ruine, das El Castillo. Wie idyllisch. Nachdem meine Füße ausgedampft und eingepudert sind, laufe ich leichten Fußes weiter.

Ich genieße den malerischen Blick auf die Flusslandschaft rechter Hand und die Berge links von mir. Das hat sich gelohnt! Bald bin ich am Ziel. Beseelt laufe ich noch eine knappe Stunde und stehe vor meiner Herberge „Casa Carmina". Alles sieht sehr gepflegt aus, die Lobby, der Garten, die Dame hinter der Theke. Ich freue mich schon auf das bestimmt nette Zimmer. An der Rezeption verstehe ich die Welt nicht mehr. Meine Reservierung ist nicht angekommen. Ob ich denn eine Bestätigung per E-Mail bekommen habe. Alles belegt. Keine Chance. Der Frust kommt wieder hoch und trifft mich volle Breitseite.

Wo ist denn jetzt Ganesha! Langsam werde ich sauer auf ihn.

Tief ein und ausatmen.

Nein, Ute. Lass dich nicht unterkriegen. Es wird schon klappen.

Der nächste Ort ist 5 Kilometer entfernt, hat nur eine Herberge und das ist die, die nur über Booking.com und Kreditkarte reservierbar war. Super, danke. Sie schickt mich zur vorherigen Herberge, die nur ein paar 100 m entfernt ist. Doch auch diese ist schon ausgebucht. Tief atmen, zuversichtlich sein – es wird schon noch irgendwo in der Nähe ein Bett für mich geben!

Ich habe mein Bestes gegeben und jetzt soll mir eine höhere Macht ein Zimmer schenken!

Der hilfsbereite Hospitaliero greift zum Telefon, wählt eine Nummer und redet zu schnell, als dass ich ihn verstehen könnte. Er murmelt, nickt und lächelt mich an. Im Ort hat eine neue Herberge aufgemacht. Da ist noch ein Bett frei, das er gleich für mich reserviert! Perfekt. Ich bedanke mich überschwänglich und ziehe los. Glück gehabt.

Die Herberge „Camino de la Costa" ist mitten im Ort neben der Kirche. Die Fenster sind dreckig und kaputt, der Putz blättert ab, alles ist in einem desolaten Zustand und sehr renovierungsbedürftig. Ein Handwerker arbeitet am Haus. Ich muss einmal ums Haus herumschleichen, damit ich überhaupt den Eingang, eine alte, zerschlissene Holztüre, erkennen kann. Hm. Bin mal gespannt, was mich erwartet. Schlechter als in Pontarrón geht ja kaum und immer noch besser, als draußen zu schlafen.

Mal ehrlich – habe ich denn eine andere Wahl? Zwar habe ich heute erst 23 Kilometer zurückgelegt, der nächste Ort wäre 5 Kilometer entfernt, doch bekäme ich dort etwas Besseres? Oder überhaupt etwas?

Ich schleppe mich die steile Holztreppe hinauf und trete ein. Oh, ein neuer Boden! Ich bin sichtlich erfreut. Ein älterer Herr nimmt mich freundlich in Empfang, erklärt mir alles und weist mir mein Bett zu. In diesem Teil des Hauses ist alles neu renoviert, sauber, freundlich, die Betten sind mit Einweg-Bettwäsche überzogen. Das ist für mich alles in Ordnung. Es gibt zwar für uns alle nur ein Bad, aber auch das ist neu renoviert, sogar mit sehr modernen Fliesen und einer Brause mit verschiedenen Einstellungen. Was für ein Luxus! Ich fühle mich gleich wohl und es stört mich auch nicht wirklich, dass ich zum Duschen anstehen muss. Der Smalltalk vorm Badezimmer ist sehr unterhaltsam.

Als ich mich kurz aufs Bett setze, um meine Füße zu massieren kommt ein bekanntes Gesicht in den Schlafsaal. Das ist doch der Bekannte von Finja, der Theologiestudent! Vielleicht ergibt es sich ja noch und er kann mir etwas über sein Studium erzählen. Das würde mich doch sehr interessieren. Beiläufig erwähnt er, dass Finja und Marie hier auch eine Bleibe gesucht hätten, aber nichts mehr bekommen haben. Sie schlafen heute Nacht in seinem Zelt auf einer Schafweide.

Im Flur steht der schnarchende Italiener aus unserem Zimmer in Gijón. Der hat mir gerade noch gefehlt. Wie gut, dass in unserem Zimmer nichts mehr frei ist. Den Stirnlampen-Italiener können andere haben!

Nach dem Duschen gehe ich gleich in den kleinen, aber feinen Ort und setze mich in ein hübsches Café, gönne mir einen koffeinfreien Kaffee und einen dicken Pfannkuchen mit Apfelmus. Ein Zumo de Naranjas Natural macht mein Glück perfekt.

Was für ein guter Tag, denke ich!


Motto: *„Ich gebe mein Bestes und den Rest lasse ich mir schenken!"*

**17. Tag**   Muros de Nalón – Santa Marina
Umwege auf dem (spirituellen) Weg!

Kurz vor sechs geht der Wecker der Italienerin unter mir los. Ich bin hellwach. Und jetzt steht diese blöde Kuh nicht auf. Immer das Gleiche! Damit ich mich nicht noch mehr aufregen muss, stehe ich halt an ihrer Stelle auf! Zum Yoga machen ist es hier eindeutig zu eng, um weiter zu ziehen noch zu dunkel. Ich gehe ins Bad, um gleich nach Sonnenaufgang starten zu können. Genieße die Ruhe, in der sonst doch so geschäftigen Bleibe. Heute habe ich viel Zeit für mein Morgenritual, denn das Einreiben der Füße mit Franzbranntwein und Hirschtalg sowie das Einpudern gehören jetzt ebenso wie Zähneputzen zur Routine. Dann kommen noch die Zehenkondome drauf und Socken darüber!

In der Küche der Herberge „Camino de la Costa" steht eine Kaffeemaschine und Kaffeepulver. Ich koche mir erst mal einen Kaffee und esse die restlichen Brotkrumen, die noch in meiner Tasche zu finden sind.

Ich will aufbrechen und stelle fest, dass es regnet. Dumm für Finja und Marie, die auf der Schafweide im Zelt des Theologen schlafen mussten. Und das bei Regen. Nun denn, ich packe meine Yogamatte in eine Plastiktüte, stülpe mir den grünen Regenponcho von Wolfgang über und gehe los.

Der Duft nach frischem Gebäck bringt mich bereits nach 25 Metern von meiner Route ab. Ich biege zur Konditorei ab, in der ich gestern stundenlang gesessen und mein Tagebuch geschrieben habe, esse einen Crêpes, ein Plunderteilchen und trinke einen Cappuccino. Heute lasse ich mich von einem Schokocroissant verführen, das ich einpacke und später essen möchte. So als Extra des Tages.

Es schüttet wie aus Kübeln – bei diesem Wetter jagt man normalerweise nicht mal einen Hund vor die Türe. Der graue Morgennebel ist dicht, die Straße nass und das viele Wasser kann kaum in die Kanalisation abfließen. Ich stampfe durch den Regen, mein Shirt wird unter dem Poncho feucht. Trotzdem habe ich viel Kraft und Motivation. Für heute ist das Zimmer gebucht!

Noch ist niemand „on the Road". Klar – bei diesem Sauwetter bleibt man am besten liegen und zieht sich die Decke über den Kopf.

Nach der Passage eines rutschigen, aber sehr idyllischen Trampelpfades erreiche ich El Pitu, ein kleines schmuckes Städtchen mit prunkvollen Gebäuden. Trotz des Regens mache ich ein paar Fotos.

Die beiden Spanier von gestern und ich überholen uns ständig und lächeln uns jedes Mal nett zu. An einer Kreuzung, die eigentlich eindeutig beschildert ist, steht ein alter Mann und beschwichtigt, wir sollen in die andere Richtung. Es sei um einiges näher und da es immer noch extrem regnet, ist die Versuchung groß, die Tour abzukürzen.

Das spanische Pärchen hört genau zu, was der alte Mann sagt, schaut in die Karte und entscheidet sich dann für die kürzere Strecke. Ich komme mit, obwohl sich die Spanier auch nicht 100 Prozent sicher sind. Hoffentlich irre ich nicht wieder stundenlang durch die Gegend. Alleine hätte ich mich das nicht getraut.

In letzter Zeit haben sie hier, laut dem alten Mann, die Verkehrsführung verändert, einen Kreisverkehr gebaut und somit wurde die Route für Fußgänger viel gefährlicher. In solchen Fällen wird der Camino oft als längere Alternative ins Hinterland verlegt. Am Straßenrand kann man alte, verblichene Pfeile erkennen. Wir sind auf der richtigen Spur! Schon an der nächsten Kreuzung trifft der neue Camino wieder zu uns. Alles save!

Ein paar hundert Meter, nachdem wir die Hauptstraße passiert haben, erschließt sich uns wieder dieser grandiose Blick direkt aufs Meer. Der Strand ist menschenleer und die Atlantikwellen prellen schroff an die Küste. Ich genieße die frische Brise, die mir um die Nase weht. Wieder gehe ich nicht ins Wasser, denn heute ist es einfach saukalt.

Eigentlich war der Plan, heute früh aufzustehen, damit ich die Zeit habe, in dieser tollen Bucht noch etwas Yoga zu machen. Klappt wieder nicht! Doch diesmal macht es mir nichts aus, ich bin gut gelaunt, der Regen ist nur noch ein leichtes Tröpfeln und sicher kann ich bald den Regenponcho ausziehen.

An einer kleinen Brücke, die über einen Bach führt, mache ich eine kleine Pause und gönne mir das Schokocroissant.

Ganz achtsam beiße ich ab, es knuspert so wunderbar, die Schokolade zergeht mir förmlich auf der Zunge. Und dieser Geschmack! Ich bin mir sicher, dass es das beste Schokocroissant ist, das ich je gegessen habe! Welch ein Genuss!

Mir fällt eine kleine Übung ein, mit der ich immer wieder meine und die Achtsamkeit meiner Teilnehmer schule.

\* \* \*

### Achtsamkeitsmeditation

*Nimm eine Traube (oder eine andere Frucht, Beeren, Nuss, Mandel, ...)
und betrachte sie, als hättest du vorher
noch nie etwas derartiges gesehen.
Wie sieht sie aus? Welche Farbe hat sie? Welche Konsistenz?
Drücke sie etwas zusammen, was spürst du?
Rieche an ihr.*

*Beobachte deine Reaktion.
Entsteht eher Widerwillen oder Behagen?
Nimm alles bewusst wahr.
Dann führst du die Traube zu deinen Lippen, spürst sie an den
Lippen, legst sie auf deine Zunge
und beobachtest deine Reaktion im Mund.
Läuft dir das Wasser im Mund zusammen?
Du beginnst, ganz langsam zu kauen und
konzentrierst dich nur auf ihren Geschmack.
Was geschieht?
Wenn du sie zerkaut hast, schluckst du sie hinunter und
verfolgst ihren Weg die Speiseröhre entlang
bis hinab in deinen Magen.*

*Wiederhole dies ganz achtsam mit weiteren Trauben
oder Ähnlichem.*

\* \* \*

Nun bin ich bereits seit dreieinhalb Stunden auf Tour und es ergibt sich nicht einmal die Gelegenheit, mich einfach mal irgendwo hinzusetzen. Nichts ist überdacht und alles ist nass, dabei würde ich doch so gerne mal die Schuhe ausziehen, um meine Zehen zu befreien. Mir würde ja schon eine einfache Holzbank im Trockenen reichen.

Mein Wanderführer führt mich unter der Autobahn durch, dann wieder bergauf, mitten durch einen Kiefer- und Eukalyptuswald. Kein Haus, kein Hof, nicht einmal eine Hütte – niemand weit und breit. Mitten in der Pampa entdecke ich einen Grenzstein, auf den ich mich einfach setze, die Schuhe ausziehe, meinen Apfel esse und mir eine Fußmassage gönne. Das tut gut!

Jetzt wieder rein in die Socken – übrigens in die, die ich in Gijón kaufen musste. Diese sind nebenbei um ein Vielfaches besser als jene, die ich verloren hatte! Manchmal ist es eben auch von Vorteil, wenn sich etwas von einem trennt!

Endlich bin ich in Soto de Luiña angekommen! Gleich am Anfang des Ortes gönne ich mir in einer rustikalen Bar einen Café con leche und ein Pincho con Tortilla. Nun fühle mich gestärkt für die nächsten 10 Kilometer nach Santa Marina, denn dort habe ich reserviert. Noch ein kleiner Smalltalk mit dem hübschen, englisch mit französischem Akzent sprechenden Mann, den ich von gestern Nachmittag aus der Herberge noch kenne. Er hat das gleiche Ziel. Mal sehen, ob wir uns heute Abend treffen!


Wieder bin ich an einem Schild und muss mich entscheiden, ob ich an der Straße entlang oder auf den Camino Real will, der über den Höhenzug der Sierra de Las Palancas führt. Er soll um einiges unbequemer und mit seinen 800 Höhenmeter eine echte Herausforderung sein. Ich nehme die Aufforderung an! Bisher war es meistens so, dass der Camino Real zwar anstrengender, aber meist landschaftlich weit reizvoller war, als die Alternative.

Aber ist das im Leben nicht auch so? Die einfachere Wahl ist nicht immer die bessere.

Es geht eine längere Passage steil bergauf. Ein Pfeil hat mich nach rechts geleitet, doch jetzt stehe ich komplett in der Pampa. Habe ich etwa eine Muschel verpasst? Ich krame in meinem Rucksack nach dem Wanderführer.

„Die Variante überwindet allein bis Cadavedo 800 Höhenmeter. Sie ist landschaftlich attraktiv, technisch jedoch sehr anspruchsvoll (auch wird sie evtl. nicht zuverlässig gepflegt und markiert), es gibt keine Ortschaften, Einkehrmöglichkeiten, so dass sie nur konditionsstarken Pilgern mit gutem Orientierungssinn empfohlen werden kann."

Bingo. Hätte ich vielleicht doch mal weiterlesen und den Text nicht nur überfliegen sollen!? Der Geist war willig aber das Fleisch schwach?!

Guter Orientierungssinn – konditionsstark. Na, das kann ja heiter werden. Jetzt habe ich heute Nacht ein Einzelzimmer gebucht und muss dann doch im Busch schlafen. Entsetzlich!

Es macht keinen Sinn, mich immer tiefer ins Dickicht zu kämpfen. Weit und breit keine Menschenseele. Diese Weicheier. Hetzen alle an der Straße entlang!

Ich schwitze, bin tropfnass. Wenigstens verbrenne ich jetzt die Kalorien meiner Tortilla. Soll ich umdrehen?

Nein! Ich gebe nicht auf! Wie auch, kommt mir in den Sinn. Hier findet mich ja nicht einmal der Helikopter! Ich arbeite mich erneut durch den Dschungel und hoffe, bald wieder ein Schild oder eine Muschel zu finden. Ich sehe mich schon umkehren.

\* \* \*

*„Leben heißt kämpfen für das Ideal. Leben ist der Kampf für die Fülle und Vollkommenheit."*

So oder so ähnlich heißt es in der „Göttlichen Erkenntnis" von Swami Sivananda.

*„Leben ist der Kampf um die Erlangung höchster Unabhängigkeit. Leben ist Kampf und Widerstand. Leben ist eine Reihe von Siegen. Der Mensch entwickelt sich, wächst, entfaltet sich und macht im Kampf verschiedene Erfahrungen (…).*
*Wenn du weiter existieren willst, musst du unbedingt kämpfen.*

*Du wirst in dem Moment aufhören zu existieren, in dem du aufhörst zu kämpfen.*

*Kämpfe tapfer mit den inneren Feinden auf dem
Schlachtfeld deines Herzens.
Schon ein kleiner Sieg im inneren Kampf mit deinem Geist und
deinen Sinnen wird deine Willenskraft stärken und dir mehr
Sicherheit und Mut geben.
Je härter der Kampf ist, desto glorreicher der Triumph.
Selbstverwirklichung verlangt einen sehr harten Kampf."*

* * *

Auch das habe ich während meiner Ausbildung gelernt. Ich habe mich in meinem Leben schon oft durchkämpfen müssen. Im Job als Ausbildungsleiterin in der Automobilbranche, als Dozentin für arbeitslose, schwer motivierbare Jugendliche und in der Führungsetage einer Zeitarbeitsfirma, in der ich als „Personalverkäuferin" für die Beschaffung, die Einsatzplanung und Betreuung von über 50 Hilfsarbeitern verantwortlich war.

Im Privaten, nachdem ich, 200 Kilometer fern von zu Hause, ohne Unterhalt zu bekommen mit einem einjährigen Kind alleinerziehend war und jetzt natürlich mit meiner Yogaschule.

Meine Devise: „Wenn ich den Bach runter gehe, dann mit Schwung!" Während andere noch überlegen, das Für und Wider abwägen, bis ins Detail planen, um es dann doch wieder sein zu lassen, bin ich schon mittendrin im Abenteuer. Ja natürlich bin ich auch schon auf die Schnauze gefallen. Wie jetzt. Bin losgegangen, obwohl die Wettervorhersagen nur schlecht waren. Ich kämpf' mich durch, habe ich gesagt. Und jetzt habe ich den Salat! Vor mir nur Schlamm und ein Pfad, den ich schon gar nicht mehr sehe. Würde ich überhaupt ankommen oder mich in diesem Dickicht verirren? Gibt es heute Abend einen Triumph für mich? Oder eine bittere Niederlage?

Da endlich – eine Muschel. Ich bin sehr dankbar und unendlich erleichtert, weil ich nun wenigstens wieder weiß, dass ich auf der richtigen Fährte bin.

Wäre es denn nicht prima, wenn man im Leben auch immer wieder Muscheln finden würde, die einem den richtigen Weg weisen? Doch wie erkennt man diese „Wegweiser"? Sind es die

Gefährten, die einen ein stücklang begleiten? Oder gilt es, die unterschiedlichen Situationen im Leben als Muscheln zu betrachten?

Man muss die Zeichen schon suchen, sie finden und einen Blick dafür haben. Manchmal gibt es mehrere Zeichen am Straßenrand und man muss abwägen. Aber man kann meistens selbst entscheiden, welchen Weg man einschlägt.

Ist das Leben nicht voller Muscheln und ist das Leben nicht ein einziger Camino?

Endlich kann ich wieder dieses traumhafte Panorama genießen. Rechts von mir in der Ferne ist das Meer zu sehen, links die Berge. Ich seufze, weshalb mache ich mir so viele Gedanken? Das Zimmer ist gebucht – ich kann mir also auch 800 Höhenmeter extra gönnen.

Die Vegetation ist sehr interessant, es gibt unendlich viele Hecken, Farne, Kräuter und Gräser in unterschiedlichsten Grüntönen, so eine Art Heidekraut mit violetten Blüten, viele hübsche Pflanzen und Blumen. Es riecht nach Minze und Meer.

Ich hoffe nur, dass ich langsam wieder nach unten ins Tal komme, denn es scheint wieder zuzuziehen, der Himmel verdunkelt sich, der Wind frischt auf und Regen wäre jetzt ein grässlicher Abschluss für meinen doch nicht so kurzen Umweg.

An einer Gabelung, die wieder mal nicht ausgeschildert ist, entscheide ich mich intuitiv für links, doch aus dem Trampelpfad wird eine einzige knöcheltiefe Pfütze, ich muss am Rand entlang stelzen und aufpassen, nicht hineinzutreten, denn sonst wären auch noch meine Schuhe pitschnass.

Es ist doch wie im normalen Leben. Manchmal weiß man auch nicht, welchen Weg man einschlagen soll, weil man die Zeichen nicht richtig deuten kann.

Jetzt wird es richtig morastig und noch glitschiger, so dass ich noch vorsichtiger sein muss, um nicht doch noch abzurutschen. Die Straße wird zu einem Bach und selbst wenn ich mich auch noch so geschickt anstelle, stehe ich bis zu den Knöcheln im Schlamm.

Mit dem Stock stochere ich nach kleinen Erhöhungen im Wasser.

Heute bin ich wieder froh, die für manche Abschnitte überdimensionierten und eher im hochalpinen Gelände tauglichen

Bergstiefel an den Füßen zu haben, denn sie haben eine mindestens 3 Zentimeter hohe Gummischicht über der Sohle, die mich jetzt vor dem Wasser schützt.

Trotzdem ist jetzt nichts mehr zu machen und da hilft auch die dicke Gummischicht am Schaft nix. Damit jetzt nicht Schicht im Schacht ist, bleibt mir nichts anders übrig, als seitlich den Hang hochzuklettern. Meine Stöcke, auf denen ich mich gut abstützen kann, sind dabei eine große Hilfe. Trotzdem ist das Vorhaben eine ziemlich wackelige Angelegenheit, die mehrmals droht, im Matsch zu enden. Mühsam und achtsam ziehe ich mich vorwärts. Stück für Stück den Dreck entlang.

Der Boden unter mir wird endlich wieder einigermaßen passierbar, doch um zurück nach unten zu kommen, muss ich den Rucksack abschnallen, sonst würde ich durch das Gewicht samt Rucksack im Matsch landen. Behutsam löse ich die Gurte an meinen Schultern und seile ganz langsam den schweren Rucksack ab. Als er sicher den Boden oder besser den Matsch erreicht, klettere ich nach. Ich sehe mich schon im Dreck liegen, doch glücklicherweise komme ich ohne auszurutschen nach unten. Mein Rucksack ist zwar nun an der Unterseite schmutzig, aber was soll's. Kampfspuren halt. Wie war das noch mal? Leben heißt kämpfen? Endlich ist der Pass überwunden, aber nun stehe ich mutterseelenalleine irgendwo im Nirgendwo und gefühlt bin ich sicher schon über mein Ziel hinausgeschossen.

Mein GPS kann mich nicht orten und mir verraten, wo ich eigentlich bin. Ziellos stakse ich weiter und komme endlich zu einem Schild, das nach unten ins Tal zeigt: Ballota. Mein schlauer Reiseführer erzählt mir, dass dieser Ort zirka einen Kilometer oberhalb und vier hinter Santa Marina liegt. Kommando zurück! Ich bin über's Ziel hinausgeschossen!

Der Pass ließ es nicht zu, dass ich direkt zur gebuchten Herberge komme! Entweder Pass oder gebuchte Unterkunft! Ich seufze, denn ein kleiner Hinweis im Reiseführer hätte genügt, um anders planen zu können.
Oder vielleicht mehr Achtsamkeit bei der Planung?!


Weiter zu wandern, um dort dann eventuell keine Unterkunft zu bekommen, ist keine wirkliche Alternative. Ich muss bergab nach

Santa Marina. Die offizielle Route schlängelt sich um den Berg, doch glücklicherweise kann ich die Strecke über eine Wiese etwas abkürzen. Hier kommt wohl kaum jemand vorbei, denn das Gras ist ziemlich hoch. Meine Schuhe werden ganz feucht.

Jetzt kommen auch noch zwei riesengroße Hunde besorgniserregend zielstrebig auf mich zu. Ich setze achtsam und leise einen Fuß vor den anderen und hoffe, dass sie mich in Ruhe lassen und ich meinen Alarmknopf am Armband, das mir Wolfgang unbedingt ans Herz gelegt hat, nicht brauche. Vermutlich gehören sie zu dem in die Jahre gekommenen Hof zu meiner linken, der sicherlich schon bessere Zeiten erlebt hat. Die beiden kläffen mich böse an, knurren bissig, fletschen die Zähne und kommen immer näher und näher. Ich gehe unbeirrt, zielgerichtet und selbstbewusst aber sehr langsam weiter. Bloß keine Angst zeigen, sonst hast du verloren. Kein Stolpern, keine schnelle Bewegung, denke ich noch, sonst hängen mir die Bestien am Bein. Doch so sehr ich mich auch bemühe, gelingt es mir nicht, Ruhe zu bewahren. Ich rutsche ab, schwanke, drohe hinzufallen und mein schwerer Rucksack zieht mich wie ein Stein Richtung Boden. Meine Finger klammern sich verkrampft um meine Stöcke, die sich jetzt in den Untergrund bohren. Gott sei Dank kann ich mich gerade noch fangen.

Mir stockt der Atem. Meine linke Hand wandert schon zum Alarmarmband. Endlich kann ich meinen Atem wieder steuern. Atme ganz langsam ein und aus. Werde ruhiger.

Auf einmal bleiben die Hunde stehen, schauen mich mit finsterer Miene an. Das muss die „Ruhe vor dem Sturm" sein. Jetzt rennen sie sicherlich gleich los. Gegen die habe ich keine Chance. Mir wird heiß und kalt. Was wenn … Oh Gott! Hilf mir!

Doch das Knurren verstummt, die Köter bellen nur noch tief, legen sich auf den Boden und schauen mir grimmig hinterher. Ich bin wohl aus ihrem Revier. Unendlich erleichtert schicke ich ein Dankesgebet zum Himmel.

Meine Füße tragen mich über einen grünen Wiesenpfad den Berg hinab. Der Duft der bunten Blumen, farbenprächtige Schmetterlinge und Vogelzwitschern erheitern mein Gemüt und es stellt sich wieder Leichtigkeit ein, sehe ich doch schon von oben ein paar

Häuser und eine Straße. Heute Abend möchte ich mit einer Meditation meinem Körper danken, dass er mich so weit gebracht hat.

Gleich bin ich am Ziel! Ein Gefühl des Stolzes kommt in mir hoch, diesen anstrengenden Pass mit den vielen kniffligen Stellen gemeistert und nicht aufgegeben zu haben.

Endlich bin ich, müde aber zufrieden, in der Pension angekommen. Über der Bar ist mein Einzelzimmer. Klein – aber für heute mein.

Der Mann, der heute Morgen mit mir geredet hatte – er heißt übrigens Michél und stammt aus Kanada – ist natürlich schon da und sitzt auf der Terrasse mit Blick zum Meer, das zum Greifen nah und doch zu fern ist, um nach diesem anstrengenden Tag noch dahin zu stolpern. Vielleicht sollte ich ein Taxi rufen, das mich an den Strand bringt? Doch eine Dusche und etwas zum Essen sind jetzt wichtiger! Noch gar nicht so richtig angekommen, fängt Michél auch schon an, mich voll zu texten. Ob ich mit ihm zu Abend esse. Ok – ist ja sonst keiner da, denke ich noch.

Beim Essen redet er ohne Unterlass. Mit Dingen, die mich nicht interessieren, kaut er mir ein Ohr ab. Er wird seine Worte los und ich habe wieder den Kopf voll. Meditieren geht mit so einem vollen Kopf gar nicht.

Ich erinnere mich an Marions Ausspruch:

„Gut, dass man nicht weiß, was einen heute erwartet, sonst würde man gar nicht erst loslaufen!"

Hier die Fotos bis Santa Marina – viel Freude damit!

**18. Tag**     **Santa Marina – Luarca**
**Simplify your Life!**

Als ich todmüde ins Bett krabble, denke ich noch schmunzelnd, dass ich hier im Einzelzimmer wenigstens vor dem kanadischen Plappermaul und dem schnarchenden Italiener meine Ruhe habe. Doch schon fängt es an, um mich herum zu surren. Nein – auch das noch. Schnaken! Jetzt gönnt man sich schon mal den Luxus eines Einzelzimmer, dann muss man es auch noch mit mindestens drei blutsaugenden Stechmücken teilen. Und die haben nun mal nur mich zur Auswahl. Das nervige Gesurre dieser blutsaugenden Biester bringt mich um meinen Schlaf! Die sind so laut wie drei Italiener zusammen. Ich muss sie fangen!!!

Mit mordlüsternen Plänen mache ich das Licht an und warte. Endlich. Da ist eine. Mit dem noch etwas feuchten Handtuch schlage ich nach ihr und bald darauf klebt sie am Frottee. Zufrieden lege ich mich wieder hin.

Die nächste kommt, surrt mir wieder ins Ohr. Licht an, Schnake suchen, durchladen, anlegen und peng! Nicht getroffen. Nochmal. Diesmal ein Treffer. Ich mache das Licht wieder aus. Im Nebenzimmer rumpelt es. Scheinbar hat mein kanadischer Nachbar das gleiche Problem.

Das Surren und Brummen hört nicht auf. Vermutlich habe ich morgen lauter kleine, juckende Pusteln am ganzen Körper. Ich stopfe meine Ohropax noch tiefer in die Ohren, knautsche die Decke über den Kopf und schlafe irgendwann ein.

Um halb sieben bin ich wach, draußen ist es noch dunkel. Ich nutze die Zeit im Bad und packe schon mal meine Sachen zusammen. Mein Arm sieht aus, als ob ich die Windpocken hätte, juckt ungeheuerlich und ich muss mich ziemlich zusammenreißen, ihn nicht blutig zu kratzen.

Obwohl es noch bitter kalt ist, gönne ich mir mein Yoga auf der Terrasse mit Meerblick in Erwartung des baldigen Sonnenaufgangs. Damit ich warm werde, mache ich einen Sonnengruß nach dem anderen und bald kommt die Sonne auch heraus, um mich zu begrüßen.

Ein paar Helden, denn der Tag gestern war ja auch heldenhaft, Kapalabhati und Agni Sara die „Feuerspülung", die das Verdauungsfeuer anregt, bei Verstopfung und Blähungen hilft und das Immunsystem stärkt – genau das, was ich nach dem schweren Abendessen von gestern brauche, damit ich ordentlich frühstücken kann.

\* \* \*

### Feuerspülung oder Agni Sara Dauti
*(dafür solltest du nichts oder nur wenig im Magen haben)*

*Du bist im Stand –*
*beuge die Beine etwas, stütze die Hände auf den Knien ab,*
*entspanne Bauchraum und -decke,*
*atme ein paarmal tief ein und aus.*

*Beuge dich etwas nach vorne*
*und halte den Rücken gerade.*
*Bewege nach der Ausatmung und*
*ohne weiter zu atmen in der Atemleere die Bauchdecke.*
*Ziehe sie ein und lasse sie wieder los –*
*im schnellen Wechsel, so mühelos wie möglich.*
*Wenn der Atem wieder kommt – aufrichten*
*und tief einatmen.*

*Entweder gleich die nächste Runde praktizieren oder ein paar*
*Atemzüge entspannt atmen, besonders wenn dir*
*schwindelig geworden ist*

*Insgesamt 3 Mal*

\* \* \*

Jetzt kann ich energiegeladen in den Tag starten!

Im Speiselokal der Herberge wird das Frühstück serviert. Die aufmerksame Hauswirtin hat bereits Brötchen, Marmelade, Butter sowie Muffins aufgetischt, ihr Mann braut Kaffee. Alles inklusive. Begeistert stelle ich fest, dass es richtig frische Brötchen und keine aufgebackenen von vorgestern sind und so esse ich gleich zwei davon. Das wird eine Weile reichen.

Da ich den Rucksack schon gepackt habe, kann ich vor dem Kanadier flüchten. Noch ist es ruhig und ich genieße die Abgeschiedenheit, folge zielsicher den Pfeilen und gelange zu einem unbefestigten Pfad ins nächste Bachtal. Durch die Stille des Morgens ist das Rauschen des Meeres zu hören. Kurzerhand mache ich einen Abstecher dorthin. Was mich da erwartet ist überwältigend. Mit voller Wucht prallt der Atlantik auf die Felsen. Hier zu baden muss gleichzeitig extrem gefährlich, aber sicherlich auch sehr spannend sein. Die Wellen haben eine große Kraft und ich spüre die Energie des Elements Wasser.

Ich stehe oben an der Klippe, breite meine Arme aus, schließe die Augen und konzentriere mich ganz auf das Hören und Spüren, nehme die Kraft des Meeres in mir auf. Nehme wahr, wie die Wellen schroff auf die Felsen schlagen und wieder zurück ins Meer fließen, höre, wie der Kies am Strand vor- und zurückgetragen wird. Ich rieche förmlich das Salz in der Luft und ab und zu gelangen auch ein paar Spritzer Meerwasser auf meine Haut. In der Ferne kreischen die Möwen.

Mir fällt eine Meditation ein, die ich gleich im Stehen mit ausgebreiteten Armen mache:

\* \* \*

### Meditation „Meer"
*Stelle dir vor, du bist am Meer, am Strand dieser großartigen Küste,*
*die ich vorher beschrieben habe.*
*Nimm wahr, wie die Wellen an den Strand und wieder zurückrollen,*
*nimm die Laute der Möwen wahr und*
*vielleicht kannst du sogar die salzige Luft schmecken.*
*Sieh die Gischt, die sich um die Felsen spült und wie das Licht*
*der aufsteigenden Sonne sich über die Klippen schiebt.*
*Muscheln werden an den Strand gespült.*

*Du hebst eine Muschel auf und betrachtest sie mit all deinen Sinnen.*
*Wie sieht sie aus? Wie fühlt sie sich an? Wie riecht sie?*
*Es ist die schönste Muschel, die du je gesehen hast.*
*Stelle dir vor, deine Gedanken kommen und gehen*
*wie Wellen am Strand.*
*Stelle dir vor, wie deine Sorgen von den Wellen ins*
*Meer hinausgetragen werden,*
*einfach von den Wellen fortgespült werden.*

\* \* \*

Nach meinem Ausflug zum Meer und der Meditation fühle ich mich voller Energie, Stärke und Willen, meine Etappe auch heute zu meistern!

Ein unbefestigter Pfad führt mich direkt ins nächste Bachtal und dann hinauf in den Ort Ballota. Ja, den kenne ich noch von gestern, denn oberhalb von Ballota bin ich den Pass nach unten abgestiegen.

Es geht über eine unbefestigte Straße, durch Weiden und Wiesen und ich gelange an eine unpassierbare Stelle, die komplett mit Wasser überflutet ist. Und als ich noch nachdenke, wie ich das jetzt manage, ruft eine Stimme „Hola!" Ein Spanier gibt mir zu verstehen, dass ich rechts an der Hecke über die Mauer klettern soll um dieses Schlammassel zu überwinden. Das ist perfekt. Ich hätte ihn umarmen können, aber bis ich über die Mauer geklettert bin, ist er schon längst über alle Berge. Ach könnte ich doch diese Erfahrung teilen, denke ich noch, als ein anderer Passant genauso ratlos an der Wasserstraße steht. Natürlich teile ich ihm die rettende Alternative über die Mauer mit und als er sich bei mir bedanken will, bin ich ebenfalls schon entschwunden.

Es hat sich wirklich gelohnt, dass ich nicht wieder oben am Pass, sondern unten gestartet bin und die einfachere Variante gewählt habe, denn der Camino führt mich immer wieder von der Steilküste zurück ins Hinterland und ermöglicht geniale Ausblicke ins Grüne und die weite Ferne. Das Gelände ist abwechslungsreich, wellt sich sanft und es ist sonnig und warm - schöner könnte es gar nicht sein!

Ich genieße die Ruhe und das mit mir alleine sein. In Zukunft werde ich meinen Mitreisenden sagen, wenn ich lieber alleine sein möchte. Das man sich abends gerne zum Essen treffen kann, ich jetzt aber die Stille und das Alleinsein brauche! Doch dazu komme ich erst mal nicht, denn es ist niemand weit und breit. Normalerweise überholen mich die anderen zu dieser Zeit zuhauf. Das Einzige, was auf andere Passanten hinweisen könnte, ist eine Jacke, die über einem Stein liegt. Ob der oder die Besitzerin der Jacke wohl gerade beim Pinkeln ist? Oder die Jacke vergessen hat?

Ich schaue umher, entdecke aber niemanden. Seltsam, normalerweise sind um diese Zeit immer ein paar Wanderer unterwegs. Vielleicht gibt es auf dieser Strecke aktuell eine Bombendrohung oder ein menschenfressendes Monster treibt heute sein Unwesen? Oder habe ich mich etwa schon wieder verirrt? Keine Muschel weit und breit. An einer Kreuzung biege ich links ab – rechts scheint mir irgendwie nicht zu stimmen. Wieder eine Weggabelung, erneut wähle ich links – denn rechts geht es steil den Berg hoch. Wieder kein Schild. Mir kommen Zweifel. Was nun? Nochmal eine Linkskurve und siehe da – da liegt sie wieder, die einsame Jacke.

Ich greife nach dem Anorak und siehe da, darunter ist ein Schild! Und das zeigt eindeutig nach rechts. Ich bin im Kreis gegangen! Wenigstens hat mich dieser Fauxpas nur eine halbe Stunde gekostet. Das hätte auch anders enden können.

Beseelt gehe ich weiter und beginne zu singen. Irgendwie kommt mir das „Gayatri-Mantra" in den Sinn. Es ist „mein" Mantra. In dieses Mantra wurde ich vor einigen Jahren im Yoga Vidya Ashram eingeweiht.

\* \* \*

### Die Mantra-Weihe
*ist ein Ritual, bei dem die spirituelle Kraft eines Mantras erweckt*
*werden kann. Das kann den spirituellen Fortschritt*
*des Yogis mächtig beschleunigen.*
*Man darf sich das Mantra selbst auswählen,*

*es sollte allerdings persönlich zu einem passen.*
*Die Mantra-Weihe ist wie das Pflanzen eines spirituellen*
*Samens, der gegossen und genährt werden muss,*
*um größer zu werden und zu wachsen.*

*Nach der Mantra-Weihe sollst du täglich mindestens 20 Minu-*
*ten mit dem Mantra meditieren, damit dieser Samen wachsen kann.*

\* \* \*

Bei meiner Mantra-Weihe im Yoga-Vidya-Ashram in Bad Meinberg – alles war sehr feierlich, der Altar festlich geschmückt, alle
waren weiß gekleidet, der Raum mit Räucherstäbchen gereinigt –
habe ich mir das Gayatri Mantra ausgesucht. Als Gabe hatte ich
einen hübschen Blumen- und Obstteller gestaltet, den ich mit einer
kleinen Spende auf dem Altar niederlegte. Nach dem gemeinsamen „OM" wurde ein Reinigungsritual mit Mantras und Wasser
durchgeführt, danach mehrere Mantras rezitiert, um die göttliche
Gegenwart und die großen Meister anzurufen.

Dann wird die Bedeutung des Mantras und die genaue Aussprache erklärt. Der Höhepunkt ist die feierliche Einweihung in
das Mantra. Es werden drei heilige Pulver auf die Stirn aufgetra-
gen, sinnbildlich für die drei Aspekte des Göttlichen und als Symbol für die Öffnung des dritten Auges. Zum Abschluss der Zere-
monie wird das Mantra mehrmals gemeinsam rezitiert.
Es war sehr berührend.

\* \* \*

**Das Gayatri-Mantra:**
*oṃ bhūr bhuvaḥ svaḥ*
*tát savitúr váreṇ¡yaṃ*
*bhárgo devásya dhīmahi*
*dhíyo yó naḥ pracodáyāt*

# Die Wort- für-Wort-Übersetzung des Gayatri-Mantras

| | |
|---|---|
| Om | Ursprung der Schöpfung, des Universums; Ausdruck des Absoluten; Verbindungspunkt zwischen absoluter und relativer Welt; Manifestation der spirituellen Kraft |
| Bhur | Erde; Erdenwelt; materielle Daseinsebene |
| Bhuvah | Welt zwischen Erden- und Himmelswelt |
| Svah | Himmelswelt; reiner Bewusstseinszustand |
| Tat | Das Absolute; Unendliche; alles Umfassende |
| Savitur | Schöpfer |
| Varenyam | verehrungswürdig; anbetungswürdig |
| Bhargo | Glanz; Ruhm; Beseitiger der Unwissenheit |
| Devasya | glänzend; scheinend ; strahlend |
| Dhimahi | Intuition; Meditation; Schaukraft; höhere Einsicht |
| Dhiyo | Intellekt; Verstehen |
| Yo | Der; Wer; Welcher |
| Nah | Unser |
| Prachodayat | erleuchten; führen; antreiben |

Anmerkung:
Auch mögliche Übersetzung von „yonah pracodayat"
Welcher unsere höhere Einsicht inspirieren möge.


(Quelle: Yogawiki, Yogavidya)


\* \* \*

Ich meditiere jedoch auch noch mit anderen Mantren, wenn ich denke, die passen am entsprechenden Tag besser! Manchmal brauche ich einfach die Kraft von Ganesha oder möchte eine andere Mediation machen, ich komme jedoch immer wieder auf dieses Mantra zurück, da es mir sehr gefällt und ich beim Rezitieren diese Kraft in mir spüren kann, diese Leichtigkeit und das Licht, das es in mir entzündet!

Die drei idealen Zeiten für die Mantra-Rezitation sind Morgendämmerung, Mittagszeit und Abenddämmerung. Diese werden auch als die „three sandhyas" bezeichnet. Es wird gesagt, dass der höchste Nutzen erreicht wird, wenn das Mantra 108-mal rezitiert wird. Wenn wenig Zeit ist, kann man es auch 3, 9 oder 18 Mal singen. Prima, dass ich hier so viel Zeit habe!

Achtsam nehme ich wahr, wie sich meine Sinne durch das Singen des Mantras und die Abgeschiedenheit buchstäblich schärfen, ich kann die Geräusche besser wahrnehmen, die Gerüche und die Farben.

Auf einer kleinen Bank mache ich Rast. Die kanadische Klatschbase kommt vorbei, grüßt mich kurz und geht dann weiter. Ob er es bemerkt hat, dass ich meine Ruhe brauche?

Abermals geht es durch unspektakuläre Weiler, Gehöfte, durch einen Ort, immer der Straße entlang. Ziemlich langweilig und öde. Es gefällt mir überhaupt nicht, an der Straße herum zu streifen. Ich kann nicht verstehen, dass Manche nur auf den Hauptstraßen hetzen, um schneller und bequemer ans Ziel zu kommen. Meinen die etwa, sie sind Fahrräder?

Aus einem kleinen Restaurant an der Straße ruft es mir zu. Der Kanadier. Der hat mir gerade noch gefehlt, denke ich noch und schon hat er sich wieder an meine Fährte geheftet. Trotz ziemlicher Widerstände meinerseits unterhalten wir uns ganz nett – heute empfinde ich ihn nicht ganz so aufdringlich wie gestern. Wir trinken beide ein kühles Getränk und essen ein Eis.

Er scheint eine Route zu kennen, die abseits der staubigen Straße verläuft und da ich diese und den Lärm der Autos so satthabe, hört es sich sehr verlockend an. Gerade noch darüber nachdenkend greift er meine Hand und zieht mich ins Abenteuer – „come on!"

Wir setzen im Geröll langsam einen Fuß vor den anderen und erklimmen den steilen, unbefestigten Pfad ohne zu stolpern. Trittsicherheit ist hier gefragt! Da wir sehr konzentriert sein müssen, ist selbst Michél still.

Durch diese Alternative ersparen wir uns einen großen Teil der Straße und ich bin froh, mich dafür entschieden zu haben.

Doch wie ich es erwartet habe – am Ende des kniffligen Teils wird Michél wieder sehr mitteilungsbedürftig und klebt erneut an mir wie eine Klette. Er erzählt mir von seinem Leben. Erzählt und erzählt, doch ich höre gar nicht so richtig hin. Seine Worte verschwimmen in meinen Ohren zu einem großen Buchstabenbrei und ich kriege nur einzelne Brocken mit. Ab und zu nicke ich höflich, murmle ein hmmm ... vor mich hin, tu so, als ob ich ihm zuhöre. Er ist so ins Erzählen vertieft, dass er meine geistige Abwesenheit sowieso nicht bemerkt oder es scheint ihn nicht wirklich zu stören, hat er doch sein Ziel – das Loswerden seiner vielen Worte – erreicht.

Ich wache erst wieder auf, als er mich direkt anspricht. „Jetzt erzähl aber auch mal was von dir ...". Erschrocken versuche ich die Situation zu retten: „Ich muss was trinken" und hole meine Trinkflasche aus dem Seitenteil meines Rucksacks. Wenigstens konnte ich durch das Ablenkungsmanöver etwas Zeit gewinnen. Verletzten möchte ich ihn ja nicht – denn das wäre ja auch nicht yogisch.
Ahimsa, erinnert ihr euch?
Da ich ihm nichts von meinem Leben offenbaren möchte, er aber etwas von mir hören mag, erzähle ich ihm ausführlich meine Geschichten über die Dinge, die ich hier die letzten Wochen verloren habe. Vom Shampoo, das ich gleich am ersten Tag stehen gelassen hatte, von meinem Hut, der in der Bahn bleiben wollte, von der Seife, der Zahnbürste, meinem Handy, dem Pulli, den Socken, .... und dass ich es noch nicht wirklich begriffen habe, warum.

„You have to simlify your life" – und irgendwie hat er recht.

* * *

*„Simple living, high thinking"*
*„einfach leben, erhaben denken"*
*war einer der Leitsprüche von Swami Sivananda,*
*in dessen Tradition ich meine Yogalehrerausbildung gemacht habe.*

*Er lebte von 1887 – 1963*

* * *

Einfach leben, heißt wenig zu besitzen. Mit wenig auskommen. Einfach nur leben. Im Hier und im Jetzt. Ist es nicht genau das, was mir hier auf dem Camino so gut tut?

Einfach leben – 4 Wochen mit einem 10-Kilo-Rucksack. Wenig Klamotten, einfache Gerichte essen, wenig Geld ausgeben. Ökologisch per pedes von Ort zu Ort, kaum Strom zu verbrauchen und nur so viel Nahrung kaufen, wie man tatsächlich auch essen kann und dieses sorgfältig in einer Box aufbewahren, um kein Plastik oder keine Alufolie zu verwenden. Nach den Naturgesetzen leben. Ja, der ökologische Fußabdruck eines Pilgers ist kaum zu sehen. Und trotzdem fehlt es mir hier an nichts.

Jesus hat gesagt, man soll gar keine Besitztümer haben. Einfach leben, erhaben denken – offen sein für die eigenen Bedürfnisse. Feinfühlig und ehrlich sein. Tiefgründige Gespräche führen und die Meinung anderer zulassen. Mitgefühl zeigen und anderen helfen – auch das habe ich hier schon so oft erlebt – vor allem, als es mir nach meinem Sturz so schlecht ging.

Ob Michél das Pilgern bereits begriffen hat? Vermutlich noch nicht ganz, denn das Kapitel „Feinfühligkeit" hat er scheinbar übersprungen.

Erneut kommt in mir der Wunsch auf, alleine zu sein. Irgendwie traue ich mich aber nicht, es ihm zu sagen. Wo sind sie geblieben, meine Vorsätze von heute Morgen?

Um ihn elegant los zu werden, setze ich mich auf einen Stein, wechsle meine Socken und sage: „Geh doch schon mal weiter, wir sehen uns ja dann in der Herberge". Doch ein Schatten lässt sich nicht so schnell abschütteln. Er trottet wie ein kleines Hündchen an meiner Seite – ich werde immer stiller und wir reden nur noch ab und zu. Es scheint, als ob er es verstanden hat. Zumindest, bis der nächste Anfall von Redeflut ausbricht. Nun gut. Ich werde es aushalten und einfach kaum etwas dazu erwidern.

Wir ziehen entlang der „Costa Verde", der grünen Küste, die ihrem Namen alle Ehre macht. Auf der Anhöhe ist nun das kleine Küstenstädtchen Luarca zu sehen. Von hier oben können wir schon eine kleine Bucht und den Hafen erkennen. Ich werde fast magisch vom Meer angezogen. Heute muss ich rein! Komme, was wolle! Kurz einchecken und dann „Vamos a la Playa".

Die Herberge, die Michél für uns reserviert hat, gehört zum Hotel Luarca. Soweit ich das erkennen kann, ist sie ganz in Ordnung, die Betten ok, die sanitären Anlagen neu und relativ sauber. Es gibt einen Automaten, der uns mit Kaffee, Bier und Wasser versorgt. Schade finde ich, dass man diese Location nur mit Kreditkarte buchen konnte. Und da mein kanadischer Schatten eine hat, ist er ebenfalls hier. Das war der Deal.

Ich gehe an den Strand, gefolgt von meinem Hündchen. Solange sich das Sonnenlicht über der Bucht ergießt, ist es angenehm warm. Das Wasser jedoch ist klirrend kalt. Egal. Heute muss ich da rein, wenn auch nur kurz. Langsam schreite ich auf das Wasser zu und halte den großen Zeh ins Wasser. „Alles Kopfsache", sagt mein Mann immer und springt vom Boot ins kalte Bodenseewasser, während ich noch abwartend an der Badeleiter hänge um mich dann Zentimeter für Zentimeter ins kalte Wasser vor zu tasten. „Alles Kopfsache", denke ich dann auch und stürze mich in den eiskalten Atlantik.

Michél folgt mir ausnahmsweise nicht, doch allzu lange hält die Ruhe nicht an. Nach kurzem Planschen muss ich wieder raus. Ich wickle mich in mein Handtuch ein und setze mich in die Sonne. Doch die stetig tiefer sinkende Sonne wirft immer größere Schatten auf den Strand. Schon fängt er wieder an zu quatschen.

Endlich bricht Michél auf, denn es wird ihm jetzt zu kühl, außerdem möchte er später im Städtchen in einem Lokal zu Abend essen.

Nachdem ich bereits zum dritten Mal mein Handtuch Richtung Sonne versetzt habe, ist diese nun endgültig hinter den

Felsen der Bucht verschwunden. Ich tue es der Sonne gleich und verlasse den Strand.

Im Gemüseladen an der Ecke kaufe ich Grünzeug, Oliven und Käse, in der kleinen Bäckerei nebenan ein frisch gebackenes, duftendes Brot. Heute gehe ich nicht mit dem kanadischen Plappermaul ins Gasthaus, sondern esse einen selbst gemachten Salat in der Herberge!

Michél sitzt schon erwartungsvoll im Eingangsbereich der Herberge und winkt mir freudestrahlend zu. Als er meine Einkäufe sieht, will er auf einmal nicht mehr ins Restaurant, sondern auch einkaufen und mit mir in der Herberge essen. Man, ist der hartnäckig.

Nachdem ich geduscht habe, ist auch mein Schatten zurückgekehrt und wir essen gemeinsam. Es ist ein ruhiges Essen, denn ich bin einfach nicht mehr bereit, mir sein Gequatsche anzuhören. Wir blättern im Reiseführer. Ich klinke mich aus, ziehe aus dem Automat noch ein zweites kaltes Bier und setze mich ans Fenster, um mein Tagebuch zu schreiben.

Resümee: Die Schatten werden länger!

**19. Tag**      Luarca – Navia
         **Mein Schatten überholt mich!**

Dass die Spanier feiern können, habe ich ja bereits in Gijón gemerkt. Und heute ist die Fiesta „San Timoteo". Die ganze Stadt ist ein Fest, überall spielt Musik, es wimmelt vor lauter Leuten. In den Straßen, Lokalen und Bars herrscht ein buntes Treiben, überall gibt es Tapas und jede Menge Drinks. In der Herberge kehrt keine Ruhe ein, denn der eine oder andere Betrunkene sucht sein Bett oder muss sich übergeben. Gott sei Dank liege ich oben im Stockbett, sonst würde mir vielleicht noch einer auf den Kopf kotzen. An Schlaf ist nicht zu denken und irgendwie ärgere ich mich, dass ich hier so brav im Bett liege und nicht wie die anderen um die Häuser ziehe! Draußen ist erst Ruhe, als in der Herberge bereits das erste Handy klingelt und wieder einmal würde ich am liebsten dessen Besitzer kalt lächelnd erwürgen!

Ich wache mit berstenden Kopfschmerzen auf, denn das bisschen Schlaf, das ich hatte, war in keinster Weise erholsam und schlecht geträumt habe ich auch noch! Ständig hat mich im Traum so ein Psychopath gestalkt. Furchtbar.

Warum habe ich gestern auch zwei Bier getrunken?! Ich weiß doch, dass ich die nicht vertrage und mir wird bewusst, dass ich mit Alkohol immer schlecht träume. Warum lasse ich es nicht einfach bleiben? Warum mache ich immer wieder den gleichen Fehler? Warum bringe ich mich selbst zum Leiden?

* * *

**Aus yogischer Sicht gibt es fünf Kleshas, die Ursache
für all unsere Leiden sind.**

- Avidya – die Unwissenheit, das Nicht-Wissen
- Asmita – die Identifikation, der Egoismus
- Raga – der Wunsch oder die Gier
- Dvesha – die Abneigung, das „nicht mögen"
- Abhinivesha – Anhaften, Angst v. d. Vergehen

Das Coole an den Yoga-Weisheiten ist, dass sie auf nahezu alle Begebenheiten übertragen werden können. Sie sind nicht alt und verstaubt, obwohl sie oft mehrere 1000 Jahre alt sind, sondern immer noch aktuell, kann man sie doch nahezu auf alle Situationen anwenden.

In der Politik könnte man die Kleshas auf diverse egoistische Machthaber, unter denen viele Menschen zu leiden haben, übertragen. Und auch in mancher persönlichen, wirtschaftlichen und gesundheitlichen Krise wäre es sinnvoll, wenn sich jeder Einzelne seine Kleshas anschaut, an ihnen arbeitet und sowohl Toleranz, als auch Akzeptanz mit anders Denkenden walten lassen würde!

Doch was bedeutet das in Bezug auf mein Schädelbrummen und die zwei Bier?

Langsam beginnt es, im Schlafsaal zu rascheln. Ich schleiche mich noch vor den anderen ins Bad und suche meine Sachen zusammen. Der schwarze Automatenkaffee ist besser als gar keiner.

Ein paar spanische Frauen, mit denen ich mich noch kurz unterhalte, haben sich in einer Herberge in Navia eingebucht. Es würde reichen, wenn man in der Unterkunft anruft. Man braucht weder eine Kreditkarte noch ein Konto in der Schweiz. Sogleich speichere ich die Telefonnummer der „Albuerge San Roque" in meinem Handy ab. Dadurch, dass die Spanierinnen jeden Tag einen Gepäckshuttle nutzen, der ihre Trolleys von Herberge zu Herberge kutschiert, haben sie nur winzige Tagesrucksäcke auf den Schultern. Die Schuhe sind in meinen Augen grenzwertig, eine trägt nur leichte Sandalen, die andere abgelatschte Turnschuhe.

Ich verabschiede mich per Handschwung noch kurz von allen und schaue, dass ich fortkomme, denn Michél sitzt noch beim Frühstück. Er will es bis A Caridá schaffen und versteht, dass ich die 30 Kilometer in meinem Zustand nicht packe. Bevor er es sich anders überlegt, bin ich auch schon um die Ecke gebogen.

Mühsam schleppe ich mich aus der Stadt. Step by Step – bin immer noch todmüde und das Kopfweh wird immer heftiger. Als ich auf einer kleinen Brücke ein paar Dehnübungen mache, kommt Michél in Begleitung einer mittelschlanken Brünetten vorbei. Die beiden unterhalten sich sichtlich interessiert. Er hat ein anderes Opfer gefunden, das ihm seine Worte abnimmt! Freudestrahlend wünscht er mir noch „Buen Camino" und schon laufen die beiden schnatternd davon. Prima, wenn der Schatten vorausläuft!

Während der Zeit mit Michél habe ich gemerkt, dass mir dieser Typ unheimlich viel Energie abgezogen hat. Ein „Energievampir", wie mein Exfreund – der hat mir auch so viel Kraft gestohlen. Geschickt umgarnt hat er mich und mir weisgemacht, dass er sich für mich interessiert, doch im Grunde genommen, hat sich immer nur alles um ihn gedreht. Durch sein vorgetäuschtes Interesse hat er mich manipulierend immer wieder so weit gekriegt, dass ich das gemacht habe, was er von mir erwartet. Meine Bedürfnisse den seinen angepasst, ja, schon ein schlechtes Gewissen bekommen, wenn ich nach mir geschaut habe. Wie eine Batterie hat er mich angezapft, ich wurde mental und gesundheitlich immer schwächer.

Gott sei Dank, hat mir meine beste Freundin damals die Augen geöffnet, so dass ich ihn nach eineinhalb Jahren vor die Türe gesetzt habe. Ich vermute, Michél ist auch so einer und ich bin mir sicher, dass es da noch einige von der Sorte auf dem Camino gibt. Take care!

Endlich habe ich meine Energie wieder für mich! Ich brauche mir doch für eine Kreditkarte nicht das Ohr abkauen lassen! Das muss auch so funktionieren. Ich überlege, ob so Kerle wie Michél oder Dick und Doof nicht andere dazu missbrauchen, ihren Seelenmüll loszuwerden, ob es den anderen interessiert oder nicht? Doch warum hat er mich benutzt? War ich vielleicht zu offen dafür oder die letzten Tage einfach zu schwach, mich zu wehren? Ich wandere erneut mit Blick ins Inland, sehe die verfallene Ruine einer Kirche und den Friedhof. Wie vergänglich doch alles ist. Ich stelle mir das Leben sonntags rund um die Kirche vor. Die großen, attraktiven, dunkelhaarigen Spanier, die mit ihren eleganten, stolzen Gattinnen den Gottesdienst besuchen – die bunt gekleideten Kinder, die nach der Messe im Pfarrgarten spielen. In meinen schmuddeligen Wanderklamotten komme ich mir fast etwas schäbig vor.

Ich schleppe mich über die Felder nach oben, passiere ein paar Häuser und werde immer erschöpfter. Der fehlende Schlaf dieser unruhigen Nacht macht sich bemerkbar.

Wenn jetzt nur eine Sitzbank käme oder eine Kirche, denn vor den meisten Gotteshäusern sind Bänke, einfach irgendwas, auf das ich mich setzen oder legen könnte, um auszuruhen. Ich krieche sicherlich noch eine halbe Stunde den Pfad entlang, bis ich endlich an eine kleine Kapelle komme. Zwar ohne Sitzbank, aber hinter dem Gebäude ist es sonnig und ich habe einen grandiosen Blick übers Meer. Ich rolle, obwohl das Gras noch ziemlich nass ist, meine Yogamatte aus und – nein, kein Yoga – ich entschließe mich nach einem 2. Frühstück ein kleines Nickerchen zu machen. Die Sonne steht noch nicht allzu hoch am Himmel und wärmt mich sanft, so dass ich tatsächlich auf der Wiese einschlafe. Nach einem Nickerchen fühle ich mich schon viel besser, das Schädelbrummen ist fast verschwunden und ich kann wieder gestärkt und ausgeruht weiter.

Der Camino führt mich abwechselnd zur Hauptstraße, dann wieder zurück zu den Feldern. Ab und zu kann ich einen Blick zum Meer erhaschen. So geht es einige Kilometer. Leider ist mein Kopfweh zurück, es scheint sich sogar eine Migräne anzubahnen.

Wieso wieder dieser Druck im Schädel? Zerbreche ich mir wieder den Kopf? Vielleicht angesichts der zermürbenden Situation bei der Zimmersuche? Haben meine Leiden auch eine psychische Ursache? Die Psyche – Geist, Seele oder Bewusstsein – ist immer verantwortlich für die seelischen Prozesse. Die unterschiedlichen Wahrnehmungen und Reaktionen hängen von dem jeweiligen Zustand der Psyche ab.

Ich wage mal zu behaupten, ich habe eine starke Psyche. Sonst wäre ich jetzt nicht da, wo ich jetzt bin. Habe mich regelrecht durch die unterschiedlichsten Herausforderungen meines Lebens geboxt.

Doch aktuell, durch die vielen unterschiedlichsten Aufgaben in meiner Selbstständigkeit, ist mein Kopf oft viel zu voll! Oft nehme ich mir nicht mal mehr die Zeit, um zu meditieren und für mich Yoga zu praktizieren, hängen mir die 25 Yogastunden, die ich pro Woche gebe, manchmal ordentlich in den Knochen. So war das nicht gedacht, als ich mein Hobby, meine Berufung zum Beruf gemacht habe! All meine Energie habe ich in mein Projekt „Yogalounge" gesteckt. Geeignete, zentrale Räumlichkeiten gesucht, die unkompliziert mit sämtlichen Verkehrsmittel erreichbar sind.

Drei Monate renoviert, mit all meine Kräften und den Kräften meiner Lieben. Geschmackvoll ausgestattet – so dass selbst Innenarchitekten sich sehr wohl bei mir fühlen. Einen Businessplan ausgeklügelt, Yogalehrer gesucht. Mit tollen Aktionen immer mehr Menschen zum Yoga gebracht, zur richtigen Zeit den richtigen Riecher gehabt. Doch für welchen Preis?

Dass ich so viele auf ihrem Yogaweg begleite und dann zu wenig Zeit für mich und meine Bedürfnisse habe? Gehe ich deshalb den Camino alleine? Dass ich eben nicht zugunsten anderer auf der Strecke bleibe? Doch sollte meine Psyche auf dem Camino nicht langsam wieder zu der Stärke finden, wie ich sie aus ruhigeren Zeiten kenne?

Ich muss raus aus diesem Hamsterrad! Der Camino ist sicherlich der erste Schritt, wieder mehr nach mir zu schauen. Mein Studio hat sich erfreulich schnell etabliert, die Kunden strömen und es ist an der Zeit, meinen Mitarbeitern mehr Vertrauen zu schenken, ihnen mehr zuzutrauen und ihnen noch mehr Kurse anzuvertrauen. Sicher würde es mich entlasten, wenn ich ein PC-Programm für die Verwaltung und die Kursbuchungen anschaffen und mir eine Putzfrau leisten würde.

Obwohl ich diese Passage nur krieche, genieße ich die faszinierenden Ausblicke zum Meer, denn – je nach meinem körperlichen und seelischen Zustand – kehre ich nach den nächsten zwei oder drei Etappen dem Meer den Rücken zu und werde ins Landesinnere kommen.

Der Camino führt immer wieder an Kirchen vorbei und endlich hat mal eine geöffnet. Es ist bereits Mittag und ich vermute, dass die festlich gekleideten Leute vor der Kirche den Gottesdienst besucht haben. Dann ist heute Sonntag – denke ich noch ganz zerstreut. Irgendwie scheine ich die Zeit schon aus den Augen verloren zu haben, denn Wochentage sind auf dem Camino nicht wichtig. Ich darf nur den Rückflug nicht verpennen! Andächtig gehe ich ins Innere der Kirche und bestaune den liebevoll mit Hortensien geschmückten Altar. Im Altarraum schaut eine Marienstatue mit einem milden Gesicht auf mich herab. Die Kirche besticht durch ihre Bescheidenheit.

Ob ich in der Sakristei noch irgendwen antreffe? Tatsächlich ist dort noch jemand, der mir auch prompt meinen Ausweis abstempelt.

Als ich aus der Kirche herausgehe, überkommt mich ein Anfall von Heimweh. Ich setze mich abseits, beginne zu weinen und werde ganz traurig. Am liebsten würde ich abbrechen und nach Hause fahren. Heimweh und Kopfschmerzen sind eine brisante Mischung!

Manchmal verschafft mir bei einem schweren Schädel der Kopfstand Linderung, vor allem, wenn ich den Kopf zu voll habe – ihn frei bekommen möchte. Sich selbst auf den Kopf stellen, bevor die Welt auf dem Kopf steht. Das Gehirn wieder durchbluten (mal ehrlich – würde das nicht vielen guttun?)

Doch wo? Gibt es da ein Plätzchen für mich? In Richtung Piñera geht immer bergauf, es ist steinig und staubig.

*„Setz dich an einen schon von Natur aus reinen Ort, zum Beispiel an ein Flußufer. Ansonsten säubere den Ort, wo du meditieren möchtest"*
*1 Bhagavad Gita, Kap. 6, Vers 11*

Die Stelle für eine so edle Stellung wie der Kopfstand, auf Sanskrit „Sirsasana" muss vollkommen eben sein – und natürlich sauber. Nicht umsonst wird die Stellung ja auch der „König der Asanas" genannt.

So – und da wäre sie wieder, die Emanzipation. Warum König? Warum ist es die erste Asana in der Rishikesh-Reihe? Gibt es auch einen Kaiser oder eine Kaiserin der Asanas?

Bevor Ihr laut aufschreit – Ihr Yogadamen: Die zweite Asana, der Schulterstand, ist zur Königin ernannt worden. Stimmt zwar irgendwie grammatikalisch nicht und wurde sicherlich auch erst nach einem ernst zu nehmenden Aufstand aller Yoginis zur Königin ernannt ... Es lohnt sich also auch in der Yoga-Welt seine Frau zu stehen.

Leider brauche ich eine Wand, um ihn zu üben. Seit meinem grandiosen Sturz kriege ich ihn nicht mehr ohne hin. Dumm – nicht wahr? Nicht, dass ich mich an der Wand abstützen müsste oder sie brauche, um hoch zu kommen. Nur zwecks meines Hirns, das eben oft nicht abschalten kann. Dabei soll mir ja gerade der Kopfstand helfen.

Ich seufze. Ein Teufelskreis!

Bei den meist 20 Yogakursen pro Woche benutze ich ein „Wochengerüst" – wie ich es liebevoll nenne. Dieses „Gerüst" wandle ich natürlich entsprechend der Zielgruppe ab, die Rückenyogis bekommen mehr Entspannung und mobilisierende Übungen sowie Kräftigungs- und Dehnungsübungen für den Rücken und die verspannte Schulter-Nacken-Partie. Die anderen bekommen etwas mehr „Futter" – die Anfangsentspannung und die sanfteren Übungen entfallen, dazu mixe ich ein paar Sonnengrußvariationen und fordernde Asanas oder Pilatesübungen dazu. Fertig ist der Yogacocktail!

Als ich mich wieder eines Kurses siegessicher in den Kopfstand begeben möchte, um ihn meinen Fortgeschrittenen vorzuturnen, passierte es.

„Ihr müsst euch konzentrieren, am besten in der Stellung des Kindes. Stellt euch vor eurem geistigen Auge vor, wie ihr hoch geht. Messt eure Hände ab – ich zeig euch wie´s geht." Und schon bin ich unten, lege den Schädel in meine zur Schale geformten Hände. Meine Yogis turnen brav nach.

„Kommt gaaaanz langsam nach oben." Ich presse meinen Kopf in meine Schalenhände, drücke meine Unterarme fest in die Matte und hebe meinen Poppes nach oben. Die Beine hebe ich ganz langsam in die Höhe. Ich bin schon fast oben und dirigiere noch „immer ruhig atmen … lass dir Zeit … dann langsam die Beine strecken!"

Plötzlich passiert es. Ich kippe um. Und als ob das nicht schon peinlich genug wäre, knalle ich mit voller Wucht direkt in meine Klangschalen und irgendein Körperteil bohrt sich in die Sansula. Ich erdrücke meinen golden schimmernden Ganesha mit meinem Kreuz und die Koshi, mein sphärisch klingendes Klangspiel, mit dem ich normalerweise meine Teilnehmer sanft aus der Tiefentspannung hole, rollt klirrend davon. Volltreffer.

Uli, der einzige Mann in der Klasse, eilt vor und will mich retten. Kathi, eine langjährige Schülerin, eilt mir zu Hilfe. Ich bin noch ganz daneben und kapiere noch nicht wirklich, was eigentlich passiert ist. Eine Mischung aus Entsetzen und Erschrockenheit erfüllt den Raum. Danach gibt es eine Runde Mitleid. In der hinteren Reihe wird gekichert.

Ich raffe mich wieder hoch und sage mit zittriger Stimme: „Alles gut – nix passiert", ziehe mir knurrend den Ganesha aus dem Kreuz und setze ein Lächeln auf. Mir tut alles weh, aber das muss ja niemand wissen. Wenigstens ist noch kein Sommer und ich kann meine blauen Flecken, die ich schon kommen spüre, unter einem Langarmshirt verdecken. 100 Punkte. Was ist jetzt Schuld an meinem Leiden? Die *Kleshas*?

Nein. Nur ich selbst. Denn jeder weiß doch, dass man mit zwei Cappuccinos und einem Käsekuchen im System keinen Kopfstand machen sollte. Aber gerade der war beim Geburtstagskaffee meiner besten Freundin so verlockend. Hätte ich doch mal lieber *Tapas*, den Verzicht, geübt. Aber man will ja auch nicht immer nein sagen.

Irgendwie versuche ich die Situation zu retten, lächle meinen Teilnehmern zu und nehme mich selbst auf die Schippe „… das war jetzt das Beispiel wie ihr´s nicht machen sollt – so was passiert, wenn man nicht ganz bei der Sache ist. Das kann auch mal einem Yogalehrer passieren!"

\* \* \*

Endlich entdecke ich ein geeignetes Plätzchen. Fast magisch werde ich zu der kleinen Lichtung geführt, durchquere eine Wiese, gelange an ein Plateau und rolle meine Matte aus. Doch auch hier scheint mir „Sirsasana" nicht gelingen zu wollen. Nach ein paar Versuchen gebe ich auf. Ich glaub, da hilft nur eine Tablette und werfe nun doch eine Ibuprofen ein. Diese lindert mein Schädelweh zwar etwas, macht mich aber auch sehr müde.

Nach ungefähr sieben unendlich erscheinenden Kilometern komme ich völlig entkräftet in der Herberge an. Aurelio, Hosteliero der „Albuerge San Roque", begrüßt mich freundlich und stellt mir einen Melonenschnitz auf den Tisch. Danach nimmt er meine Personalien auf. Das gab es noch nie! Freundlich zeigt und erklärt er mir alles. Aurelio kann perfekt Englisch und sagt, dass er seinen Gästen hier in seiner neu gebauten modernen Herberge ein Zuhause geben möchte. Wie Manfred mit seinem Casa Belen und für mich wieder zum richtigen Zeitpunkt. Meine Wäsche steckt er für einen Unkostenbeitrag von 2 Euro in seine Waschmaschine und bietet um 18.30 Uhr eine Planungshilfe für die nächsten Etappen an. Perfekt.

So eine Migräne kann auch mal was Gutes haben, denn sonst wäre ich die 30 Kilometer bis nach Luarca gehetzt und nicht hier gelandet. Vermutlich hätte ich mich auch noch den ganzen Tag von
Michél zutexten lassen und wäre jetzt taub oder hätte Ohrenkrebs …

Nach der kleinen Einweisung dusche ich, nehme eine Migränetablette und lege mich erstmal ins Bett. Nach einem Schläfchen und einem Liter Wasser ist meine Migräne wie weggezaubert und ich gehe frohgemut in die Stadt.

Navia, ein ehemaliges Fischerdorf, ist ein schön gelegenes Städtchen am Rio Navia. Ich schlendere durch den Hafen, esse ein Eis und genieße den Blick aufs Meer. Leider habe ich das Fest der „Schutzpatronin von Navia" um ein paar Tage verpasst, denn dort wird die „Señora de la Barca" (die Muttergottes der Schiffe) mit einer feierlichen Prozession gefeiert.

Der Legende nach hatten Fischer einen Sturm auf hoher See überlebt, nachdem sich die Wogen durch die Anrufung der heiligen Jungfrau Maria geglättet hatten.

Zurück in der Herberge lerne ich meinen Bettnachbarn kennen, ein junger Engländer, der durchs Land zieht, immer wieder irgendwo arbeitet, auf den Bauernhöfen, als Englischlehrer und in Herbergen, um sich sein Geld für die Reise zu verdienen. „Work and Travel" in Spanien. Interessant. Zu Weihnachten möchte er wieder nach Hause, denn auch er hat etwas Heimweh. Dann werde ich die nächste Woche auch noch schaffen, denke ich beruhigt.

Aurelio deutet meinen augenblicklichen Zustand richtig und tüftelt mit mir die nächsten drei Etappen aus. Mit je 20 Kilometer, denn er ist der Meinung, dass ich erst wieder körperlich und mental zu Kräften kommen soll. Außerdem, gibt er mir den Expertenrat, nicht bis zum Ende der Etappen des Wanderführers zu den großen Städten zu jagen, sondern mir zwischen den Zielen eine

Bleibe zu suchen. Dann würde ich auch keine Probleme bei der Herbergssuche haben.

Aurelio bedeutet „der aus Gold gemachte" oder auch „der Goldene" und er macht seinem Namen alle Ehre. Denn seine Tipps sind einfach Gold wert.

Mehr noch – der Herbergsvater macht mir Mut, denn die Etappen kurz vor Santiago sind einfach und es gibt sehr viele Herbergen, so dass ich mich nicht sorgen muss. Mir fällt ein Stein vom Herzen. Gott sei Dank habe ich diese Muschel als Wegweiser für meinen Camino gesehen und erkannt, sonst hätte ich vielleicht aufgegeben und mich bis zum Heimreisetag irgendwo verschanzt, denn ich war schon ein paar Mal nur haarbreit davon entfernt. Mit dieser Art der Planung kann ich ohne Kreditkarte und ohne Schatten an ein Bett kommen!

Das hört sich klasse an und ich rate jedem dazu, seine Etappen etwas anders und individueller als der Reiseführer zu planen. In Santa Marina, das ja auch zwischen den Reisführerzielen liegt, hat dies auch einwandfrei funktioniert, es gab dort auch kurzfristig noch ausreichend freie Zimmer.

Dank Aurelio habe ich auch einen kleinen Einkaufsmarkt gefunden, der sonntags geöffnet hat. Urkomisch, denn obwohl es ein perfekt sortierter Laden ist, darf man nicht selbst herumstreifen, sondern muss seine Wünsche dem älteren Mann an der Theke mitteilen, dann spurtet seine Frau wie „Speedy Gonzales" durch den Laden und bringt dir das, was du möchtest. Etwas eigenwillig, denke ich noch und da spurtet die „schnellste Frau von Navia" schon wieder los, denn ich habe meine Kekse vergessen.

Gemütlich schlendere ich am Rio entlang, schaue mir die ansehnlichen Gebäude, die gepflegten Parks und hübschen Geschäfte an. Nach einem alkoholfreien Sundowner in einer kleinen Bar kehre ich zufrieden in die Herberge, meiner heutigen Heimat, zurück.

Fazit: Manchmal ist es besser, nicht über seinen Schatten zu springen, sondern seinen Schatten über sich springen zu lassen!

**20. Tag**     Navia – Tapia de Casariego
                Hindernisse auf dem (Yoga-) Pilgerweg

Nachdem ich gestern kurz nach zehn ins Bett gefallen bin und endlich auch mal wieder tief schlafen konnte, ist die Nacht für mich kurz vor fünf schon wieder vorbei. Hellwach schleiche ich mich aus dem Schlafsaal, breite meine rote Yogamatte im noch leeren Vorraum aus und beginne, Yoga zu machen. Bis die Ersten um halb sieben aufstehen, habe ich schon, eingeschmiegt in eine Kuscheldecke aus dem Schlafsaal, mit einer Tiefenentspannung mein morgendliches Yogaprogramm beendet. Ich fühle mich entspannt und voller Tatendrang!

Scheinbar sind die Pilger hier nicht so verrückt, wie in vorherigen Locations. Die Ruhe des Herbergvaters scheint sich auf seine Gäste zu übertragen. Alle stehen völlig gechillt so ab halb sieben auf, schlendern zur Kaffeemaschine, holen sich ohne Eile etwas aus dem Kühlschrank und plaudern relaxt. Ich verabschiede mich in die Runde, lächle dem Engländer noch mal zu und mache mich auf zum Frühstückscafé, in dem es laut Aurelio ab sieben Frühstück gibt.

Der kleine Schlenker lohnt sich in jedem Fall. Ganz auf dem Genießertrip lasse ich mir einen Café con Leche, einen Zumo de Naranjas und ein frisch aufgebackenes Croissant schmecken. Es ist das beste Croissant, das ich je gegessen habe!

Gestärkt setze ich meine Tour fort – und: es geht mir wieder richtig gut! Heute erwartet mich nur eine kleine Etappe und eine öffentliche Herberge, in der sicherlich Platz für mich ist, denn sie liegt quasi zwischen den Hauptzielen A Caridá und Ribadeo und soll deshalb nicht so stark frequentiert sein.

Diese Etappe möchte ich ausdrücklich langsam zurücklegen, sie genießen, auch mal am Strand anhalten, denn es wird für mich die letzte Etappe am Meer sein. Dann werde ich den Bus ins Landesinnere nehmen und dort meine Reise fortsetzen. Ich werde mir keinen Stress machen, keinen Energievampir zulassen und mich auch nicht in Gespräche verstricken lassen, die ich nicht mag.

Ich verlasse den Ort auf leisen Sohlen, immer am Rio Navia entlang, überquere nach einer Weile den Fluss, der noch im Nebel schläft.

Der Camino führt mich auf eine Anhöhe, zu einer Kirche und wechselt immer wieder zwischen Straße und Feld. Der Wind frischt auf, es weht mich fast fort, meine Haare blasen mir die ganze Zeit ins Gesicht, bis ich sie zu einem Zopf zusammenbinde. Mir kommt das Lied „Blowin' in the wind" von Bob Dylan in den Sinn und ich beginne den Song zu singen, dichte weitere Strophen dazu. Und so stelle ich mir vor, wie dieser Wind meine Themen mitnimmt, meine Sorgen und meine Ängste und auch mein Heimweh …

"The answer, my friend, ist blowin' in the wind …"

Ich nähere mich wieder der Küste, der kühle Wind weht mir durch die Haare und ich kann so richtig durchatmen. In der Stille denke ich noch darüber nach, welche Hindernisse und Prüfungen man doch auf diesem Weg haben kann, erst waren es die Blasen an den Füßen, dann der Sturz und jetzt sind die Blasen verschwunden, die Wunden verheilt und der Körper hat sich an das Laufen gewöhnt, dann schaltet sich der Kopf oder vielleicht besser der Geist ein, der nach 17 Tagen einfach keine Lust mehr hat. Der Geist ist müde und ich weiß nicht, was hinderlicher ist. Ein streikender Körper oder ein lustloser Geist.

Wieder rufe ich mir in Erinnerung, was mir auf dem Camino geholfen und mich immer wieder aufgebaut hat. Die Mädels, Manfred und natürlich auch Aurelio, der mir den Frust der Zimmersuche genommen und mich bestärkt hat, meiner Müdigkeit gerecht zu werden und einfach weniger Kilometer am Tag zurückzulegen.

Der Satz „Enjoy the Way!" hat mir sehr geholfen!

Wieder sehe ich Parallelen zum Yoga – denn auch Patanjali beschreibt Hindernisse.

* * *

*Patanjali nennt 9 Hindernisse, die dich auf deinem (spirituellen) Weg bremsen.*
*Und diese bremsen dich auch auf dem Camino aus!*

*„Die Hindernisse hin zur Klarheit sind körperliche Einschränkungen, Trägheit, Zweifel, Gleichgültigkeit, Faulheit, Verlangen nach Vergnügen, Täuschung, die Unfähigkeit zur Konzentration und Ruhelosigkeit des Geistes."*

**vyâdhi = Krankheit, körperliche Einschränkung**
Natürlich – wenn mich Blasen und Unfallwunden quälen, wenn das Knie sticht – das bremst natürlich aus.
Doch: Körperlich bin ich gerade ja in Ordnung!

**styâna = Stumpfsinn, Teilnahmslosigkeit, geistige Trägheit**
Kritisch frage ich mich, ob ich denn überhaupt noch Lust habe?
**samshaya = Zweifel, Zögern, Unentschlossenheit**
Bin ich denn noch entschlossen genug, mein Ziel zu erreichen?

**pramâdâ = Arroganz, Nachlässigkeit, Gleichgültigkeit**
Gehe ich nur, damit ich jemandem etwas beweisen kann?
Oder ist mir alles egal geworden?

**âlasya = Trägheit, Faulheit**
Bin ich es müde, zu laufen?

**avirati = Haften an Dingen, Abgelenktheit**
Was lenkt mich ab? Die anderen? Die Zimmersuche?
Das Bewusstsein, dass ich mich auf dem Camino ändern kann?
In welche Richtung oder in wen?

**bhrânti–darshana = Verblendung, Fanatismus, irrtümliche Ansicht**
Möchte ich die Tour wirklich für mich schaffen
oder laufe ich sie nur für mein Ego?

**alabdha–bhûmikatva = Nicht erreichen einer Stufe, fehlende Zielstrebigkeit**
Welches Ziel verfolge ich?
Will ich Santiago unbedingt erreichen? Zu welchem Preis?

**ana-vasthitatvâni = Unstetigkeit, Unbeständigkeit**
Nein, das ist es sicherlich nicht!
Trotte ich doch schon wochenlang auf diesem Camino!

**chitta = Verstand, Geist**
Was sagt mein Geist? Bin ich denn noch motiviert oder driftet
mein Geist immer wieder ab?
Warum spüre ich manchmal immer noch diese Unruhe in mir?

\* \* \*

Ich will mich wieder selbst motivieren! Das kann ich doch ganz
gut! Und so stelle ich mir vor, auf dem Hügel vor Santiago zu stehen und von weitem die Kathedrale zu erblicken, male mir aus,
wie ich in Santiago zufrieden meine klobigen Wanderstiefel gegen
weiche Sandalen austausche und sinne, welch überwältigendes
Gefühl ich haben werde, wenn in der Kathedrale das Weihrauchfass geschwungen wird und die Musik der Orgel ertönt!
Ich kann den „Holy smoke" förmlich schon riechen!
Das muss großartig sein! Es wird sich überwältigend anfühlen,
das Ziel zu erreichen!
Mein Herz hüpft schon alleine bei dem Gedanken vor Freude.
Ich genieße meine Etappe nun in aller Stille und beobachte achtsam die Landschaft um mich herum. In einer frisch abgemähten
Wiese tummeln sich Möwen, die sich ihre Frühstückshappen
holen, auf den Feldern stutzen Bauern ihre Bäume, Schafe blöken
auf der Weide und auf dem fernen Meer segeln Boote unterm
weiten Horizont.
Ein süßlicher Duft zieht mich magisch an. Es sind gelbe, orch-
ideenartige Blumen, die in einem Garten so lieblich duften, dass
ich nicht an ihnen vorbeikomme, ohne meine Nase in sie zu stecken. Wieder denke ich an die Marathonpilger, die achtlos an so
genialen Wundern vorbeihasten. Dieser Weg lehrt doch, achtsam
und im Einklang mit der Natur zu sein! Doch was lehrt er uns
noch? Mir hat er jedenfalls schon mehrmals aufgezeigt, dass ich
mich mit Erwartungen an mich und auch an andere zurückzuhal-
ten sollte. Denn diverse Wünsche, z. B. an den Schlafplatz, an die

Route, ans Essen, usw. gewöhnt man sich am besten gleich ab. Ich hatte mir das bei der Planung so nett vorgestellt – jeden Tag ein bisschen wandern und abends ins Meer. So eine Art Aktivurlaub! Doch selbst wenn der Camino nahe am Meer vorbeiführt, kann es trotzdem sein, dass es abends doch unerreichbar für dich ist. Vielleicht, weil es immer noch zu weit entfernt ist oder du einfach viel zu müde bist, nochmal eineinhalb Kilometer dorthin zu trotten. Doch es ist nicht das Meer, dass dich enttäuscht und dir ein schlechtes Gefühl gibt, sondern es sind deine Begierden, die nicht erfüllt werden.

Mühsam habe ich gelernt, dass ich die Erwartungen nicht zu hoch stecken darf, denn kein Tag gleicht dem anderen, du bist jeden Tag anders drauf und jeder Tag bringt neue Herausforderungen mit sich. Wie das Leben selbst!

Auch im normalen Leben ist es doch besser, seine Begehren zurück zu schrauben. Mal ehrlich – haben wir nicht alles, was wir brauchen? Etwas zu essen, zu trinken, ein Bett eine Dusche und Freunde. Was wollen wir also mehr?

\* \* \*

Mein zweites Frühstück, ein riesengroßes Pinco con Patatas, nehme ich in einer kleinen Bar in A Caridá ein. Es stopft mir so dermaßen den Bauch voll, dass ich am liebsten einen Schnaps trinken und danach ein Nickerchen machen würde. Eine kalte Cola soll mich wieder aufwecken und dafür sorgen, dass mein Koffeinhaushalt ins Gleichgewicht kommt.

Munter marschiere ich in Richtung Meer, doch um ans Wasser zu kommen, muss ich den offiziellen Camino verlassen, links abbiegen und einen kleinen Pfad herunterklettern, bis ich dann an einem ganz einsamen Strand lande. Ich bin mutterseelenalleine! Herrlich!

Die Wellen rollen an den Strand und fließen wieder zurück, umspülen die großen Felsen und treffen sich dahinter wieder. Möwen picken Muscheln auf, die von den Wellen an den Strand gespült werden und streiten sich um die leckeren Happen, während die Krebse sich in den weichen Sand buddeln, um nicht von ihnen entdeckt zu werden. Das Meer ist gemäßigt, so dass es hier sogar möglich wäre, zu baden. Es ist schon verlockend, doch ich halte nicht einmal die Zehen ins kühle Nass, denn aufgeweichte Füße laden Blasen geradezu ein und die kann ich jetzt nun wirklich nicht gebrauchen!

Stattdessen rolle ich meine Yogamatte aus, setze mich drauf und genieße einfach nur den Moment. Schaue hinaus aufs Meer – es zerfließt in meinen Augen, die zu tränen beginnen. Ich schließe sie, entspanne und lasse das Meer und die Sonne vor meinem geistigen Auge entstehen. Mein Atem wird immer tiefer und ganz ruhig. Ich konzentriere mich auf mein drittes Auge und lasse dort das Bild des Meeres entstehen. In meinem Kopf wird es ganz weit, Zufriedenheit stellt sich ein und ich genieße dieses tolle Gefühl! Meine Müdigkeit ist verschwunden und auch meine Augen sehen wieder scharf. Auf einmal ist es gar nicht mehr so hart, nicht ins Wasser zu hüpfen. Vielleicht kann ich in Tapia ins kühle Nass. Und nein, es ist keine Erwartung, sondern es wäre einfach ein tolles Extra!

Nun geht es weiter in Richtung Tapia, ein altes, verblichenes Schild „Albuerge" zeigt zur Herberge. Mal sehen, ob es die Bleibe noch gibt, ob sie wirklich so verheißungsvoll direkt am Meer liegt und einigermaßen zum Aushalten ist.

Da ist es, ein kleines Häuschen direkt an der Hauptstraße, im Garten auf den Liegestühlen tummeln sich bereits ein paar junge Gäste. Drinnen werde ich von einer hübschen Spanierin begrüßt, sie zeigt mir alles, gibt mir die Papier-Bettwäsche und ich ihr 9 Euro. Fairer Deal. Der untere Schlafsaal hat 5 Stockbetten, im Obergeschoß sind nochmal 20. Ich belege eines der oberen Betten im Erdgeschoss.

Die Lage der Herberge ist perfekt. Direkt in einer kleinen Bucht gelegen, man muss nur über die Treppe zum Strand nach unten. Gleich ziehe ich meine Badesachen an und gehe zum Wasser, lege mich auf meine Matte und lasse mich von dem Geräusch der Wellen in den Schlaf wiegen.

Als ich wieder aufwache, hat mir die Sonne schon die Nase verbrannt. Um mich abzukühlen, wate ich mit meinen Sandalen ins Wasser. Uff – ist das frisch. Ich laufe etwas im felsigen Wasser umher, gehe aber nicht ganz rein, da es mir zu kühl ist.

Hääääh????

Mir ein Wasser zu kalt? Reine Kopfsache! Ich taste mich bis zur „kritischen Stelle" ins eisige Nass, dann mache ich tatsächlich einen Rückzieher! Eine Gänsehaut umzieht meinen ganzen Körper.

Doch die Vernunft und die Angst vor einer Erkältung siegen, denn verschnupft möchte ich die letzten Etappen zur Compostela sicherlich nicht zurücklegen. Die Erfrischung im Meer genieße ich trotzdem, lege mich aber abwechselnd hin, relaxe in der warmen Sonne und gehe immer wieder kurz ins Wasser. Welch ein gelungener Nachmittag.

Später blättere ich in meinem Reiseführer und plane mal etwas durch. Zu gerne würde ich noch einen Tag hier anhängen!

Ich habe jetzt noch genau eine Woche zur Verfügung und möchte mir für die restlichen Etappen 4 bis 5 Tage ausreichend Zeit lassen, nicht wieder ins alte Muster verfallen und hetzen. Einen Tag möchte ich in Santiago bleiben und als krönenden Abschluss meiner Reise einen Tag in Finstere verbringen. Also werde ich gleich am nächsten Tag, wie von langer Hand geplant, die Etappe bis Baamonde mit dem Bus zurücklegen.

Im Internet suche ich nach Busrouten in Richtung Baamonde, zum Start der letzten 100 Kilometer, die man für die Compostela braucht. Dort stößt der Camino Frances dazu und die Ruhe hat ein Ende!

Da die Internetverbindung meines alten Handys zu wackelig ist, um vernünftige Busrouten zu suchen, laufe ich in den zwei Kilometer entfernten Ort, um mich in der Touristen-Information beraten zu lassen.

Morgen fährt ein Bus um 11.00 Uhr über Mondonedo und Vilalba nach Baamonde. Leider kann mir die Dame in der Info nicht sagen, ob man vorab buchen muss und ob die Busse sehr voll sind. Eine Telefonnummer oder Adresse für eine Reservation kann sie mir auch nicht geben. Da hilft nur, früh da zu sein, denke ich, denn man weiß ja nie. Es sind ca. 13 Kilometer nach Ribadeo – am besten stelle mich jetzt schon darauf ein, morgen gleich nach Sonnenaufgang loszuziehen.

Ich spaziere zum nahegelegenen Hafen, schlendere über eine Holzbrücke Richtung Leuchtturm und erfreue mich an der prächtig angelegten Promenade. Die vielen Besucher schlendern Eis schleckend die Strandpromenade entlang, genießen die Zeit und das mediterrane Urlaubsflair. Zufrieden setze ich mich im Schneidersitz auf eine Holzbank mit Meerblick und esse einen abgepackten Salat mit Fertigsoße, den ich vorher im Supermarkt gekauft hatte. In Erinnerung auf so manches Pilgermenü schmeckt der gar nicht mal so schlecht! Die Hafeneinfahrt sieht fast aus wie die in Lindau am Bodensee, wo ich mich gerne im Sommer aufhalte. Nur die großen bayrischen Löwen fehlen.

Es ist so traumhaft hier, fast wie im Paradies. Das Meer liegt vor mir, verträumt blicke ich auf die Segelboote im glitzernden Wasser und beobachte die sich streitenden Möwen, wenn sie ab und zu etwas von einer Eiswaffel abbekommen. Die Luft schmeckt salzig, der warme Wind weht mir um die Nase, die Sonne streichelt sanft meine Haut. Ob ich vielleicht doch noch einen Tag hierbleiben soll?

Nein! Ich will Santiago erreichen! Und die letzten 100 Kilometer zu Fuß zurücklegen!

Vielleicht kann ich diesen wunderbaren Landstrich tatsächlich mit meinem Mann und Sohn im Wohnmobil erkunden und mir mehr Zeit für die Strände lassen.

**21. Tag**     **Tapia de Casariego – Ribadeo – Baamonde**
**Von Welten und Wundern**

Gestern Abend habe ich beim Herbergshock vor der Herberge Janina kennengelernt. Ein äußerst attraktives Wesen von schlanker Statur, mit wallenden Haaren, einem selbst auf dem Camino perfekt geschminkten Puppengesicht und Schmollmund. Natürlich frage ich auch sie, warum sie den Camino geht.

Sie ist der Großstadt entflohen, dem Lärm, dem Smog, ihrem Job und auch ihrer verlorenen Liebe.

Inmitten der düsteren Großstadt hat ihr Freund sie einfach sitzen gelassen. Hat mit seiner Gitarrenschülerin etwas angefangen. Und das nach neun Jahren. Für sie ist eine Welt zusammengebrochen. Gemeinsame Wohnung, Pläne, gemeinsame Zukunft, alles Futsch. Hat sich danach in exzessive Arbeit und Alkohol geflüchtet. War komplett im Hamsterrad. Tagsüber in einer Werbeagentur als Designmanagerin, von der tausendundeine kreative Ideen erwartet werden, nachts tanzen, trinken und ab und zu eine Prise Koks. Ein Wunder, dass sie es geschafft hat, die Notbremse zu ziehen und sich raus zu nehmen.

Sie hat es nicht einfach. Aber wer hat das schon? Jammert, dass sie ganz aus der Balance und ihr alles über den Kopf gewachsen ist. Doch jetzt ist sie auf dem Camino!

„Probier's doch mal mit Yoga", schlage ich ihr vor und schon sind wir mitten in einer Session mit Meerblick.

Der Baum (Vrikshasana) ist eine meiner Lieblingspositionen. Und genau das, was Janina jetzt braucht, um wieder „in Balance" zu kommen. Ich liebe Bäume, ihre Stärke, ihre Verwurzelung. Aber auch ihre Leichtigkeit, wenn die Blätter sich sanft im Wind wiegen. Sie strahlen so etwas Erdends, aber zugleich auch diese Unbeschwertheit aus.

„Fest verwurzelt und doch frei nach oben. Der Stamm ist kraftvoll und fest. Die Äste breiten sich in die Weite aus, entfalten sich – eben wie ein Baum", so oder so ähnlich habe ich es mal auf einer Yoga-CD gehört. Dieses Bild begleitet mich nun schon seit vielen Jahren, gerne teile ich es mit euch! „Vielleicht kannst du deine Augen schließen, dann kannst du besser spüren, wahrnehmen. Jetzt stell dich mal auf beide Beine und erde dich". Janina öffnet ihre

Augen. „Wie meinst du das – erden?" „Spür den Boden unter deinen Füßen. Nimm wahr, wie du dastehst. Nimm Kontakt zur Erde auf. Spüre". Janina macht brav mit. „Vielleicht kannst du dir vorstellen, wie Wurzeln aus deinen Füßen in die Erde wachsen!" Nun kichert sie. „Das kann ich nicht", und schon ist sie raus.

Mist. Ich muss meine Ansage ändern. Eigentlich kein Problem – aber immerhin habe ich ja auch Urlaub. Doch Janina ist ein nettes Mädchen und ein bisschen Karma-Yoga schadet auch mir nicht.

Wir versuchen es nochmal. „Atme tief ein und aus. Lass den Atem wieder zur Ruhe kommen und atme in deinen Bauch ein und aus. Stell dir vor, wie du fest auf einem Bein stehst. Wie ein Baum. Jetzt lös mal ein Bein vom Boden. Halt dich mit dem Blick fest, das hilft mir immer. Fokussiere einen Punkt. Drück die Zunge an den weichen Gaumen. Das hilft auch. Konzentrier dich." Es klappt. Janina steht auf einem Bein. „Prima", lobe ich sie, „jetzt kann dich so leicht nichts mehr umwerfen". So einfach?
So einfach!

Balance – sich ausloten, sich wieder stabilisieren, das sind die Hauptthemen Vrikshasanas.

Dabei kommt es nicht darauf an, ob man die Asana perfekt ausführen kann. Nein. Bei den Balanceübungen geht es darum, sie so zu üben, dass man gefordert ist und so den Kopf frei bekommt. Aussteigt aus diesem Gedankenkarussell. Ich biete in meinen Kursen immer mehrere Alternativen an, damit jeder so üben kann, wie es gerade bei ihm geht.

Die Anfänger lassen das Bein unten, wer mag nimmt das Bein nach oben und wer immer noch bei der Übung an die letzte Nacht oder ans Einkaufen denkt, der nimmt den großen Zeh in die Hand und lässt eine neue Asana, den Tänzer (Natarajasana) entstehen.

Beim Yoga sollst du dich so konzentrieren müssen, bis da kein Raum mehr für Gedanken ist. Ausloten, was möglich ist. Es geht vielmehr darum, dass man ruhig und verwurzelt dasteht. Und wenn man umfällt, dann sollte man es mit Humor tragen und am besten über sich selbst lachen.

Janina hat ihre erste Yogalektion verstanden, strahlt wie die Sonne persönlich und ich lächle zufrieden zurück. Ob sie beim Yoga bleibt?

Auch ich habe wieder etwas verstanden. Manchmal kann man mit seiner Idee, die man liebevoll und in Häppchen verpackt, nicht nur dem Gegenüber etwas Gutes tun, sondern auch sich selbst.

Die Zeit rast – 13 Kilometer! Ich muss mir noch ein Ticket kaufen ... ob ich überhaupt noch ein Ticket ergattere? Ob es zeitlich überhaupt reicht? Was ist, wenn was dazwischen kommt? Sollte ich mir doch lieber ein Taxi rufen? Wenn ich in Ribadeo stecken bleibe? Warum konnte man dieses blöde Ticket nicht in Tapia schon reservieren? Und gefrühstückt habe ich auch noch nicht! Warum habe ich mir das Ticket nicht gestern schon gekauft ...?

Es wäre einfach gewesen, kurz mit dem Bus oder Taxi zum Bahnhof nach Ribadeo zu fahren, so hätte ich mir doch viel Stress erspart!

Marion und Anke konnten letzte Woche nicht mit dem Bus nach Santillana del Mar fahren, weil der Bus ausgebucht war. So mussten sie mit einem richtig teuren Zug und danach noch mal mit einem ebenso kostspieligen Bus fahren. Allerdings ist es mit schlechten Spanischkenntnissen ganz schwierig, telefonisch an Informationen zu kommen und einen Bus bzw. Zug kann man nur mit Kreditkarte vorreservieren.

Halt. Stopp! Da ist es wieder. Ich kann es nicht ändern. Jetzt nicht mehr. Alles Ärgern bringt doch nix. Ich atme tief ein und aus. Klaren Kopfes geht es besonnen weiter. Ich verliere mein Ziel nicht aus den Augen, lege einen Zahn zu. Werde schneller, wandere zielstrebig oberhalb des Strandes entlang und bin froh, dass ich diese grandiose Strandpromenade und das faszinierend glitzernde Meer gestern schon ausgiebig genossen habe.

Immer wieder blicke ich auf die Uhr. Unterwegs einen „Kaffee to go" und ein Croissant auf die Hand. Ob mir die Zeit wohl reicht? Ich hetze mich ab. Stolpere. Und wäre fast gestürzt. Genusswandern ist anders!

„Wenn du es eilig hast, gehe langsam." Ich verringere mein Tempo etwas, laufe aber zielstrebig weiter. Gönne mir keine Pause, aber erhasche immer wieder einen weiten Blick aufs Meer.

Früher als gedacht erreiche ich Ribadeo und kurz darauf habe ich das Ticket schon in der Hosentasche. Noch eine Stunde Zeit.

In der Bahnhofskneipe riecht es nach Kaffee und ranzigem Fett. Die Wirtin blickt mich mit gelangweilten Augen an, streicht eine Haarsträhne aus ihrem Gesicht und wischt sich ihre Hände am grauen Schurz ab. Hungrig bestelle ich mir einen Café con Leche und ein Pinco con Tortilla – übrigens das Schlechteste, das ich je gegessen habe.

Wen sehe ich denn da? Die vier Italiener, über die ich nun seit Gijón immer wieder gestolpert bin. Ich gebe zu, dass der Start unserer Beziehung etwas holprig war, nachdem eine der Damen ihr Handy in der Herberge von Muros de Nalón um 5.30 Uhr klingeln lassen hat und nicht aufgestanden ist. Auch sie fahren mit dem Bus, aber gleich direkt nach Santiago. Auch ihnen ist die Zeit ausgegangen. Es nimmt mir so ein wenig mein schlechtes Gewissen. Dass ich die kommenden Etappen abkürze, war ja von Anfang an so geplant, denn es war mir klar, dass ich 835 Kilometer nicht in vier Wochen inkl. An- und Abreise schaffen kann. 32 wären das täglich gewesen. Da darf nix dazwischenkommen und du musst jeden Tag topfit sein. In meinem Reiseführer sind es 29 Etappen, manche mit 40 Kilometern und mehr. Momentan schaffe ich gerade mal 20!

Gedankenverloren denke ich an den gemütlichen Hock am Meer mit den Gefährten. Es waren so viele Deutsche in der Herberge wie noch nie, es war sehr lustig und jeder konnte etwas berichten. Ich habe meine Melone verteilt und war dann gleich integriert.

Eine Deutsche mit Zelt prahlte, jeden Tag zwischen 35 und 40 Kilometer zurück zu legen. Soll sie doch. Aber genießt sie die Route oder macht sie nur Fitness? Geht sie auch mal in eine Kirche oder zu einem Gottesdienst? Erlebt sie die Natur, die Düfte, die Farben, …? Lässt sie sich auch mal auf ein nettes Gespräch ein? Macht sie auch Fotos und Yoga? Wohl kaum. Doch macht es denn Sinn, morgens gleich um 5.30 Uhr loszueilen, mit der Stirnlampe auf dem Kopf, nur um das Fitnessprogramm durchzuziehen? Das wäre nichts für mich, aber jeder wie er mag. Ich möchte den Weg genießen, auch wenn ich dafür mal im Bus sitze. Egal.

Zwei Mädels trampen durch Europa und machen Couch-Surfing. Warum nicht. Den Camino nehmen sie einfach mal nur so für ein paar Etappen mit und ab morgen zieht es sie nach Finsterre zum Surfen.

In meinem Magen rumort es. Ich hätte das Pincho nicht essen sollen. Es hatte nach altem Fett geschmeckt, in dem Hühnchenfleisch ausgebraten wurde. Vermutlich war es von gestern oder gar vorgestern. Wenn ich den Boden der Terrasse so anschaue, der bestimmt seit Tagen nicht gefegt wurde, kann ich mir vorstellen, wie es in der Küche aussieht. Man lernt eben nie aus. Hätte ich doch lieber vorher mal auf den Boden schauen sollen.

Ich glaub, ich trink einen Schnaps! Morgens um 10.45 Uhr. Die Dame hinter der Theke versteht sofort, was ich möchte. Sicher ahnt sie, dass ihr Essen an meinem Schnapswunsch schuld ist. Sie schenkt das Glas bis zum Rand mit einer grünen Flüssigkeit und zwei Eiswürfen voll, es ist sicherlich ein 4-facher, bezahlen muss ich nur 1,50 Euro. Ob sie Schuldgefühle hat?

Wenn ich den trinke, ist mein Tag gelaufen.

Ich nippe an der grünen Flüssigkeit, die genau so furchtbar wie das Pincho schmeckt. Schlimmer kann's nicht werden … denke ich noch und kippe das grüne Gesöff runter.

Gerade streifen Dennis und Ciara an mir vorbei, sie waren gestern bei mir in der Herberge und es interessiert mich natürlich, warum das junge Geschwisterpaar den Camino läuft. Dennis ist bereits auf dem Camino Portugués gewesen und findet es besser, zu pilgern, als zu Hause vor dem Computer und den Social Medias zu sitzen.

Ciara hat nicht einmal das Handy dabei. Beide möchten zu sich kommen. Und Dennis möchte seine alte, abgeratzte Hose, die er im Rucksack bei sich trägt, in Finstere verbrennen. Coole Idee. So habe ich es früher immer mit meinen Schulbüchern gemacht. Ciara hat außer ihrem Schutzengel und den lebenswichtigen Sachen, nichts dabei. Doch was sind lebenswichtige Sachen? Deutet das nicht jeder anders?

Finja hat mir vorher eine Nachricht geschickt. Sie marschieren heute in A Caridá los und sind heute Abend oder morgen hier, danach geht es zurück nach Deutschland. Auch ihre Tage sind gezählt und sie kann es sich noch gar nicht so richtig vorstellen!

Endlich, mein Bus ist da. Ich setze mich in das klimatisierte Fahrzeug, das pünktlich um 11 Uhr startet. Noch 195 Kilometer trennen mich von Santiago.

Ich bin todmüde, der Schnaps wirkt und scheint alles, was im Pincho war, abgetötet zu haben. Hoffentlich wird mir beim Fahren nicht schlecht! Für alle Fälle suche ich eine Plastiktüte als Spuckbeutel. Nach einem kurzen Nickerchen geht es mir schon wieder deutlich besser. Mein Ziel rückt immer näher.

Aurelio meinte, dass in Galicien der Camino super ausgeschildert ist – überall sollen Kacheln, Steine und Pfeile mit Muscheln die Richtung weisen und es gäbe ein großes Herbergsnetz der galicischen Landesregierung. Hier würde ich keine Probleme haben, mich zurechtzufinden und ein Bett zu bekommen. Ich bin mal gespannt!

* * *

### Galicien – Galicia

*Galicien liegt im Nordwesten Spaniens, der Jakobsweg biegt hier ins Landesinnere ab und es heißt nun Abschied vom Meer in Richtung Landesinnere zu nehmen.*

*Ganz Meereshungrige könnten allerdings auch den offiziellen Camino verlassen, weiter an der Küste entlang ziehen und über Muxia und Finisterre Santiago erreichen. Allerdings gibt es dort nur wenige Herbergen (aber auch viel weniger Wanderer) und auch keine Compostela.*

*Da ich, zeitlich bedingt, ein paar Etappen abgekürzt habe, hier meine Empfindung ab Baamonde.*

*Die Strecken sind hervorragend ausgeschildert, überall finden sich Pfeile und die Muscheln zeigen nun mit den Strahlen in die Laufrichtung.*

*Das Gelände jedoch ist anspruchsvoller, oft sehr steinig und staubig. Und obwohl ich den Abschied vom Meer sehr bedauert habe, gibt es in Galicien doch die eine oder andere angenehme Überraschung.*

*Das Flussbad von Baamonde, das Kloster in Sobrado und die vielen kleinen Botschaften in den Gassen, an denen man nicht einfach achtlos vorbeiziehen sollte.*

*Überall wimmelt es von Passanten, denn hier starten die letzten*
*100 Kilometer, die für die Ausstellung der Compostela*
*gebraucht werden.*
*Unbedingt solltest du dir zweimal pro Tag einen Stempel holen,*
*damit du deine Compostella auch wirklich bekommst!*
*Ab hier ist es nicht mehr so wichtig, den Rucksack voller Proviant*
*zu füllen, denn überall kann man sich*
*etwas zum Essen und Trinken kaufen.*
*Viele Herbergen gehören der galicischen Landesregierung, sind oft*
*riesiggroß und lieblos geführt. Es gibt selten warme Zudecken, die*
*Duschanlagen sind riesig und die großen Küchen sind schlecht, wenn*
*nicht sogar gar nicht ausgestattet.*
*Allerdings bekommt man (als Pilger) dort auch sicher ein Bett,*
*selbst wenn sehr viel los ist, denn es werden einfach weitere Räume oder*
*sogar Sporthallen geöffnet.*

\* \* \*

Der Bus hat mich nach Vilalba gebracht, es ist kurz vor zwei und
ich ärgere mich, dass ich nicht laufe, sondern auf den nächsten Bus
warte. Ich hätte mehr Lust zum Wandern gehabt, als hier festzu-
kleben. Doch es macht einfach keinen Sinn. Es sind noch 22 Kilometer bis Baamonde und leider gibt es auf diesem Abschnitt keine
Unterkunftsmöglichkeit, weder eine Albuerge noch ein Hotel.
Und da ändert auch Air BnB und Booking.com nichts. Und für 22
Kilometer brauche ich nun mal – so langsam wie ich derzeit eben
bin – 4 bis 5 Stunden und dann ist zu spät, nach einer Unterkunft
zu suchen.

In Vilalba kann ich beim besten Willen nichts Nettes entdecken. Kein hübsches Haus, kein grüner Park, nicht einmal ein ansprechendes Geschäft. Der ganze Ort wirkt öde und versmogt, die
Einheimischen hasten stur und mit starrem Blick durch die Straßen. In einer kleinen, bescheidenen Kapelle zünde ich eine Kerze
an. Für meine Eltern.

Zweieinhalb lange Stunden warten. In einer Bar gönne ich mir
einen Zumo de Naranjas Natural und schreibe. Das Einzige, was
mich darüber hinwegtröstet, in diesem öden Ort zu hocken und es

tut mir in der Seele weh, dass ich hier festsitze. Unbedingt möchte ich die verpassten Touren nachholen. Beim zweiten Mal Camino del Norte?

Ich klappe den Reiseführer auf. Die nächste Etappe sind 40 Kilometer! Die spinnen doch! Dazwischen gibt es einige Albuergen, eine nach 7 Kilometer, die andere nach 14 und es gibt eine kleine private in A Roxica, etwa 20 Kilometer entfernt. Perfekt für mich, ich teile die Etappe einfach in zwei auf und kann gemütlich vor mich hin trotten.

Ob ich dort einen Platz bekomme? Bingo! Ich kann telefonisch reservieren und mir morgen wieder gemütlich Zeit lassen. Meine Stimmung steigt.

Auf dem Weg zurück zur Bushaltestelle lasse ich mir im Museo noch einen Stempel in mein Credencial drücken. Eine weise Entscheidung, wie sich am Abend noch herausstellen soll.

An der Bushaltestelle treffe ich einen humpelnden Spanier. Er hat sich verletzt und muss diese Etappe mit dem Bus fahren. Warum er den Camino geht? Weil ihm das spanische Essen so gut schmeckt! Das ist bisher die originellste Antwort. Pulpo und Co. sind einfach mega lecker! Wir steigen in den klimatisierten Bus ein, der uns aus der grauen Stadt an einen weiteren hässlichen Ort zu einer riesigen Albuerge bringt. Baamonde.

Am Empfang des Refugios sitzt ein glatzköpfiger Mann in Uniform, welcher die Personalien aufnimmt und den Pass kontrolliert. Hier dürfen nur Leute schlafen, die die letzte Etappe zu Fuß zurückgelegt haben. Wenigstens habe ich mir im letzten Ort einen Stempel geben lassen und er hat nicht bemerkt, dass ich schummle. Ich komme mir wieder schäbig vor, aber was soll's.

Gelangweilt schiebt er einen Einmalbettbezug über seinen Schreibtisch und kassiert das Geld. Diese Papierbezüge scheinen immer beliebter zu werden. Kuschelig ist anders!

Ich kann mir ein Bett aussuchen. Freie Auswahl. Die Betten in den kleinen unteren Kammern sind alle belegt. Im oberen Saal gibt es ungefähr 50 Stockbetten. Keine Decken. Das kann ja heiter werden. Ich habe doch nur einen leichten Schlafsack aus Seide, den ich immer zum Hüttentrecking in die Alpen mitnehme, um nicht mit den Decken dort in Kontakt zu kommen. Bisher hat es hier immer funktioniert und ich habe stets eine Decke bekommen.

An der Rezeption frage ich nach einer „manta", einer Zudecke. Der immer noch gelangweilt dreinblickende Beamte sagt nur: „No manta, es mucho caliente", was so viel heißt, wie „Stell dich nicht so an, es ist warm und da braucht man sowieso nichts zum zudecken." Ich sehe mich schon in der Treckinghose und im Pulli schlafen, eingemummelt ins Handtuch.

So etwas habe ich noch nicht gesehen. Lauter Betten. Wie im Kuhstall. Da schnarcht bestimmt jeder zweite. Mir steht eine laute, lange Nacht bevor.

Beiläufig höre ich Gesprächsfetzen, dass es hier einen Fluss, den Rio Parga geben soll. Etwas Wasser wäre ein Lichtblick an diesem öden, tristen Tag, einfach nur etwas am Wasser zu sitzen, würde mir schon reichen ...

Der Mann an der Rezeption weist mir die Richtung zum Rio und ich starte meinen kleinen Spaziergang. Nach nur 15 Minuten in Richtung Süden ist das Wasser in Sichtweite – welch positive Überraschung!

Der Fluss ist ziemlich weitläufig und es gibt sogar ein Flussbad, das zum Schwimmen einlädt! Mein Herz hüpft vor Freude. Ich strecke den Fuß in das klare, saubere Wasser hinein, das zwar kühl ist, aber trotzdem noch viel wärmer als das im Atlantik. Magisch angezogen vom kühlen Nass hüpfe ich im Trekkingbikini, meiner Unterwäsche, ins Wasser. Wenigstens ist mein Bustier pink und der Slip schwarz. Ausgelassen genieße ich die Zeit, schwimme immer wieder hin und her, springe mehrmals vom Rand ins kühle Nass und lasse mich dann immer wieder von der Sonne trocknen. Was die Badegäste über mein Outfit denken, ist mir egal. Ich genieße nur das herrliche Wasser. Eine Wohltat!

Neben dem Fluss ist ein kleiner Park mit einer Brücke, einem Spielplatz, Steintischen und -bänken. Große Laubbäume spenden der grünen Wiese Schatten, Kinder spielen vergnügt und Familien picknicken. Manche sitzen einfach nur auf der Bank und lesen ein Buch. Alle wirken zufrieden und tiefenentspannt.

Es ist so herrlich hier, dass ich wünschte, in meiner „auf dem Trockenen liegenden" Heimatstadt würde es auch so etwas Wundervolles geben. So relaxt …

Langsam mache ich mich auf den Rückweg. Nachdem ich mich im kleinen Supermarkt mit dem Nötigsten für heute Abend und morgen versorgt habe, möchte ich in der kleinen Kirche „Santiago de Baamonde" vorbeischauen. Dort soll ein Kastanienbaum mit einer Schnitzerei der Muttergottes stehen.

Das alte Gemäuer der kleinen gotischen Kirche „Santiago de Baamonde" scheint die Jahre gut überstanden zu haben, die dunkelbraune, schwere Tür ist abgeschlossen. Die drei sehr alten aus Granit gemeißelten Kreuze davor wirken wie eine düstere Abgrenzung zum Garten, aus dem Rosen duften.

In der alten Kastanie, die neben der Kirche steht, ist der Kopf des „Santiago Apostel", das Portrait eines Pilgers sowie ein kleiner geschnitzter Marder zu erkennen. Doch wo ist die Madonna aus dem Reiseführer? Ein spanisches Pärchen ist ebenfalls im Kirchgarten und schaut sich ratlos um, sucht im Kirchgarten einen zweiten Baum. Ich entschließe mich gerade, den Garten wieder zu verlassen, als ein alter, schrumpeliger, kleiner Mann auf uns zu kommt und uns zurück zur Kastanie führt. Durch sein braunes faltiges Gesicht blicken uns freundliche Augen an. Er lüftet das Geheimnis und zeigt uns die ganzen Schnitzereien. Der Alte kennt jedes Detail, zeigt uns unzählige Einzelheiten.

Nun sehe auch ich diese wunderbare Madonna auf der Rückseite des Baumes. Es ist, als ob die alte Kastanie eine Geschichte erzählen möchte.

Er möchte meinen Namen wissen. „Elisabeth", sage ich, denn mit Ute kann hier niemand was anfangen und immerhin ist mein zweiter Vorname höchst spirituell und dazu auch noch international. Nun stellt er sich vor: „Victor Corral". Er legt seine Hand auf meinen Oberarm, als ob er mir etwas geben möchte. Mir fällt es wie Schuppen von den Augen. Der Namen kommt mir bekannt vor! Er ist der Künstler, dessen Name in meinem Reiseführer steht!

Victor Corral lädt uns in seinen Garten oberhalb der Kirche ein, dort stehen noch mehrere Kunstwerke.

Den Museumsgarten betritt man durch ein altes Steintor, dahinter befindet sich eine kleine Kapelle, etwas abseits das Wohnhaus.

Alles ist sehr gepflegt – unzählige Skulpturen aus Holz, Stein und Bronze sind zu sehen, z. B. ein sich anhimmelndes Pärchen, ein Holzhäuschen mit einem geschnitzten Wandersmann und in Bäume geschnitzte Madonnen, eine Hütte, die mit Muscheln, Versteinerungen und geschliffenen Steinen verziert ist, sowie einige abstrakte Skulpturen aus Stein und Holz. Eine junge nackte Frau aus Stein liegt in einem Brunnen, ihre Brust ist mit Moos bedeckt. Es gibt unendlich viel zu entdecken.

Nach der ausgiebigen Besichtigung und lieben Worten, die sich fast wie ein Reisesegen anfühlen, verabschieden wir uns.

Was für ein Glück, den Künstler persönlich hier angetroffen zu haben – was für ein Segen, zur richtigen Zeit am richtigen Ort zu sein.

Später erfahre ich, dass Victor Corral diesen uralten Kastanienbaum mit seiner Schnitzkunst vor vielen Jahren vor dem Gefälltwerden gerettet hatte. Seine Kunstwerke stehen u. a. im galicischen Umweltministerium sowie im Parlament in Santiago, ja sogar in Museen in Übersee.

Als ich mir in der riesigen Herbergsküche meine Päckchensuppe machen möchte, bekomme ich einen Schreck. Es gibt zwar einen Herd, aber weder einen Topf, noch Besteck oder Teller. Nicht einmal eine Tasse, um mir einen Tee aufzubrühen. Zu was gibt es dann überhaupt eine Küche? Soll sich hier etwa jeder einen Topf im Supermarkt kaufen? Ernüchtert schüttle ich den Kopf. Also bleibt heute Abend die Küche kalt. Um außerhalb der Herberge in einer Wirtschaft zu essen, ist es jetzt zu spät, denn um 22 Uhr ist Sperrstunde. Immerhin habe ich für morgen so viel Brot, Käse und Gurke eingekauft, dass es für heute Abend gut reicht. Morgen kann ich sicherlich im Ort wieder etwas kaufen.

Da ich mein belegtes Baguette nicht drinnen vespern möchte, gehe ich raus in den Garten und entdecke ein kleines, mit Natursteinen gemauertes Gebäude mit Holzfenstern und einer Holztüre, vor dem Stühle stehen. Ich setze mich auf einen Stuhl und sehe, wie zwei junge Frauen aus dem Gebäude kommen und werde neugierig.

In dem Gebäude stehen zehn Betten, von denen nur vier bezogen sind. Die Wände und Bodenplatten sind aus rustikalem Naturstein, es sieht ganz neu renoviert aus. Die Betten scheinen in Ordnung zu sein. Kurzerhand beschließe ich, den 100-Betten-Schlafsaal zu verlassen und in das kleine Gebäude umzuziehen. Vermutlich werden die Schlafräume in den Nebengebäuden geöffnet, wenn im Hauptgebäude kein Platz mehr frei ist. Welch ein glücklicher Zufall, dass ich das entdeckt habe!

So unauffällig wie möglich schleppe ich meine Siebensachen in den hinteren Teil des Gartens und lasse mich nieder. Und obwohl ich keine richtige Decke habe und mich nur mit meinem Seidenschlafsack, meinem Handtuch und Schal zudecke, schlafe ich so tief und fest, dass ich nicht einmal friere.

So wurde der Aufenthalt in diesem Kaff, in dieser megagroßen Herberge, wider Erwarten zu einem Highlight dieses Caminos.

Manchmal bekommt man mehr, als man erwartet!

## 22. Tag  Baamonde – A Roxica
## Jetzt wird's ernst – die wichtigsten 100 Kilometer

5.30 Uhr. Der Wecker meiner Zimmerkollegen klingelt. Zu meiner Überraschung stehen sie auch tatsächlich auf! Sie sind erst seit gestern auf dem Camino und möchten heute gleich die 40 Kilometer zurücklegen, die Tour, wie sie im Reiseführer steht. Na denn, viel Spaß, vor allem mit den ausgelatschten Turnschuhen und den lausigen Rucksäcken, die ich nicht mal für eine Tagestour nehmen würde. Wir sehen uns bestimmt wieder.

Gedanklich habe ich mich schon darauf vorbereitet, dass das heute Morgen sicherlich nervig wird, denn die drei jungen Spanierinnen inkl. Freund haben ihre Sachen im ganzen Zimmer verstreut. Großzügig habe ich schon eine große Portion Toleranz bereitgestellt, bin also auf Trubel am Morgen eingestellt, denn sicherlich brauchen diese Anfänger einige Zeit, bis sie wieder alles sortiert haben. Aber das sprengt alles. Es raschelt und gruschdelt, sie flüstern, um so leise wie möglich zu sein, stolpern über ihre Rucksäcke und die Taschenlampen leuchten jeden Winkel aus. „You can switch on the lights", murmle ich – vielleicht geht es dann schneller.

Das Licht wird angeknipst, flotter geht es aber trotzdem nicht. Ich seufze. Wenigstens schlafe ich seit 22.30 Uhr und bin fertig mit schlafen. Draußen ist es zu noch dunkel, um Yoga zu machen.

Um dem unorganisierten Aufbrechen nicht im Wege zu stehen, gönne ich mir eine zeitaufwändige Dusche und vertreibe mir die Zeit im Garten, bis die Greenhorns startklar sind. Endlich sind sie abgedüst und ich kann die Matte ausrollen. Das hatte ich auf dem Camino bisher noch nie – ein riesiges Yogazimmer, ganz für mich allein.

Ich genieße diesen Luxus bis zum Sonnenaufgang. Dann packe auch ich zusammen und stelle fest, dass außer meinen Schuhen nur noch vier andere Paare im Schuhregal stehen. Was soll's – meine Tour heute ist überschaubar und reserviert habe ich auch. Da kann ich den Tag auch relaxt in der kleinen Bar direkt vorm Refugio mit einem Café con Leche und einem Schokocroissant beginnen!

An der Kreuzung kann man zwischen einer längeren Etappe und der Variante an der Straße wählen. Ich entscheide mich natürlich für die längere und hoffentlich schönere Alternative, denn ich weiß, sie führt an dem Fluss vorbei, an dem ich gestern baden war. Ich genieße nochmal die Atmosphäre am Wasser, halte inne und sehe eine alte Holztafel:

*„Vide a Baamonde, amiguinos*
*vide a Baamonde a mirar.*
*A beteza e a arte*
*gue eneyya este lugar"*

*Xoan Corral*

Es klingelt in meinem Kopf ... Corral, der Künstler von gestern, hatte den gleichen Namen. Der bereits 2012 verstorbene Schriftsteller und Poet Xoan Corral war der Bruder von Victor!

Cool, dieses Schild entdeckt zu haben. Achtsamkeit zahlt sich eben doch aus.

Schließlich überschreite ich andächtig die magische 100-Kilometer-Marke! Nur diese zählen für die Compostela. Alles vorher war nur Vergnügen – nice to have. Die meisten Spanier legen nur diese 100 Kilometer zurück und das auch nur, weil sie die Compostela möchten. In Spanien ist es schick, diese „Trophäe" vorzeigen zu können – die Compostela wertet jede Bewerbungsmappe auf!

Ich überlege, was mir diese Auszeichnung bringt. Das Papier sicherlich nichts, aber wie war das noch mal mit den Sünden?

Ich wandere über eine kleine Brücke. Drei Mädels mit Rucksack rücken näher. Das waren wohl die restlichen Schuhe, die die Herberge noch nach mir verlassen haben!

Kurz darauf entdecke ich eine alte Kirche im gotischen Stil. Vor ihr sprudelt in einem Brunnen eine Quelle. Auf einem Schild steht „Capella e Fonts de San Alberte" – die Quelle soll Sprachprobleme lösen. Ich nehme einen Schluck des erfrischenden, klaren Wassers. Vielleicht spreche ich ja heute Abend fließend Spanisch!

Um die Kapelle herum stehen einige Zelte und Fahrräder, ein paar Hunde liegen vor den Zelten und es brennt ein kleines Feuer, das Gelage wirkt auf mich wie ein Hippie-Camp. Zwei der mit bunten Fähnchen geschmückten Räder habe ich gestern in Baamonde gesehen, auf dem Gepäckträger war eine Tüte Karotten und der dazugehörige Radfahrer hatte Mülltonnen nach Brauchbarem durchwühlt. Mir gruselt – bloß weg hier!

Der Boden des unbefestigten Durchgangs ist noch feucht, so dass ich aufpassen muss, nicht auszurutschen. Der Pfad schlängelt sich erneut durch den grünen Wald, immer wieder blinzelt die Sonne durch. Es riecht nach Moos und frisch gefälltem Holz. Ich mag diesen Geruch, erinnert er mich doch an die Zeit, als wir unser Brennholz noch selbst im Wald geholt, Bäume gefällt, zersägt und gespalten haben. Was für eine Knochenarbeit. Holz gibt ein paarmal warm, hat mein Papa mal gesagt. Wie recht er doch hat!

Ich komme in einen kleinen, sehr ländlichen Ort mit teils verfallenen Höfen, ohne jegliche Infrastruktur. Als eine Herde von Kühen auf mich zu kommt, quetsche ich mich in eine Einfahrt und beobachte die vorbeieilenden Tiere. Eine alte Frau im dunkelblau geblümten Schurz, rotem Kopftuch und kniehohen, dreckigen Gummistiefeln treibt sie mit einem Stock durch's Dorf. Dass es so etwas noch gibt. Die Kühe sehen sehr gepflegt und satt aus.

Kein Passant weit und breit. Trotzdem bin ich mir sicher, auf der richtigen Fährte zu sein, denn die Route ist perfekt ausgeschildert – man kann sich hier einfach nicht verirren. Wieder komme ich an eine Kreuzung mit zwei Pfosten und Pfeilen, die in unterschiedliche Richtungen weisen, diesmal sind jedoch beide Touren ausführlich erklärt. Respekt. Aurelio hatte recht – in Galicien sind die Strecken perfekt gekennzeichnet. Bei so einer Tafel wäre mir der Ausflug über den Pass und das unvorhergesehene Absteigen nach Santa Marina erspart geblieben.

Was ich bei dieser Abkürzung jedoch nicht verstehe, sind die Entfernungsangaben. In der einen sind es dann noch 96 verbleibende Kilometer, auf der anderen 86 bis Santiago. Müssen denn nicht exakt 100 Kilometer zurückgelegt werden? Irgendwie überlisten sich die Spanier da ja selbst!

Ich werde auf jeden Fall die längere Etappe nehmen, denn mein Bett ist in A Roxica gebucht und das liegt nun eben an der längeren Route. Mein Reiseführer hatte die zweite kürzere Tour noch gar nicht im Angebot gehabt.

„Enjoy the way …" Aurelios Worte klingen mir wieder wie ein Mantra in den Ohren. Ich habe ja Zeit und genieße wider Erwarten das einsame Wandern, ganz ohne das Meer. „Enjoy the Silence …" und schon meldet sich das Lied „Sound of Silence" von der Rockgruppe „Disturb" als Ohrwurm. Auch ein klasse Mantra, dieser „Klang der Stille".

Besonders die kleinen Weiler, die meist nur aus ein paar, oft alten und verfallenen Gebäuden bestehen, finde ich sehr interessant. Bei den Häusern steht jeweils eine kleine Hütte, manche davon sind mit Kreuzen und Symbolen am Dach verziert. Komisch. Vielleicht Kornspeicher? Aber für diese scheinen sie zu klein zu sein. Vielleicht Gräber? Vielleicht komme ich dem noch auf die Spur.

Ich wandere fast mechanisch durch Kiefer- und Eukalyptuswälder, lasse so eine Art Trott entstehen. Der Boden ist mal sandig, mal steinig, mal felsig, mal grasig. Manchmal prallt die Sonne, dann ist es wieder schattig. Die sich immer verändernde Beschaffenheit des Untergrunds erfordert eine gewisse Trittsicherheit. Wenigstens lenkt mich hier nichts ab, kein Meer, keine spektakuläre Sicht, keine Menschenseele.

Als alter Metallica-Fan kommt mir ein Lied in den Sinn „Anywhere I roam, where I lay my head is home" und denke an Manfred vom „Casa Belen" und Aurelio aus der Herberge in Navia, die mir zur richtigen Zeit ein kleines Stück Zuhause gegeben haben.


Es riecht nach Moos, Sägemehl und Kiefernnadel Öl, der Duft der Wälder ist hier besonders intensiv.

Eine Tafel, die über Strecke und die Tiere im Wald informiert, weckt mein Interesse. Ein Wolf! Hier ist Wolfsgebiet! Zu Hause im Schönbuch und im nahen Schwarzwald birgt dessen Anwesenheit ein riesiges Konfliktpotential. Politiker, Naturschützer, Jäger,

Landwirte und Schäfer streiten sich unerbittlich und es wurde bisher noch kein Konsens gefunden. Hier scheint es ganz normal zu sein. Überall auf den Höfen sind Schafe, Kühe, Hühner – meistens dürfen sie frei umherstreifen. Scheinbar wird der Wolf hier auch ohne Haustiere satt. Ob er sich ab und zu einen Fußgänger gönnt?

Voller Zuversicht, dass der Wolf – sofern mir tatsächlich einer begegnen sollte – schon einen früher aufstehenden Wanderer gefrühstückt hat, setze ich meine Reise fort. Manchmal hat es auch Vorteile, später aufzubrechen, stelle ich schmunzelnd fest.

* * *

Aus einem etwas verfallenen Haus schallen keltische, vielleicht auch mittelalterliche Klänge. Die fast mystische Musik hört sich wirklich interessant an. Am Haus sind Steintafeln angebracht. Interessiert begutachte ich eine Fratze mit „GHACON" von Javier Lopez Glez und eine Tafel mit einem Pentagramm und der Inschrift „EGO NOM FUMUN VENDIDI" – Muy interesante, da muss ich gleich mal recherchieren, doch auf Google & Co. finde ich nichts, was zur Deutung des Rätsels beitragen könnte.

Die Tour führt nun an Brombeerhecken vorbei – diese kleinen schwarzen Beeren auf Augenhöhe sind einfach zu verlockend. Warum nicht, wenn ich schon meine eigenen erntereifen Früchte heuer nicht essen kann und sie den Nachbarn freigegeben habe, dann esse ich eben diese. Die Welt ist doch als ein großes Ganzes anzusehen – als den Makrokosmos. Denn wenn die Welt als geschlossene Einheit, als Weltordnung aufgefasst wird, gleicht sich doch alles irgendwie wieder aus. Meine Früchte zu Hause teile ich gerne, dafür kann ich diese hier essen.

Die letzten Wochen habe ich so viel „Vertrauensvorschuss" bekommen – für die Unterkunft in Bilbao, vom Griechen, der mich verarztet hat, die Spanierinnen, die mein Handy gefunden hatten, Manfred, der mir eine Heimat gegeben hat, ... Was kann ich zurückgeben?

Wenn doch mehr Menschen die Welt so betrachten würden, wenn jeder mit einer guten Tat in Vorleistung gehen würde, wäre die Welt dann nicht ein ganzes Stück besser? Und würden die guten Taten dann nicht um die ganze Welt ziehen?

Wäre uns dann nicht allen geholfen? Doch wer fängt an?

Im Garten einer Albuerge stehen zwei manngroße Steinfiguren mit Rucksack und Stock sowie ein Mönch. Cool, dass sich da jemand Gedanken gemacht hat, wie er den Vorbeiziehenden eine Freude machen kann. Immer wieder findet man kleine Kunstwerke und nette Aufmerksamkeiten, die diese langweilige, ja sogar öde staubige Straße etwas aufpeppen. Auf einer Holzbank erlaube ich mir eine kleine Pause und esse ein Käse-Paprika-Baguette. Wie lecker doch so ein einfaches Mahl schmecken kann.

Es geht weiter durch eine schier unendliche Ebene. Die Straße verliert sich in vertrocknetem Gras und Felsen zu einer einzig großen Felsplatte. Hier wollte ich auch nicht laufen, wenn es nass ist. Voller Vertrauen auf die bisher exzellente galicische Straßenführung gehe ich einfach gerade aus. Mein Blick schweift über Tannen und Täler und erinnert mich an den Schwarzwald.

Auf einem Schild steht: „IRUN 835 Kilometer, MIRAZ 5 Kilometer".

Eine ältere, rothaarige Frau kommt mir entgegen, will wissen, ob ich aus Deutschland komme, denn die Deutschen hätten immer so hübsche, blonde Haare. „Guapa", sagt sie noch, geht an mir vorbei und zaubert ein Lächeln in mein Gesicht. „Guapa" bedeutet so viel wie „hübsch" – welch schmeichelhafte Worte für meine verschwitzten, staubigen Strähnen.

Ich stampfe durch die Hitze. Die Sonne steht ganz hoch am Himmel und es gibt keinerlei Schatten. Hin und wieder liegt Müll im Graben, doch anstatt mich zu ärgern, sammle ich ihn ein. Hab ja sonst nichts zu tun und die Fußgänger nach mir freuen sich sicherlich, wenn alles sauber ist.

Letztes Jahr, als wir auf Mallorca waren, war das Meer sehr, sehr dreckig. Überall waren – auch an den sonst so sauberen Buchten – kleine Plastikfetzen. Beim Schwimmen glibberten sie durch die Finger, blieben in den Haaren und in der Badekleidung kleben und landeten schließlich am Strand. Richtig eklig. Das Mallorca-Magazin berichtete über die extremsten Plastikverschmutzungen im Mittelmeer seit Jahren.

Doch anstatt sich darüber aufzuregen, haben mein Sohn und ich jedes Mal, wenn wir im Wasser waren, eine Hand voll

Plastikmüll herausgefischt und in den Abfalleimer geworfen. Das war unser Beitrag. Anstatt mitzumachen haben uns die meisten am Strand nur doof angeschaut.

Wenn jeder von ihnen eine Hand voll rausgefischt hätte, wäre die Bucht viel sauberer gewesen.

\* \* \*

*„Es ist besser, ein einziges kleines Licht anzuzünden,*
*als die Dunkelheit zu verfluchen."*
*Konfuzius*

\* \* \*

Seit Stunden bin ich jetzt auf dem Camino. Fast eintönig setze ich Schritt für Schritt aneinander, die Straße scheint endlos zu sein. Die Sonne brennt und scheint mir das Hirn auszutrocknen. Der Schweiß steht mir auf der Stirn, leicht salzig läuft er mir die Schläfen herab, mein T-Shirt wird ganz nass und die Rucksackgurte beginnen zum ersten Mal zu scheuern. Der Staub macht meine Kehle besonders trocken. Hoffentlich bin ich bald da. Niemand ist zu sehen, vermutlich haben alle die kürzere Alternative gewählt. Doch die Route zur Herberge zieht sich und ich bin gespannt, was mich erwartet. Im Reiseführer steht bei „A Roxica" 3 Einwohner, 10 Betten. Vielleicht ein Druckfehler?

Ich biege um die Ecke und an einem Bauernhof sehe ich ein Schild „Albuerge". Im Garten sind Hühner, Puten und Katzen. Ferien auf dem Bauernhof. Hier hat man nun wirklich seine Ruhe. Nach einer erfrischenden Dusche und dem täglichen Wäschewaschen setze ich mich auf die Terrasse und schreibe in mein Tagebuch. Keine Ablenkung. Nichts. Nada.

Langsam trudeln auch noch andere Gäste ein. Lauter Männer. Wo die wohl heute Morgen gestartet sind? Mein Magen beginnt zu knurren. Endlich gibt es was zu essen. Im Nebenzimmer ist eine große Tafel mit Tischdecken, roten Papierservietten und weißen Tellern eingedeckt. Auf dem Tisch stehen Karaffen mit Wasser und Wein. Diese Wirtsleute scheinen sich wirklich Mühe zu geben. Das Essen wird oben in der Wohnung gekocht, denn hier im Gästeteil des Hauses gibt es nur eine kleine Küchenzeile, die gerade mal ausreicht, etwas aufzuwärmen oder sich einen Kaffee zu brauen.

Als Vorspeise hat unsere Bauersfrau eine Tarta, einen pikanten Kuchen mit Schinken, Kartoffeln und Ei sowie Salat gezaubert. Sehr lecker – es ist übrigens die beste Tarta, die ich je gegessen habe! Als der Hauswirt mit der Hauptspeise, einer riesigen Platte Fleisch und Nudeln kommt, raunt es durch den Speisesaal. Die Männer sind zufrieden. Zum Nachtisch gibt´s Kaffee und Kuchen, Eis oder Obst.

Obwohl es mir zu fleischlastig war, landet die heutige Hausmannskost auf der Hitliste der besten Menüs auf Nr. 4, denn man hat wirklich geschmeckt, dass das Essen mit Liebe und ordentlichen Zutaten gekocht wurde.

Nr. 1 der Pilger-Essen war die gemeinsam gekochte Tortilla bei Manfred, Nr. 2 war der Räubertopf mit Käsekuchen im Surfhostel und Nr. 3 das gemeinsame Abendessen im Kloster der Ordensschwestern.

Vertrauensvoll bestelle ich bei der freundlichen Señora gleich das Frühstück für morgen!

Anbei die Fotos bis A Roxica – viel Vergnügen!

**23. Tag**     **A Roxica – Sobrado dos Monxes**
               **Kirchen, Klöster und andere Katastrophen**

Trotz meines vollen Bauches habe ich einwandfrei geschlafen. Noch vor drei Wochen hätte ich es mir nicht vorstellen können, abends um zehn ins Bett zu kriechen und mit so vielen Personen sowie deren Handys in einem Zimmer tief schlafen zu können. Man scheint sich wohl an alles zu gewöhnen. Zwei Spanier und ich hatten bei der Hauswirtin ein Frühstück bestellt. Allerdings stornierten die beiden das Frühstück spät abends wieder, um früher los zu kommen. Nach einer Yogaeinheit auf der kleinen Terrasse warte ich nun aufs Frühstück.

Es ist nun bereits 7.15 Uhr und mein Frühstück ist immer noch nicht da. War nicht 7 Uhr ausgemacht? Langsam beginnt es mir zu dämmern – vermutlich meint die Hauswirtin, die Spanier hätten auch mein Frühstück storniert. Ist das vielleicht ärgerlich!

Der Rumäne von gestern sitzt auch noch da. Perfekt, dass ich gestern im Supermarkt zwei Tütchen Nescafé-Mocca gekauft habe, den ich jetzt gerne mit ihm teile. Wir plaudern, trinken gemütlich die schwarze Brühe, ich esse meinen ersten „Not-Rations-Müsliriegel", von denen ich drei mitgenommen habe und bisher noch keinen gebraucht habe. Er will übermorgen in Santiago sein. Es sind ja „nur" noch 76 Kilometer auf dem offiziellen Camino und er läuft meistens die Autostraße entlang. Auch eine Möglichkeit, in Riesenschritten voran zu kommen.

Als ich los möchte, entdecke ich die Hausdame, die schon seit 7 Uhr im vorderen Teil des Hauses auf mich wartet. Woher soll ich denn wissen, dass das „desayuno" (Frühstück) dort ist? Ich dachte, es wird im gleichen Speiseraum serviert wie das Abendessen gestern. Das Frühstück ist genauso reichhaltig und liebevoll wie das gestrige Abendessen und ich schlage zu! Egal – die Kalorien des zweiten Frühstücks laufe ich mir schon wieder ab.

Voll gefressen starte ich meinen heutigen Wandertag. Gelangweilt stampfe ich durch unspektakuläres, leicht hügeliges, staubiges Gelände. Man merkt, dass die Galicier ihrem Camino eine große Wertigkeit zukommen lassen, nirgends ist er so perfekt beschildert und sicher wie hier. Wenn es einen Abschnitt an der Hauptstraße zu bewältigen gibt, dann ist, sofern es das Gelände zulässt, daneben ein kleiner Trampelpfad, so dass man immer ausweichen kann und sich nicht in Gefahr begeben muss.

Die Luft ist noch kühl und es ist bewölkt. Ein Tag, der sich prima eignen würde, eine lange Tour zu machen, doch mein Ziel ist nur 15 Kilometer entfernt – das Kloster *„Dos Monxes"* in Sobrado. Ich möchte dort am Klosterleben teilnehmen, da mir das in Laredo so gefallen hat.

Bald erreiche ich einen kleinen See, den *„Lagoa de Sobrado"*. Er ist an seinem Rand bedeckt mit prächtig schimmernden Seerosen. Ich genieße den Blick auf den See und lasse mich auf einem kleinen Steg nieder. Die Enten schwimmen hin und her, Frösche quaken um die Wette, ab und zu taucht ein Fisch aus dem Wasser auf.

Zwar kann man hier nicht baden, aber bei so viel Wasser stellt sich mein Körper fast automatisch auf den Entspannungsmodus um. An einem kleinen Steg lasse ich mich nieder. Wie wunderbar es hier doch ist. Hier möchte ich meditieren.

\* \* \*

### Lotus- bzw. Seerosenmeditation

*Setze dich bequem und gleichzeitig aufrecht hin. Atme tief ein und aus.*
*Sei ganz bei deinem Atem – ein … aus … ein … aus …*
*Der Atem wird immer ruhiger und*
*tiefer, ruhiger und tiefer … ein … aus …*
*Lasse vor deinem geistigen Auge nun einen See entstehen.*
*Einen See, den du kennst oder einen aus deiner Phantasie.*
*Ein See, der dir gefällt, den du magst, an dem du gerne bist.*
*Ganz egal, ob er groß ist oder klein,*
*im Flachland oder in den Bergen ist.*

*Du setzt dich ans Ufer auf einen warmen Stein und blickst auf den See.*
*An den Stellen, an denen du das Wasser sehen kannst, ist der See klar*
*und du kannst die Lichtspiegelungen auf dem Wasser erkennen.*
*Du siehst sanfte Kräuselwellen, einige Tropfen tänzeln auf dem Wasser*
*und das Sonnenlicht spiegelt sich in ihm.*
*An manchen Stellen siehst du bis zum Grund.*

*Auf einem Teil des Sees entdeckst du ein paar Seerosenpflanzen,*
*deren Blüten noch geschlossen sind.*
*Die wärmenden Sonnenstrahlen wecken die Seerosenknospe auf*
*und sie beginnt, sich langsam – Blatt für Blatt – zu öffnen.*
*Behutsam bildet sich aus den einzelnen Blättern eine*
*makellose Seerosenblüte*
*in einem weichen Weiß mit einem zartrosa Schimmer.*

*Anmutig sitzt sie auf den hellgrünen Blättern*
*auf dem glitzernden Wasser.*
*Kleine Wassertropfen perlen an der Blüte ab,*
*gleiten sanft ins Wasser.*
*Die Seerose ist so rein, so lieblich, strahlt so viel*
*Reinheit und Anmut aus.*
*Sie ist in der Welt, aber doch unberührt von der Welt.*
*Sie ist.*

*Welche Gefühle erscheinen mit dem Bild der Blume?*

*Verweile noch einige Atemzüge mit dem Bild*
*und den Gefühlen bei deinem Atem.*

*Verabschiede dich nun von dem Seerosenteich und komme ganz*
*langsam wieder zurück.*
*Nimm noch einen tiefen Atemzug, dehne und strecke*
*dich genüsslich!*
*Nun öffne langsam wieder die Augen*
*und sei wieder ganz im Hier und Jetzt!*

\* \* \*

Nach meiner Meditation schreite ich auf einem Holzpfad um den See herum und betrachte ihn von allen Seiten. Wie bezaubernd er doch ist.

Auf einer Tafel steht, dass die Mönche diesen See bereits im 15. Jahrhundert als Wasserspeicher angelegt haben, um das nahe gelegene Kloster mit Wasser zu versorgen. Dieser See ist Erholung pur – aber eigentlich habe ich noch gar keine Erholung nötig. Es war einfach eine zu kurze Strecke.

Das Kloster erreiche ich kurze Zeit später. Es ist erst zwölf Uhr – soll ich nicht doch lieber weiter? 15 Kilometer würde ich sicherlich noch locker schaffen. Vor dem Tor sitzen vier Spanier, die auch in der Herberge in A Roxica waren. Nachdem die Herren ja bereits um 6 Uhr losgehetzt sind, sitzen die bestimmt schon zwei Stunden hier und warten, da die Türe erst um 12 Uhr aufgeht. Nach einer kurzen Überlegungsphase entscheide ich mich dafür, zu bleiben. Immerhin habe ich mich doch so darauf gefreut, wieder in einem Kloster zu übernachten und dort am Leben teilzunehmen.

Außerdem ist das Kloster – zumindest von außen – sehr eindrucksvoll, die Mönche, die mir im Klosterhof begegnet sind, scheinen freundlich zu sein und ich möchte noch einmal die Atmosphäre in einem Kloster erleben, einen Gottesdienst besuchen und beten.

Von 13.30 Uhr bis 16 Uhr und ab 21 Uhr werden die Türen im Kloster geschlossen. Wer drin ist, bleibt drin, wer draußen ist, muss draußen bleiben. Punkt zwölf öffnet sich das große, dunkle Holztor. Bevor ich einchecke, mache ich eine Kurzvisite in den Gängen, ob es sich auch wirklich für mich lohnt, hierzubleiben, denn jetzt wäre noch ausreichend Zeit, weiter zu ziehen.

Irgendetwas in mir sagt, dass ich unbedingt in diesem ehemaligen Zisterzienserkloster bleiben muss. Es ist, als ob ich schon einmal da war. Vielleicht in einem früheren Leben?

Um sich anmelden zu können, muss man in einem breiten Gang vor einer schweren braunen Holztüre warten. Nach 15 Minuten werde ich hineingebeten. Ein Mönch mit lichtem Haar und dunkler Brille sitzt hinter einem großen hölzernen Schreibtisch und hat ein paar Schriftstücke vor sich.

Er wirkt sehr freundlich, als er meine Personalien aufnimmt und mein „Credential" begutachtet. Interessiert blickt er mich an. Der Mönch spricht fließend Englisch sowie ein wenig Deutsch und nach ein paar organisatorischen Erläuterungen über die Gepflogenheiten des Klosterlebens beginnen wir zu plaudern. Über den Camino, über den Grund meines Pilgerns, über Gott und die Welt.

Der Mönch scheint sehr belesen und weltoffen zu sein. Die Katze, die ihm um die Füße schleicht, lässt sich sogar von mir streicheln.

Ich habe den Eindruck, dass die Gäste hier nicht nur die Klosterkasse etwas aufbessern (wobei sechs Euro für die Übernachtung inkl. duschen wirklich nicht viel sind), sondern auch für Abwechslung sorgen dürfen, denn das Leben eines Mönchs ist normalerweise durch Einfachheit und Nüchternheit geprägt und die Gemeinschaft lebt in einem Klima des Schweigens. Das Schweigen, als Form der Zurückgezogenheit, soll helfen, sich Gott in der Betrachtung zu öffnen, wie Maria, die „alle diese Worte in ihrem Herzen bewahrte und sie in ihrem Herzen erwog".

Während meiner Yogaausbildung und im Ashram hatten wir auch Schweigetage. Die haben mir immer sehr wohlgetan und ich kann mir wirklich vorstellen, auch über einen längeren Zeitraum zu schweigen. Innenschau zu betreiben, sich seiner Gefühle, Emotionen und Gedanken gewahr zu werden. Um als „Schweigende" erkannt und in Ruhe gelassen zu werden, haben wir den Button „Schweigen" an die Brust geheftet und konnten in einem Speisesaal essen, in dem ebenfalls geschwiegen wurde.

Ob das hier auch eine Möglichkeit wäre, ganz bei sich zu sein? Einfach einen „Schweige-Button" auf die Brust zu pinnen? Seit ich auf dem Camino meine Mädels nicht mehr habe, ist es schon ruhiger um mich geworden. Die meisten sind Spanier und die müssen ja nicht unbedingt wissen, dass ich sie einigermaßen verstehe und zu Deutschen suche ich gerade keinen Kontakt.

Auf gar keinen Fall brauche ich noch mal so einen „Michél".

Es tut mir gut, auch mal für mich zu sein.

\* \* \*

Das „Monasterio de Santa Maria de Sobrado" soll im 10. Jahrhundert von Benediktinern gegründet worden sein – mit dem heiligen Bernhard begann 1142 das Klosterleben.

Nach seiner langen Blütezeit wurde das Kloster 1834 aufgelöst, die Mönche mussten es verlassen und es verfiel zunehmend. 1954 wurde wieder mit dem Aufbau begonnen und seit 1966 beheimatet es die Zisterziensergemeinschaft. Irgendetwas ist mir hier so vertraut. Ob ich da vielleicht dabei war?

Ja, ich glaube an Tod und Wiedergeburt, allerdings nicht im katholischen Sinne, meine Philosophie ist eher im Hinduismus zu finden. Karma, wie ihr ja bereits wisst.

Unbedingt möchte ich die alten Gemäuer erkunden. Jetzt und sofort. Das Kloster ist sehr imposant und es zieht mich magisch in die durch den besonderen Lichteinfall seltsam grün ausgeleuchteten Hallen. Im Inneren beeindrucken mich die Kuppeln des Querschiffs, über die etwas Licht einfällt, üppig verzierte Fassaden und hohe Säulen, von denen der alte Putz abblättert. Die Heiligenfigur über dem Torbogen fasziniert mich besonders.

Auch der heilige Jakob hat seinen Platz gefunden. Es gibt einen großen Kreuzgang, der zu Ruhe und Stille einlädt sowie mehrere Kapellen. Die Rosenkranzkapelle „zur heiligen Frau", die Raum für eine stille Meditation bietet, finde ich sehr ansprechend. Überall brennen Kerzen. In einer mittelalterlichen Küche mit einem monströsen Kamin gibt es mächtige Holztische und -bänke und einen Getränkeautomaten. Die Schlafräume befinden sich in den alten Pferdestallungen – Tageslicht kommt nur durch winzige Luken herein, es ist sehr kühl und fast ein wenig feucht im Saal, in dem sicherlich 20 Betten, eng aneinander gedrängt stehen.

Ein uriges Gewölbe – ziemlich rustikal und schlecht durchlüftet. Wie gut, dass ich die Schlafsäle erst jetzt angesehen habe, sonst wäre ich vermutlich gleich weitergezogen und hätte diese heilige Atmosphäre des Klosters verpasst. Die Duschen sind in Gewölbevorsprüngen untergebracht, irgendwie originell und historisch.

Obwohl sich viele Leute in dem Komplex aufhalten, setzen sich Stille und Ruhe durch. Auf den Fluren sieht man die eine oder andere Heiligenfigur, eine lebensgroße Nachbildung des heiligen Jakobs ist in einer Halle zu finden.

In den alten Gemäuern ist mir kalt geworden und es zieht mich nach draußen in die Sonne. Sicherlich gibt es auch hier viel zu entdecken. Auf leisen Sohlen verlasse ich das Kloster durch den Haupteingang und laufe ums Gebäude. Handwerker renovieren die Türen, Frauen putzen die Fenster, Gärtner jäten Unkraut in den Gärten.

Vor dem Kloster gibt es einen kleinen Friedhof. Ich finde es sehr interessant, Friedhöfe zu besuchen – die alten Grabsteine erzählen Geschichten von viel zu früh gestorbenen Kindern, gefallenen Soldaten, hinterbliebenen Witwen und von alten Mönchen.

Die einzelnen Religionen unterscheiden sich in ihrem Totenkult natürlich, aber seltsamerweise gibt es auch innerhalb der Religionen länderspezifische Unterschiede.

Christen hoffen am jüngsten Tag auf die Erlösung durch den Herrn, so wie Jesus am dritten Tage auferstanden ist von den Toten. Während man in Deutschland hauptsächlich Einzel- und Doppelgräber findet, gibt es im katholischen Spanien meist Familiengruften, die aussehen wie kleine Kapellen.

Hindus waschen ihre Toten und dann werden sie verbrannt. Sie glauben an den Kreislauf des Lebens. Mit dem Tod geht für sie nur ein Abschnitt des Daseins zu Ende. Danach wird die Seele, Atman genannt, in einem anderen Lebewesen wiedergeboren – in welcher Gestalt, ob als Mensch, Tier, Pflanze oder sogar Einzeller hängt vom Karma ab – von dessen Taten, aber auch Gedanken, Absichten und Sehnsüchten. Das heißt: Je mehr gute Taten jemand während seines Lebens anhäufen kann, desto besser steht es um seine Wiedergeburt.

Auch Buddhisten glauben, dass jeder nach seinem Tod irgendwo ein neues Leben beginnen wird. Für sie ist der Tod ein Neubeginn. Der Geist eines Wesens lässt nach dem Tod seinen alten Körper zurück und sucht sich einen neuen.

Was ist denn nun Shubheccha, die Wahrheit? Oder gibt es mehrere Wirklichkeiten? Oder dienen diese Thesen vielleicht nur dazu, uns die Angst vor dem Tod zu nehmen?

Was glaube ich? Erzkatholisch erzogen, beheimatet in einer evangelischen Gemeinde, Hinduistisch angehaucht, vom Buddhismus fasziniert. Im Laufe der Jahre habe ich mir meine ganz eigene Religion zurechtgelegt. Besuche sowohl den evangelischen, als auch den katholischen Gottesdienst, nehme im Ashram am Satsang (dem gemeinsamen Singen, Beten und Meditieren) teil und liebe Pujas, hinduistische Zeremonien. Puja bedeutet Verehrung oder Ehrerweisung und in der Feierlichkeit werden die Götter angerufen und mit Blumen, Milch, Räucherungen, … verehrt. Und alles ist für mich stimmig. Ist denn nicht alles „Gottesdienst" – also Dienst an Gott? Es gibt doch nur einen Gott – und den eben in verschiedenen Gestalten, mit diversen Namen und mit unterschiedlichen Aspekten? Ist denn nicht alles eins?

Nach der ausgiebigen Besichtigung gönne ich mir in dem kleinen Restaurant vor dem Kloster einen feinen Salat und „Pimientos de padrón" (kleine gegrillte grüne Paprikaschoten), ein alkoholfreies Bier und einen Café con Leche zum Nachtisch!

Um 19.30 Uhr ist laut meiner Info ein Gottesdienst geplant. Erwartungsvoll sitze ich bereits in der Kapelle neben der großen Kathedrale und warte. Meine Uhr zeigt mir bereits 19.25 Uhr an. Doch keiner kommt. Kann das sein? Sitze ich vielleicht im falschen Raum? Verdammter Mist! Ich haste vor zum Empfang – die Dame an der Theke versucht mir in Spanisch zu erklären, wo die Andacht stattfindet. Leider verstehe ich sie nicht. Ein englischsprechender Mann nimmt mich kurzerhand an der Hand und führt mich zu einer Kapelle im zweiten Stock. Bedauerlicherweise bekomme ich nicht mehr so viel von der Abendmahlsfeier mit und entscheide, noch um 21.15 Uhr das „Completo" und morgen um 7.30 Uhr die „Eucharistie" zu besuchen.

Bereits um 21 Uhr sitze ich erwartungsvoll in der Kapelle, die sich langsam füllt. Das Licht ist gedimmt, überall Kerzen, Weihrauch kitzelt mir in der Nase – diesmal scheine ich am richtigen Ort zu sein. Die Mönche betreten die Kapelle, beschreiten einen Kreis und beginnen zu singen. Welch hervorragende Tenor- und Bassstimmen.

Der Saal ist stimmungsvoll ausgeleuchtet und der jeweilige Vorbeter oder -sänger wird mit einem sanften Spot angestrahlt. Das sind echte Perfektionisten. Die Kapelle wird ganz von diesen erstklassigen Stimmen ausgefüllt. Es fühlt sich an, als treffe jede gesungene Note direkt mein Herz.

Obwohl ich rein gar nichts von der spanischen Predigt und den lateinischen Gesängen verstehe, begreife ich doch alles.

Es ist ein großer Genuss an dieser Ehrerbietung Gottes teilzunehmen!

Ich freue mich bereits jetzt schon auf die Eucharistiefeier morgen früh!

Im Schlafsaal sind die meisten bereits eingetrudelt. Es ist noch nicht mal 22 Uhr und ich liege schon im Bett. Ein Bettnachbar zerstört mein Gefühl der Ruhe und Zufriedenheit, er spielt mit seinem Handy, das immer wieder Geräusche von sich gibt. Man das nervt! Immer wieder höre ich dieses blöde Piepsen seines Handys.

Mir fällt ein Gespräch ein, dass ich vor ein paar Wochen in einem Ashram hatte: „Wenn dich jemand aufregt, dann liegt das nicht an ihm, sondern es liegt an dir, an deiner Haltung. Du musst an dir arbeiten, denn er hat ja kein Problem mit dir. Nimm es hin oder sei aufgefordert, mit demjenigen in Kontakt zu treten, um ihm zu sagen, was dich stört, denn nur dann kann er etwas ändern. Arbeite aber immer vorher an dir!" Hm. Klar, er weiß ja nicht, dass er mich aufregt. Ich stopfe mir die Ohrstöpsel noch tiefer in den Gehörgang und konzentriere mich nur noch auf das Rauschen meiner eigenen Atmung.

Sicher regelt sich der Rest von selbst.
Das Licht geht aus, der Handyzocker dreht sich um und schläft.

 Das Kloster ist so eindrucksvoll, dass ich euch extra die Fotos von
Sobrado dos Monxes zeigen möchte!

Schön, nicht wahr?

## 24. Tag  Sobrado dos Monxes – Arúza
## Charlotte und die Chakren

Nach einer ruhigen Nacht stehe ich so gegen 6.45 Uhr auf, der Schlafsaal ist schon fast leer. Durch die tiefsitzenden Ohrstöpsel habe ich gar nichts mitbekommen.

Ich möchte zum Gottesdienst um 7.30 Uhr und freue mich schon sehr darauf. Um 7.15 Uhr habe ich fertig gepackt und sitze schon in der Kapelle, um noch zu meditieren. Könnte ich denn einen besseren Platz finden als hier? Nach und nach kommen noch drei Gläubige, die ebenfalls auf die Mönche warten. Es schlägt halb, aber niemand kommt. Komisch. Nach weiteren zehn Minuten verlassen die anderen drei Personen stumm die Kapelle wieder. Der Gottesdienst scheint heute wohl auszufallen. Komisch. Auf der Tafel stand doch eindeutig „Eucharistie 7.30 + 8.30 Uhr". Vielleicht doch wieder in einer anderen Kapelle? Ratlos schaue ich mich um. Doch niemand ist mehr zu sehen. Bis 8.30 Uhr will ich nicht warten.

Beleidigt verlasse ich das Kloster und tröste mich mit einem Schokocroissant in der Bar vor der Abtei. Laut Reiseführer erwarten mich 22 unspektakuläre Kilometer in einer langweiligen Landschaft. Ganz alleine bin ich „on tour" und genieße es, dass der Camino mir alleine gehört. Spätestens ab Arúza wird sich das ändern, denn dort stößt der Camino Francés hinzu und die Pilgerzahlen sollen sich verzehnfachen. Aber ist es nicht egal, wie viele Personen um dich herum sind, solange du bei dir bist? In dir ruhst?

Und: wo viele Leute sind, kann man sich besser in der Anonymität verstecken.

Außerdem kann man doch immer noch selbst entscheiden, ob und mit wem man in Kontakt treten möchte. Es geht nun in ein keines Wäldchen und dann weiter auf Asphalt. Ziemlich öde, vor allem, wenn man seit Wochen an der Küste entlang gestreift ist. Mir tun die leid, die nur die letzten 100 Kilometer auf dem Camino sind. Die sehen doch gar nichts von der Herrlichkeit dieses Weges.

*Vincent van Gogh hat mal gesagt:*
*„Wenn man die Natur wahrhaft liebt, so findet man es überall schön".*

Ich schließe meine Augen, breite meine Arme aus, atme tief und öffne mein Herz. Nachdem ich die Augen wieder geöffnet habe, ist die Umgebung tatsächlich etwas ansprechender geworden!

Vor mir humpelt eine junge Frau vor sich hin. Ihr „Lilien-Rucksack" und entsprechend beschriftete Socken outen sie als Deutsche. Ich spreche sie an. Charlotte. Sie kennt mich, denn ich bin ihr in Tapia schon aufgefallen, als ich am Laptop saß, denn sie fand es witzig, dass jemand seinen Laptop quer durch Spanien schleppt.

Ich frage das Mädel, warum sie den Camino läuft und sie erzählt mir, dass sie eigentlich gar nicht weiß, warum.

Charlotte sieht meine Yogamatte und fragt, ob ich Yoga mache, ist ganz interessiert, vor allem, weil sie sich in letzter Zeit intensiv mit ihren Chakren beschäftigt und diese immer wieder versucht zu reinigen. Wir unterhalten uns über die Chakren und ich freue mich, mein Wissen weiter geben zu dürfen und jemandem damit etwas Gutes zu tun. Kann ich doch etwas zurückgeben.

Charlotte: „Ich arbeite hauptsächlich mit dem Stirn-Chakra, das kribbelt dann. Doch wenn ich mit den anderen Chakren arbeite, spüre ich nicht, in welche Richtung sie sich drehen und das macht mich wahnsinnig. Die sind bestimmt blockiert! Das stresst mich so!"

Ich: „Jetzt nimm dir erst einmal den Stress raus. Ich arbeite schon lange mit den Chakren und spüre nicht, in welche Richtung sie sich drehen, aber ich spüre genau, wenn ein Chakra nicht im Fluss ist".

„Woran merkst du das?" „Na, wenn dein Wurzel- bzw. Muladhara-Chakra blockiert ist, dann bist du nicht gut geerdet, du verlierst dich oft in Gedanken, dir fehlt die Stabilität. Hast das Gefühl, den Boden unter den Füßen zu verlieren, bist außer Balance. Hier tust du ganz viel für dein Wurzelchakra." „Warum?" hakt Charlotte nach. „Du bist den ganzen Tag draußen und auf den Füßen. Verbindest dich mit jedem Schritt mit der Natur. Das erdet dich, gibt dir Stabilität und Kraft."

„Stimmt. Das habe ich auch schon gespürt. Wie ist das mit den restlichen Chakren?"

„Wenn wir mit Achtsamkeit entlang der Wirbelsäule nach oben spüren, dann nehmen wir das Sakral- oder Svadisthana-Chakra wahr, das steht für Lebenslust und Freude ... Macht das Pilgern dich nicht auch glücklich? Die Leute, die du hier triffst?"

„Das Laufen schon", sie hält kurz inne, „wenn nur die Blasen nicht wären."

„Wenn dein Nabel- oder Manipura-Chakra nicht in der richtigen Schwingung ist, fehlt dir oft die Kraft und der Mut. Aber du bist ja hier und das zeigt mir, dass du genügend Mumm hast. Wenn dir der Antrieb fehlen würde, dann würdest du ja jetzt auf deiner Couch sitzen."

Ein Lächeln huscht über ihr Gesicht. „Und das Herzchakra, wie kann ich das auf dem Camino stärken?" „Mit jeder netten Begegnung, die du hier hast, mit jeder Kleinigkeit, mit der du anderen helfen, sie unterstützen kannst. Und da gibt es ja jede Menge! Mir wurde hier schon so viel geholfen und ich möchte auch anderen helfen, in dem ich meine Erfahrungen teile, meine Pflaster, mein Jod und auch mein Essen. Willst du vielleicht einen Apfel?" „Gerne", entgegnet Charlotte. „Ich glaube, dass der Camino das Herzchakra, das übrigens auch „Anahata Chakra" genannt wird, öffnet. Alle Personen, die ich hier kennengelernt habe, waren freundlich zueinander und hilfsbereit. Haben sich respektvoll verhalten. Wenn nur alle auf dem Camino gingen, dann gäbe es

sicherlich wieder mehr Menschlichkeit auf der Welt". Ich nicke und denke, wenn alle Yoga machen würden, dann wäre die Erde sicher auch ein besserer Planet!

„Auf Höhe der Kehle befindet sich das Hals- oder Kehl-Chakra, auch Vishuddha genannt. Es ist aktiv, wenn du leicht kommunizieren, dich klar ausdrücken kannst, aber auch wenn du mit dir selbst kommunizieren kannst. Merkst, was du brauchst und was nicht."

„Da sehe ich bei mir auch kein Problem", lächelt Charlotte.

„Und dann sind wir schon beim Stirn-Chakra und mit dem kennst du dich ja bestens aus. Ich meditiere sehr gerne mit einer „*Farb-meditatiton zur Reinigung der Chakren*", die Hilde Schiffer auf CD aufgenommen hat." Charlotte tippt sich gleich den Namen in ihr

Handy ein und will auch meine Internetadresse, damit sie sich mal melden kann, wenn sie noch Fragen zu den Chakren hat.

„Oben am Scheitel ist das Kronen-Chakra. Das ist etwas ganz Besonderes."

Die schmale Charlotte schleppt 17 Kilo durch Spanien und mit ihr eine Jeans, die sie noch nie hier getragen hat. Aber ohne ihre Jeans geht sie nicht auf Reisen – niemals.

Nach dieser erfrischenden Begegnung macht mir das Unterwegssein langsam wieder richtig Spaß. Wäre doch schade gewesen, heute zu schweigen! Vielleicht, weil nur noch fünf Tage vor mir liegen und ich mich langsam mit dem Gedanken anfreunde, wieder nach Hause zu kommen. Vielleicht, weil das Zimmer sowohl im 20 Kilometer entfernten Arzúa, als auch in Lavacolla und sogar schon meine erste Bleibe in Santiago gebucht ist. Reibungslos, mit jeweils nur einem Telefonat.

Santiago – ich komme! Mit Riesenschritten.

Morgen gebe ich mir noch 30 Kilometer, so als schweißtreibender Abschluss und dann spaziere ich am folgenden Tag nach nur 10 Kilometer ganz locker in die Stadt ein. Das wird ein Spaß!

Ich verabschiede mich von Charlotte und gehe leichtfüßig weiter. Die Straße ist zwar immer noch eintönig, die Umgebung ebenfalls, selbst die Hunde liegen hier gelangweilt vor dem Haus und bellen nicht einmal, wenn man vorbeikommt. Aber ich kann noch eine Weile von der netten Begegnung zehren.

Nach einem unspektakulären Wandertag finde ich mich in dem kleinen Städtchen Arzúa ein, suche meine Herberge und lande in einem in die Jahre gekommenen Haus mit bunten Tapeten, farbigen Fliesen und pink gemusterten Vorhängen – ich fühle mich sofort wohl.

In dem mir zugewiesenen Zimmer hat es vier Stockbetten, von denen ich mir ein oberes Bett mit Blick in die Altstadt aussuche. Dann stellen sich meine Zimmernachbarn vor.

Die junge Dame heißt Kelly und führt eine 4-köpfige Reisegruppe aus Taiwan über den Camino Francés. Aus Taiwan! Wow. Sie ist gerade reingekommen, als ich Yoga gemacht habe und da sie Yoga liebt, hat sie mich gefragt, ob sie mitmachen

darf. Natürlich! Kelly genießt unsere kleine Yogasession mit Fußmassage und ich schlage ihr vor, dass sie ja auch ein paar Dehnübungen und die Massage mit ihren Klienten machen kann. Sie ist
begeistert von der Idee.

„I see, you love yourself! You have so much happiness in your
eyes. You treat you and your body very well, that's very good!
And I can learn a lot from you. You look so happy and pretty. You
are my special gift of the Camino", strahlt Kelly und umarmt mich.
Michelangelo, ein älterer Spanier, hält unsere Yogasession foto-
grafisch fest. Als ich seine zerschundenen Füße sehe, biete ich ihm
mein Jod und das Verbandsmaterial an. Endlich kann ich mit meiner neu ausgestatteten Rucksackapotheke auch jemand anderem
helfen. So war der Plan.

Nach und nach trudelt eine Gruppe Teenager ein, die lärmend
und kichernd ihre Betten beziehen und ihre Sachen im ganzen
Zimmer verstreuten. Ob die morgen wieder alles finden? Ich ent-
fliehe den Teenies und gehe in die Stadt. Die Besichtigung von
Arzúa ist bald zu Ende. Es gibt eine kleine Kirche, in der eine
Künstlerin Bilder vom Camino ausstellt und verkaufen möchte,
eine Apotheke und ein paar Restaurants. Es wuselt nur so von
Touristen, sie scheinen aus allen Gassen heraus zu strömen und
die Shops und Restaurants zu belagern.

Um der Meute zu entfliehen, setzte ich mich in ein gehobene-
res Restaurant, warte auf die Essenszeit um 20 Uhr und vertreibe
mir die Zeit mit dem Schreiben meines Tagebuchs und einem guten Glas Wein. Hier esse ich noch mal den besten Pulpo, gegrillt
mit Knoblauch und Baguette.

Als ich zurück in die Pension komme, herrscht in unserem
Schlafsaal ein buntes Treiben. Kissen fliegen hin und her, Rucksäcke liegen offen und halb ausgepackt auf dem Boden, die Schuhe
stapeln sich am Eingang und überall liegen Klamotten rum. Die
sollten sich mal in einen Schlafsaal der „Xunta", der galicischen
Landesregierung verirren. Da ist pünktlich um 22 Uhr Zapfen-
streich.

Um 23 Uhr knipse ich das Licht im Schlafsaal aus.
Die Teenies sind beleidigt.

**25. Tag**     Arzúa – Lavacolla
               **Wall of Wisdom**

Als eines der Mädchen mitten in der Nacht laut herumschreit, weil jemand im Schlafsaal schnarcht, würde ich sie am liebsten aus dem Saal schmeißen. Sie ist noch jung und weiß es nicht besser, denke ich und stopfe mir die Ohropax tiefer die Ohren.

Ich beschließe, vor der Bande aufzustehen – die Entwirrung dieses Chaos muss ich nicht mitbekommen! Um 6.45 Uhr sitze ich bereits in der Frühstücksbar und trinke meinen Café con Leche und esse ein Schokocroissant. Es ist auch nach dem Frühstück noch dunkel. Trotzdem breche ich auf.

Bis jetzt leiten mich die Straßenlaternen aus Arzúa, doch als die letzten Häuser hinter mir liegen, ist es stockdunkel und ich kann den Weg nur erahnen. Meine kleine Taschenlampe, die ich immer im Schlafsaal benutze, spendet mir kaum Licht. Es ist einfach noch zu dunkel, um sicheren Tritts voran zu kommen.

Wieder kann ich nur den Kopf schütteln bei dem Gedanken, dass sich viele morgens freiwillig drei Stunden durch die Dunkelheit tasten. Ich verlangsame mein Tempo, lasse mich von zwei hell beleuchteten Damen mit Stirn- und Taschenlampe überholen und bleibe den beiden auf den Fersen, bis es heller wird.

Die Straße ist unspektakulär und an jeder Ecke gibt es ein Café, eine Bar oder einen Verkaufsstand. Alle versuchen, mit irgendwelchen Tricks möglichst viele Gäste zu sich zu locken. Hier verkauft jemand Anstecknadeln, dort gehäkelte Schlüsselanhänger, kalte Getränkedosen und Obst. An manchen Ständen hört man Musik, große Werbetafeln buhlen um Kunden, manchmal duftet es verführerisch. Es gibt sogar deutsches Weizenbier mit und ohne Alkohol. Da fehlt nur noch der schreiende Papagei, denke ich nachdenklich.

Auf diesem Teil des Caminos kann man auf große Proviantvorräte locker verzichten, doch vermutlich aus Gewohnheit schleppe ich Brot, Käse, Obst und mindestens zwei Liter Wasser mit mir rum. Man weiß ja nie! Wer schon mal von Pobeña nach Pontarrón gehastet ist und in der Bettwanzenherberge geschlafen hat, der hat immer mehr Essen als Kleidung im Rucksack! Trotz

Gepäck gehe ich leichtfüßig und bin mir sicher, die 30 Kilometer wie einen Spaziergang zu meistern.

Der Camino füllt sich und es ist hier tatsächlich wie auf einer Autobahn. Bunt geschmückte Wandersleute, die meisten nur mit ganz kleinem Tagesrucksack (die Weicheier) und auffallend viele Asiaten streifen schnatternd durch die Dörfer. Jeder scheint etwas Wichtiges mitteilen zu wollen. Es sind viele junge Spanier in den Gassen, alle in Grüppchen, scheinbar ist es hipp, mal auf dem Camino zu sein und sich eine Compostela übers Bett zu hängen.

Viele haben nur Sandalen oder leichte Turnschuhe an, eine läuft sogar in Crocs. Bei diesem langweiligen Gelände reicht das ja auch. Die hätten auf dem Pass vor Santa Marina ganz schön alt ausgesehen. Wahrscheinlich hätten sie auf halber Strecke bereits die Mama oder die Bergrettung angerufen.

Egal. Ich laufe weiter. Die wenigen Deutschen fallen nicht auf und mein bisschen Spanisch kann ich perfekt verstecken, so dass ich auch auf diesem stark frequentierten Abschnitt ganz bei mir sein kann.

Als ich am Straßenrand den folgenden Text auf einer kleinen, bunten Tafel lese, beginne ich, zu philosophieren.

*„It is good to have an end to journey towards, but it is the journey that matters, in the end."*
*Ernes Hemingway*

Nach ein paar Schritten komme ich zur „Wall of Wisdom" – die Wand der Wahrheit. An ihr hängen viele Zitate und kleine Geschichten in Englisch und Spanisch. Ein paar versuche ich zu übersetzen.

### The wall of Wisdom

*„Travel is fatal to prejudice, bigotry and narrow mindness."*
*Reisen ist tödlich für Vorurteile, Fanatismus und Engstirnigkeit.*
*Mark Twain*

*  *  *

*„We are all in the same boat and if this goes down, everybody will perish, rich and poor, good and evil, believers and not-believers."*

*Wir sitzen alle im selben Boot, wenn es untergeht, werden alle untergehen. Reiche und Arme, Gute und Böse, Gläubige und Nicht-Gläubige.*

*  *  *

*„Travel makes one modest. You see what an tiny place you occupy in the World."*
*Flaubert*

*Reisen macht bescheiden. Du begreifst, welchen winzigen Platz du in der Welt inne hast.*

*  *  *

*„There are no foreign lands. It is the traveller only who ist foreign."*

*„Es gibt keine fremden Länder. Es ist der Reisende, der fremd ist."*
*Robert Louis Stevenson*

Irgendwie verstehe ich nicht ganz, ob die Sprüche jetzt Mut machen sollen oder eher nicht. Vielleicht übersetze ich sie ja auch nicht exakt. Zum Nachdenken regen sie allemal an.

Was denkst du?

You want more?

*„Tourists don´t know where they´ve been. Travelers don´t know, where they are going."*
*Paul Theroux*

*  *  *

*"If all religions teach harmony, but they don't believe it, is there perhaps something wrong with their authorities or with their followers."*

\* \* \*

*„Are heaven and hell (purgatory, reincarnation, etc.) only for people who believe in them?"*

\* \* \*

*„Would you be an atheist if you lived in a communist country and a Buddhist if you lived in an Buddhist country?"*

\* \* \*

*„Do you believe in god, because your parents do or do you not believe in God because your friends do not?"*

\* \* \*

*„Have perhaps all religions and philosophies safeguarded important values?"*

\* \* \*

*„Is science bringing us salvation or self-destruction?"*

\* \* \*

*„Has religion had a positive or negative influence on our societies?"*

\* \* \*

*„Do you question own ideas (beliefs) as much as you do other people's ideas (beliefs)."*

*Den Letzten möchte ich übersetzen (oder es zumindest versuchen) ...*

*„Each message prepares you for the following."*
*„Jede Nachricht bereitet euch auf die folgende vor."*

*(diese Zitate waren ohne Quellenangaben)*

* * *

Beseelt laufe ich weiter, die Sprüche aber beschäftigen mich noch eine ganze Weile. Morgen werde ich meine Reise auf dem Camino del Norte beenden, pünktlich um 12 Uhr in der Kathedrale sitzen und dann auch noch Pilgerkönigin sein! Denn in einer Gruppe ist derjenige der Pilgerkönig, der zuerst die Kathedrale erblickt. Und da ich alleine wandere, sind meine Chancen da ja relativ groß!

Erneut geht es durch öde Siedlungen und unspektakuläre Landschaften. Warum sind die Pfeile eigentlich gelb und warum sind gerade Muscheln die Zeichen des Caminos? Ich recherchiere. Diese Geschichte mag ich besonders:

Im Mittelalter gab es noch keine Compostela, da Papier teuer war und ein Schriftstück vor allem den Ärmeren vorenthalten wurde. Manche Untertanen sind sogar für ihren Herrscher gelaufen, damit deren Sünden vergeben wurden. Die Compostela wurde auf den Namen ihres Meisters ausgestellt, da der dafür bezahlte. Ebenso wie heute wurde die Reise oft in Finsterre, dem sogenannten „Ende der Welt" beendet. Dort gibt es viele Jakobsmuscheln am Strand, die auch die Armen sammeln konnten und so war die Muschel das Zeichen des erfolgreichen Abschlusses der Wallfahrt.

Die Muschel als Symbol des Caminos begleitet dich hier an jedem Tag. Sie weist dir die Richtung und wenn du sie aus den Augen verloren hast, bist du froh, wieder eine zu sichten. Pilger unterschiedlichster Herkunft kannst du von sonstigen Wanderern durch die Muschel am Rucksack unterscheiden, denn es ist etwas anderes, zu wandern, als zu pilgern.

Ein Pilger begegnet anderen und kann so auch Zugang zu sich selbst finden. Und er kann Gott begegnen, sofern er bereit dazu ist.

Das Erkennungszeigen der Jakobus-Wallfahrer ist die Jakobsmuschel. Und je länger ich darüber nachdenke, ist die Muschel genau das richtige Symbol für diesen Weg. Sie ist wunderschön, mal gleichmäßig, mal unterbrochen. Sie kann in einem weichen Pastell erscheinen, mal farblos, dann wieder in schillernden Farben. Meist liegt sie anmutig und still im Wasser, von Zeit zu Zeit treiben die Wellen und Wogen sie auf die Hohe See hinaus und gelegentlich ans Ufer, wo sie irgendwann buchstäblich „strandet".

Wird eine Muschel verletzt, hat auch sie Schmerzen. Die Muschel öffnet sich und durch diese Öffnung kann ein kleines Sandkorn in die Muschel gelangen. Der Samen für eine Perle ist gepflanzt. Doch damit die Perle wachsen kann, muss sie reifen, manchmal jahrelang, bis man deren Schönheit sehen kann. Doch ohne diese Verletzung, ohne das Leiden und ohne das Sandkorn als Samen würde es keine bezaubernd schimmernde, kostbare Perle geben.

Jeder hat in seinem Leben leichte, mitunter auch furchtbare Verletzungen erleiden müssen, doch aus welcher Lebenserfahrung eine Perle wird, entscheidet sich oft erst Jahre später, wenn man deren Wert erkennt – sich öffnet. Dann kann aus der Verletzung etwas entstehen, was dich im Leben weiterbringt. Du erkennst es als deine eigene persönliche Perle, deinen Schatz.

Ich habe in meinem Leben schon viele Verletzungen und Krisen durchgestanden. Bin schon so oft am Boden gelegen, es hat häufig weh getan! Immer wieder habe ich geglaubt, am Ende zu sein! Doch ich habe mich jedes Mal wieder aufgerappelt.

Ab und zu hat es auch etwas länger gebraucht und zeitweilig musste ich auch meine Wunden lecken. Aber jede Krise hat mich stärker gemacht. Nein, nicht härter. Stärker!

Und meine Perlen sind größer geworden. Manchmal habe ich auch erst Jahre später erkannt, dass es eine neue Perle gibt.

Heute habe ich eine ansehnliche Perlenkette - und die ist zweireihig!

So kann dir die Muschel einen anderen Blickwinkel auf die alltäglichen Sorgen und Nöte des Caminos und – im übertragenen Sinne – deines Alltags geben. Häufig kannst du die Schönheit und den Sinn hinter einer Etappe deines Lebens erst nach einer gewissen Zeit erkennen, wenn die Muschel sich öffnet und deine Perle gewachsen ist.

Ich habe mir vor ein paar Jahren auf Mallorca eine bezaubernde Perlenkette gekauft. Mit Naturperlen. Keine gleicht der anderen – nicht alle sind rund und makellos geschliffen. Jede ist auf ihre Art ein einzigartiges Kunstwerk.

Mir wird klar, dass es Schwierigkeiten auf dem Camino geben muss. Es wird ein kleiner Samen in die Muschel gelegt. Ein Samen des Innehaltens. Du wirst gezwungen, dir Zeit zu nehmen, um dich zu sammeln, zu reflektieren, Demut zu üben. Dann kann Dankbarkeit entstehen. Die Perle reift, wenn dir dann jemand hilft, vielleicht durch einen Tipp, durch eine Gabe, ein Lächeln, ein Gespräch.

Ich beginne zu lächeln. Haben mich die Blasen deshalb so geplagt? Musste ich aus diesem Grund stürzen? Haben mich die Leiden wirklich dankbar und demütig gemacht? Durch die Pause in Santillana del Mar konnte ich Abstand gewinnen, mal wieder bei mir sein. Alles von einer anderen Perspektive betrachten. Ist es nicht eines Yogis Aufgabe, allem etwas Positives abzugewinnen?

Nach der Zwangsruhe war ich dann einfach nur dankbar, dass ich meinen Weg fortsetzen konnte. Doch warum waren die Blasen noch nicht genug für mich? Warum habe ich noch die Qualen des Sturzes gebraucht? Hatte ich dieses System denn immer noch nicht verstanden?

Wohl kaum, denn sonst wäre mir sicherlich diese Erfahrung erspart geblieben. Denn erst dann spürte ich echte Demut. Weil mir im Surferheim sofort geholfen wurde, der Grieche so freundlich und hilfsbereit war. Keiner hatte eine Gegenleistung erwartet und gewollt. Ich werde nachdenklich. Möchte ich denn nicht immer irgendeine Gegenleistung? Ist mein Leben nicht geprägt von Geben und Nehmen und es soll Bitteschön ausgeglichen sein? Muss ich mich vielleicht in diese Richtung verändern?

Doch dort eine Grenze zu ziehen ist nicht einfach. Wie oft wird derjenige, der mit offenen Händen gibt, von diesen Energievampiren ausgenutzt? Gibt immer mehr und mehr und gelangt so an seine Grenzen, ohne etwas von denjenigen zurück zu bekommen, die immer mehr von ihm erhalten möchten? Irgendwann, sowohl auf dem Camino de Santiago als auch auf dem Camino des Lebens und des Yogas gleicht sich alles wieder aus. Da bin ich mir ganz sicher.

Was wäre, wenn alle oder zumindest die meisten eben nicht diese Gegenleistung vom Gegenüber erwarten würden, sondern durch Ehrlichkeit, Mitgefühl und Demut handeln mit dem Wissen, dass auch für sie gesorgt ist und im richtigen Moment Hilfe und Unterstützung da ist?


Vertrauen.
Ja. Vertrauen ist das Schlüsselwort.
Auf dem Camino lernst du, zu vertrauen.

In wen oder was?

Dass du die richtige Route findest, ein Bett bekommst, satt wirst, dass du Personen triffst, die dir helfen.

Dass du Gott begegnest.

**26. Tag**     Lavacolla – Monte Gozo – Santiago
Der letzte Abend vor Santiago –
ein „Happy End"?

In der Herberge, in der ich gestrandet bin, gibt es einen riesigen Garten und unzählige Sitzecken, die sich ganz langsam füllen. Die einen kommen gerade erst an, ein paar sind schon frisch geduscht und bereit fürs Abendessen. Und alle haben etwas gemeinsam: Die freudige Spannung auf den kommenden Tag, denn das Ziel liegt nur noch ein paar Kilometer von hier entfernt. Es ist nur noch ein Katzensprung bis zur Compostela und dann sind die ganzen Mühen, Sorgen, Qualen vergessen.

Diese Vorfreude liegt in der ganzen Luft. Hinter einem kleinen Gebüsch rolle ich meine Yogamatte aus – es muss mich ja nicht jeder beim Yoga beobachten.

Nach meiner Übungseinheit setzte ich mich etwas abseits, denn alle Tische sind schon belegt und nur noch ein paar einzelne Stühle scheinen frei zu sein. In den Schlafraum möchte ich nicht – wohnt da doch ein unbeholfener Vater, der immer und immer wieder versucht, es seiner verzogenen Göre recht zu machen.

Ich beginne, meine Füße zu massieren, als eine Frau in meinem Alter auf Deutsch zu mir spricht. „Ich bin Biggi – magst du dich zu uns setzen?" Rund um den Tisch sitzen noch fünf Gefährten unterschiedlicher Nationen und unterhalten sich in einem Gemisch aus Englisch, Italienisch, Spanisch und Deutsch.

Auf dem Tisch stehen richtige Köstlichkeiten – Brot, Käse, Wein, Oliven, Salat, Trauben, Datteln und ehe ich mich versehe, bin ich auch schon mittendrin, bekomme einen Teller in die Hand gedrückt, ein Glas Wein eingeschenkt und darf teilhaben an ihren Gesprächen. Gerne steure ich mein Abendbrot bei, denn ich habe für einen gemischten Salat Paprika, Gurke und Zwiebeln sowie eingelegte Oliven und Schafskäse gekauft.

Wir unterhalten uns, so gut es in dem Sprachen–Kauderwelsch eben geht. Biggi läuft jedes Jahr. Sie genießt hauptsächlich die Kontakte, die sie hier knüpfen kann und sorgt dafür, dass in den Locations, in denen sie nächtigt, die Abende kurzweilig sind.

Sie weiß immer, wo man den besten Wein kaufen kann und teilt diesen gerne – vor allem mit „Hombres bonitos", hübschen Männern. Besonders hat es ihr heute Jorché, der dunkelhaarige, bestimmt zehn Jahre jüngere Spanier angetan, der vorher mit seinem Kumpel in der Herberge angekommen ist und auch prompt hier am Tisch sitzt. So ein klein wenig habe ich den Eindruck, dass sie ihn umgarnt. Jorché lässt das gerne zu – beide verstehen sich prächtig und ich bin gespannt, wo die beiden heute noch landen. Auf meine Frage, was sie denn so mit sich rumschleppt, was nur sie braucht, fängt sie an zu grinsen und lässt mich in ihre Jackentasche greifen.

Ich ertaste etwas Kleines, in Schutzfolie verpacktes …

Ertappt!

Maria ist erst in Galicien gestartet, es ist ihr erster Camino und sie findet die Touren einfältig und öde und ist froh, dass sie bald durch ist. Als ich ihr Fotos von den Küstenetappen zeige, ärgert sie sich über sich selbst, warum sie den kürzesten Weg zur Compostela genommen hat, nur um beweisen zu können, dass sie hier war. Wenn der Spruch von Konfuzius „Der Weg ist das Ziel" auch abgedroschen klingen mag, hier passt er jeden Tag aufs Neue!

Maria schleppt auf ihren 100 Kilometer 17 Kilogramm mit sich rum und ich stelle ihr meine obligatorische Frage lieber nicht.

Brett kommt aus Tasmanien. Seine Frau ist vor einem Jahr gestorben und jetzt ist er alleine. Seine Kinder sind aus dem Haus und weit verstreut. Er ist am längsten unterwegs auf dem Camino – seit April. Flüge aus Tasmanien sind sehr, sehr teuer, da muss es sich auch lohnen. Außerdem hat er ja Zeit – keiner wartet auf ihn. Bei diesem Satz werden seine kleinen dunklen Augen feucht. Begonnen hat er mit dem Camino Francés. Danach den Primitivo und zuletzt läuft er den Camino del Norte. Doch mit seiner Ankunft in Santiago ist auch seine Reise zu Ende. Auch er wird in ein paar Tagen wieder zurück in seine Heimat reisen, sobald er einen Flug bekommen hat.

Was ihn am Pilgern so begeistert hat? Endlich konnte er abschalten. Schritt für Schritt den Verlust seiner lieben Frau verarbeiten. Hier hat er Heilung gefunden. Seine Hilflosigkeit während der Krankheit seiner Frau verarbeitet, neue Kraft und neuen Mut gesammelt.

Er konnte hier neue Perspektiven und neue Menschen kennen lernen. Hat neue Ideen bekommen. Das Alte loslassen, um Neuem Raum zu geben. Was er in seinem Rucksack hatte und nicht (mehr) braucht? Jede Menge Traurigkeit.

Salut – die Gläser mit dunklem, rotem spanischen Wein gehen in die Höhe, klirren und ein Lachen raunt durch die Menge.

Jetzt wird gegessen, getrunken und gelacht – die halbe Nacht!

**27. Tag**     **Santiago de Compostella**
                **The real Camino starts at it´s End!**

Kurz nach Sonnenaufgang stehe ich auf. Meine Bettnachbarn schlafen noch. Ohne sie zu stören sammle ich mucksmäuschenstill meine Sachen ein, stiefle in die große Wohnküche und setze Kaffee auf. Meine neuen Freunde freuen sich bestimmt. Damit ich meine restlichen „Notfall-Müsliriegel" nicht wieder mit nach Hause nehmen muss, frühstücke ich gleich zwei davon.

Nach einer innigen Umarmung verabschiede ich mich von ein paar Frühaufstehern, die ebenfalls in der Küche sitzen und Kaffee trinken. Noch ist es ganz still auf dem Camino. Leichtfüßig wandere ich in den Sonnenaufgang hinein. Noch wenige Kilometer bis zum Monte do Gozo, dem Berg, von dem man bei klarem Wetter den ersten Anblick auf die Türme der Kathedrale erhaschen kann. Hurra – ich bin die Pilgerkönigin!!!!

Ein breites Grinsen steht mir ins Gesicht. Jetzt stehe ich nun am Monte do Gozo, dem Berg der Freude und genieße den Anblick der Kathedrale. Oft ist es hier diesig und umso mehr freue ich mich, dass meine Sicht ungetrübt ist. Welch ein Moment.

Wie viele sind sich hier wohl schon um den Hals gefallen? Sind vielleicht zu Freunden geworden, die sich nie wieder aus den Augen verloren haben? Ich bin ein klein wenig traurig, denn diesen Augenblick hätte ich gerne mit Anke, Marion, Finja und Marie geteilt – auch wenn ich dann vermutlich nicht die Pilgerkönigin geworden wäre …

Obwohl noch nicht viele hier sind, kann ich die Emotionen spüren, die in der Luft liegen. Freude, Demut, Erleichterung, Erschöpfung – vielleicht auch die Angst, was nach dem Camino sein wird – nach dieser besonderen Auszeit?

Was werde ich „mitnehmen"?
Was mag wohl in den anderen vorgehen?

Die flotten Spanier von gestern sind ebenfalls angekommen und wir machen gegenseitig Fotos von diesem erhabenen Moment. Auf der Anhöhe ist ein riesiges Denkmal zu sehen, das an den Besuch von Papst Johannes Paul II. erinnern soll, unterhalb befindet sich ein Wohnheim für Studenten.

Zwei Pilger aus Messing weisen mit ihren Armen Richtung Santiago. Von hier ab gingen die Wallfahrer früher demütig barfuß, als geistige Übung, zur gedanklichen und körperlichen Entschleunigung vor dem Erreichen des Ziels. Ich drücke noch schnell einen Stempel in mein Credenical und gehe wieder, immerhin habe ich ja heute noch viel vor!

Leichtfüßig wandere ich die letzten Kilometer bis nach Santiago, immer der Herde nach.

Santiago – ich komme!

Nach etwa einer Stunde passiere ich das Ortsschild. Durch eine endlos scheinende überfüllte Straße gelange ich schließlich in die Altstadt, zig Souvenirgeschäfte laden mich ein und bei ein paar werde ich tatsächlich schwach. Nach vier Wochen Konsumentzug kann man sich ja schon ein paar Andenken gönnen. Jetzt möchte ich unbedingt zur Kathedrale. Ich bin überwältigt. So ein faszinierender Bau, so viele Eindrücke, unzählige Leute. Von der Masse werde ich vorbei am Gebäude geschoben.

Egal, ich möchte sowieso zuerst meine Urkunde abholen, der Gottesdienst fängt ja erst später an. Ich biege gerade in die Zielgerade, als aus einem Café eine Stimme mit bayerischem Dialekt ruft: „Yo I foass es ned, UTE!!!".

Tina sitzt da und trinkt einen Kaffee. Wir fallen uns in die Arme, denn wir haben uns seit Cóbreces aus den Augen verloren.

Sie sitzt erst seit ein paar Momenten hier und wird in wenigen Minuten vom Taxi abgeholt, danach geht es zurück nach Deutschland. Man, ist das eine Freude! Immer wieder habe ich an sie gedacht, an die Tina mit dem Föhn, wo sie jetzt wohl sein könnte, mit ihrem schnellen Schritt.

Wieder einmal stelle ich fest, dass es auf dem Camino wohl doch keine Zufälle gibt. Warum habe ich vorher angefangen, zu trödeln, bereits die Routen der Busse an den Haltestellen studiert, die zum Flughafen fahren und auch schon in das eine oder andere Souvenirgeschäft gelugt? Jakobus lockt mich wieder einmal zur richtigen Zeit an den richtigen Ort, um mir eine Freude zu machen.

„Die Compostela kriege ich ja noch früh genug!", stelle ich fest und bestelle mir erstmal einen Cappuccino und ein Bocadillo de Queso con Tomate (ein Käse-Tomaten-Sandwich).

Tina erzählt im Schnelldurchlauf, was ihr so passiert ist. Kurz nach Sebrayu verpasst sie den Pfeil, der sie in Richtung Gijón bringen soll und folgt, ohne es zu ahnen, den Pfeilen in Richtung Oviedo auf den Camino Primitivo, den „ursprünglichen Camino". Als sie spätabends in eine Herberge kommt, ahnt sie nicht, dass sie im falschen Ort ist. Sie läuft auch am nächsten Tag noch unbeirrt weiter und wundert sich, dass sie nicht in Gijón ankommt, ja nicht einmal ein Schild findet, auf dem Gijón angeschrieben steht. Irgendwann kapiert sie, dass sie komplett am Ziel vorbeigehastet ist. Um wieder auf die Nordroute zu kommen, wird sie nun auch zum Buspilger. Gijón lässt sie sausen und fährt gleich nach Avilés. Sonst würde sie wahrscheinlich heute noch unterwegs sein.

Ihre Geschichte ist so lustig, dass ich mich an meinem Kaffee verschlucke und laut prustend loslache. „Du bist ja noch besser als ich! Ich verlaufe mich ja auch, aber spätestens nach zwei Stunden stelle ich fest, dass was nicht stimmt. Au man ..."

Da ist die liebe Tina aber mal völlig tiefenentspannt gewesen, hat kein einziges Mal in ihren Reiseführer geschaut, denn sonst hätte sie ja bemerkt, dass was nicht stimmt. Vermutlich läuft das bereits unter verstrahlt?!

Schade, dass sie schon los muss, wir hätten bestimmt noch den ganzen Tag plaudern können, aber ihr Taxi kommt bereits um die Ecke. Wir machen noch ein schnelles Foto für Finja und Marie und schon ist sie verschwunden. Keine Handynummer, keine Adresse, nicht mal einen Nachnamen hinterlässt die Gute. Ob ich sie jemals wieder treffe? Vielleicht liest sie ja dieses Buch! Bitte, liebe Tina, melde dich!

Vor dem Pilgerbüro hat sich eine riesige Schlange gebildet. Heute sind extrem viele angekommen – Sonntag ist Hauptanreisetag und alle möchten natürlich gleich ihre Urkunde. Man muss sie auch zügig abholen, denn zwischen dem letzten Stempel und der Ausstellung darf nicht so viel Zeit liegen.

Brett hatte mir am Vorabend erzählt, dass er jetzt nach dem dritten Camino seine erste Compostela holen wird. Auf den letzten 100 Kilometer des Camino Francés benötigt man pro Tag zwei Stempel und da er das nicht gewusst hatte und auch sonst mit seinen Stempeln etwas geschludert hatte, bekam er die Urkunde nicht. Und auch nach dem zweiten Jakobsweg wurde ihm das Zertifikat verwehrt, da er nach Ankunft in Santiago erst mal nach Finisterre gegangen ist und dann zu viel Zeit nach dem letzten Stempel verstrichen war. Obwohl mir ein paar Stempel fehlen (das mit den zwei Stempeln pro Tag steht zwar im Credencial drin, das hatte ich aber glatt überlesen), soll es zumindest nicht an der verstrichenen Zeit hapern. Zuerst Compostela, dann Finisterre!

So stelle ich mich ebenfalls in die lange Schlange, grüße ein paar bekannte Gesichter und warte. Egal, ich habe ja Zeit. Als ich nach einer Stunde endlich an der Reihe bin, weist mich der Beamte hinter dem Schalter in schlechtem Englisch zurecht: „In the last 100 Kilometer you have to get two stamps a day!"

AUA. Ich hab´s doch nicht gewusst!

Mit erstarrtem Blick schaue ich ihn an. Ich werde ganz rot, beginne zu schwitzen und mein Atem wird ganz schnell. Oh je – tief ein- und ausatmen!

Zwar bin ich nicht der Compostela halber gelaufen – ihr erinnert euch an das Weg und Ziel Gedöns – aber irgendwie wäre sie ja doch ein krönender Abschluss. Ich versuche dem Herrn mit Händen und Füßen auf Spanisch zu erklären, dass ich über 500 Kilometer zu Fuß zurückgelegt und die Compostela wirklich verdient habe! Und außerdem fehlen mir nur zwei Stempel. Der diensttreue Staatsdiener lächelt nun tolerant und stellt mir die Urkunde aus. Ich bin schon ziemlich stolz, als ich das bräunliche, handsignierte und abgestempelte Papier in den Händen halte. Hätte nicht gedacht, dass mir ein Papier mal so viel bedeuten könnte.

Zudem bekomme ich noch eine Bescheinigung über die zurück gelegten Kilometer. Ich erzähle ehrlicherweise, dass ich, bedingt durch einen Unfall, auch ein paarmal den Bus nehmen musste. Wieder lächelt er milde, als ich ihm die frisch verheilten Narben auf Ellenbogen und Knie zeige.

Die drei Euro bezahle ich gerne und auch noch zwei Euro extra für eine Box – denn das wertvolle Papier soll ja im Rucksack nicht verknittern. Mit erhobenem Haupt schlendere ich zurück, meine Urkunden im Rucksack.

Nun stehe ich endlich vor der Kathedrale. Endlich. Ehrfürchtig betrachte ich das große Gebäude.
Ich habe es geschafft, halte inne und seufze zufrieden.

Ich bin angekommen! Nach fast vier Wochen. 28 Tage Auszeit, keine Termine, kein Zeitmangel. Viel Zeit zum Nachdenken, aber auch um den Kopf frei zu bekommen.

\* \* \*

Im Café hatte ich einer Unterhaltung gelauscht, dass man, um sich einen Platz in der Kathedrale beim beliebten Sonntagsgottesdienst um 12 Uhr zu sichern, sich mindestens 1,5 Stunden vor dem Gottesdienst anstellen sollte.

Was soll's. Das Zimmer ist gebucht und einchecken kann ich später auch noch. Und so reihe ich mich ebenfalls ein. Was muss, das muss! Während ich in der Schlange stehe, betrachte ich das Gebäude von außen.

Mir fällt auf, dass alle Figuren, die ich sehe, sehr freundlich aussehen, so als ob sie die Pilger willkommen heißen. Zwei mächtige Türme recken sich himmelwärts, wie eine Verbindung zwischen Himmel und Erde. Sehr eindrucksvoll.

Endlich bin ich drin. Sicher passen in die Kathedrale über 1000 Menschen! Wolfgang hatte mir geraten, einen Platz im Seitenschiff zu suchen, doch bedauerlicher Weise ist dort kein Sitz mehr frei. Ich kann mich entweder ganz nach hinten setzen oder mich an die Seite stellen, was ich dann auch mache. Nach so vielen Wandertagen macht mir das Stehen gar nichts aus! Der Gottesdienst beginnt und mir läuft es eiskalt den Rücken hinunter. Ja, ich habe es geschafft. Meine Füße haben mich getragen, bis hierher, ans Grab des heiligen Jakobus.

Das Aufgebot an Geistlichen im Altarraum ist enorm. Da der Ablauf des Gottesdienstes ähnlich wie in Deutschland ist, verstehe ich zwar die genauen Worte nicht, aber ich kann ja in meinen Gedanken in Deutsch mitbeten. Ich bin zufrieden und voller Freude.

In der Vergangenheit musste ich bei solch erhabenen Augenblicken in einem Gottesdienst des Öfteren weinen, diesmal jedoch nicht. Hat sich vielleicht auf dem Camino doch etwas gelöst? Vielleicht schon in Laredo, als Finja und ich um die Wette geweint haben? Wieder wünsche ich sie mir her...

Nun kommt der Höhepunkt des Tages – vielleicht sogar der ganzen Reise. Das Schwenken des Botafumeiro, dem ca. 1,60 Meter großen Weihrauchfasses. Zwei Ordner achten darauf, dass niemand den Altarraum betritt. Der Priester befüllt feierlich das riesige Gefäß mit Weihrauchpulver, um ihn stehen mehrere Geistliche. Das Fass hängt an einem langen Seil mit acht Enden, an denen Geistliche ziehen, als ob sie eine große Kirchenglocke zum Läuten bringen wollen. Das Fass setzt sich in Bewegung und wird so durch den kompletten Mittelgang im Schiff der Kathedrale fast bis hoch zur Decke hin und her geschwungen, dabei steigen Unmengen Weihrauch aus dem Fass. Eine Solistin und festliche Orgelklänge umrahmen das Ritual musikalisch. Au weia, wenn die nicht gleichmäßig ziehen ...

Aber ich vermute, dass sie das nicht zum ersten Mal machen! Handys schellen in die Luft, um das Spektakel aufzuzeichnen. Schade, dass mein Akku mal wieder leer ist! Mir bleibt fast das Herz stehen, bei jedem Schwung glaube ich, das Fass knallt jetzt gleich an die Decke. Was ist, wenn das Seil reißt? In Gedanken sehe ich es schon durch die oberen Kirchenfester fliegen ...
Natürlich habe ich von diesem Schauspiel gehört, aber dann live dabei zu sein ist doch etwas ganz anderes.

Die Kathedrale füllt sich immer mehr mit dem „Holy Smoke" und mir wird fast ein wenig schwindelig. Mein Patenkind war Ministrant. Als ihm bei einem Weihnachtsgottesdienst die Ehre zuteil wurde, das Weihrauchfass schwingen zu dürfen, ist es ihm so schlecht geworden, dass er sogar ohnmächtig geworden ist.

Nach ein paar Minuten stehen die Männer still, das Fass schwingt zunehmend langsamer, qualmt aber immer noch enorm. Reinigend und klärend soll Weihrauch wirken und natürlich die Kirchgänger segnen. Früher war das im Gotteshaus bestimmt auch notwendig, da die Reisenden eine sehr lange Strecke hinter sich und meist weder eine Unterkunft noch eine Waschmöglichkeit hatten. Die Gerüche waren sicherlich deftig.

Ich schüttle mich und denke an Dick und Doof.

Bereits während des Gottesdienstes ist hinter dem Altar ein reges Treiben. Eigentlich unverschämt, finde ich, vor allem, weil der Gottesdienst noch in vollem Gange ist. Wahrscheinlich ist da die Jakobsstatue und schließlich ist die Reise erst dann zu Ende, wenn man den heiligen Jakob umarmt. Doch kommt es da wirklich auf zehn Minuten an? Schließlich war man doch tage-, vielleicht sogar wochenlang unterwegs!

Da auch ich nicht bis an mein Lebensende wallfahren möchte, werde ich es ihnen gleichtun. Aber erst nach dem Gottesdienst.

Am Ende der Messe bin ich noch ganz benommen. Nicht nur vom Weihrauch.

Langsam stürmen die Besucher wieder nach draußen und ich setze mich demütig auf eine Bank vor einer der vielen Kapellen innerhalb der Kathedrale. Mein Blick schweift von Kapelle zu Kapelle und von Kuppel zu Kuppel. Unbedingt müsst ihr euch ebenfalls die Zeit nehmen, dieses brillante Gebäude näher zu betrachten!

Die Schlange zum heiligen Jakob ist nun auch überschaubarer geworden, so dass auch ich mich nun anstellen werde. Am Durchgang zur Statue entdecke ich noch einen kleinen Altar, an dem man richtige Wachskerzen anzünden kann. Ich freue mich sehr an den echten Lichtern, da man in den meisten spanischen Kirchen nur noch mit ein paar Euros elektrische Kerzen zum Leuchten bringen kann. Ich hatte das einmal gemacht, doch der gewünschte andächtige Effekt blieb aus, wenn ich auch mit einem Euro eine ganze Reihe kleiner Christbaumkerzen zum Leuchten brachte. Vor der Reise habe ich meiner Mutter versprochen, in Santiago eine Kerze für sie anzuzünden. Und das sollte keine elektrische sein!

Ich kaufe gleich fünf davon – in unserer Familie haben es noch mehr nötig!

Dann nehme ich mir noch etwas Zeit für Tratak.


Das ist eine Meditationsform, bei der man sich auf das Kerzenlicht konzentriert. Jakob muss noch auf mich warten.

## Tratak - Lichtmeditation

*Stelle eine Kerze im Abstand von 2 - 5 Metern auf Augenhöhe
oder etwas tiefer vor dich.
Komme in einem angenehmen, bequemen aber aufrechten Sitz an.
Lass den Scheitel in Richtung Himmel streben und entspanne deine
Schultern, deine Wangen, deine Augen, deine Kiefer ...
Achte auf deinen Atem.
Lasse den Atem zur Ruhe kommen.
Lass deine Gedanken zur Ruhe kommen.
Wenn die Gedanken zur Ruhe gekommen sind, die Augen halb
geschlossen auf einen Punkt vor dich auf den Boden richten.
Wieder auf den Atem konzentrieren.
Öffne nun die Augen weit und schaue in die Flamme, ohne mit den
Augen zu zwinkern. Beobachte die Kerzenflamme, solange die
Aufmerksamkeit standhält.
Es ist heilsam für die Augen, wenn die Augen dabei feucht werden
oder Tränen kommen. Bleibe entspannt. Wenn die Augen zu müde
werden, schließe die Augen. Der Blick ist nun nach innen auf den
Punkt zwischen den Augen gerichtet.*

*Beobachte, was du jetzt vor deinem geistigen Auge siehst:
Vielleicht ein Nachbild der Flamme, vielleicht verschiedene Farben
und Formen, vielleicht nur Dunkelheit.
Vielleicht spürst du auch einfach nur eine sanfte Energie zwischen
den Augenbrauen. Akzeptiere alles, ohne etwas konkret zu erwarten.*

*Wenn fremde Gedanken kommen, öffne die Augen wieder und
schaue wieder in die Kerzenflamme.
Dies kannst du gerne noch ein paarmal machen.*

*Am Ende der Meditation vertiefe deinen Atem.
Wiederhole ein paar Affirmationen, ähnlich wie am Anfang.
Wenn du magst, kannst du zum Abschluss
noch dreimal das „OM" chanten.*

*(was ich jetzt natürlich in der Kathedrale nicht mache,
sondern hier spreche ich „Amen").*

Nach Tratak fühlt sich alles so ausgeglichen an und mein Kopf wird ganz frei und leicht.

Nun fühle ich mich bereit, dem heiligen Jakobus gegenüber zu treten. Die Schlange hat sich aufgelöst und ich spaziere direkt das Treppchen hoch und zur Statue, die man von hinten umarmen kann. Wenn ich denke, wie viele Bazillen und Viren an dem Mantel hängen, dann wird mir fast schlecht. Aber was muss, das muss! Sicherlich genießen die Wallfahrer da einen besonderen Schutz, der die Bakterien anderer abwehrt.
Vielleicht deshalb der Weihrauch?
Ich stehe nun hinter der Staute und umarme sie, richte ein paar Dankesworte an den heiligen Herrn, aber irgendwie bleibt das erhoffte Feeling aus.
Was habe ich mir denn erhofft?
Irgendwie kann ich mir da selbst keine Antwort geben und gehe enttäuscht das Treppchen auf der gegenüberliegenden Seite wieder hinab.

Vielleicht kommt dieses Feeling am Grab, an dem Ort, wo die Überreste liegen sollen. Wieder kommen mir Zweifel, denn bis heute ist nicht vollends klar, ob es wirklich die Gebeine des Apostels Jakobus beherbergt. Zumindest geht es hier doch um den Glauben und dieser versetzt ja bekanntlich Berge! Und dass mein Glaube hier Berge versetzt hat, durfte ich nahezu jeden Tag am eigenen Leib erfahren.

Es geht nun eine Treppe hinab in die Krypta unter dem Altar, in der die Gebeine des Heiligen verehrt werden. Andächtig schreite ich hinab. Ein Mann mittleren Alters kniet wohl schon länger auf der Bank und weint. Ich knie mich dazu, bete ein kleines Gebet und denke, dass der Mann sicherlich mehr von Jakobs Gunst benötigt als ich. Kurz darauf verlasse ich die Krypta wieder. Es hat sich richtig angefühlt und so denke ich, dass hier wirklich die Heiligkeit liegt und das soll mir so genügen.

Über die Gebeine des heiligen Jakobs raunen viele Legenden. Eine finde ich besonders nett, sie soll meine Version sein:

Als das Boot mit den sterblichen Überresten des Jakobus in Finsterre am Hafen ankam, schickte die keltische Königin Pferde, um den Sarg holen zu lassen. Doch die Königin war hinterlistig und wollte sicherlich keinen christlichen Heiligen in ihrem Revier, den ihre Untertanen verehrten konnten. Sie hatte ihren guten Willen nur vorgetäuscht, denn sie hatte ihre launischsten und gefährlichsten Pferde geschickt, um den Sarg abholen zu lassen, um einen Sturz ins Meer und somit das Verschwinden des Sarges heraufzubeschwören. Doch als die Pferde angeschirrt waren und den Wagen mit dem Sarg zogen, waren sie lammfromm und zogen brav den Sarg nach Santiago.

Was für eine faszinierende Geschichte!

Jetzt noch kurz in der Herberge einchecken, duschen und schon geht's wieder los, für mehr reicht's jetzt nicht, denn um 16 Uhr findet im Büro der Pilgerseelsorge ein kleiner Erfahrungsaustausch statt.

Er wird organisiert von der katholischen Diözese Rottenburg-Stuttgart. Außerdem bin ich immer neugierig auf die Geschichten anderer, denn jeder erlebt so viel auf dem Camino und jeder erlebt ihn anders.

Welch freudige Überraschung – ein bekanntes Gesicht! Eine junge Frau, die mir unterwegs nach Lavacolla begegnet ist, ist ebenfalls hier. Wir haben uns gemeinsam auf einer Bank ausgeruht und Fotos gemacht.

Etwa fünf Leute sitzen im Stuhlkreis. Martina moderiert. Was habt ihr erfahren? Wovon möchtet ihr berichten?

Frank hatte vor zwei Jahren einen Herzstillstand und wurde zurück ins Leben geholt. Aus Dankbarkeit pilgert er bereits zum zweiten mal ans Grab des heiligen Jakobus. Auch er hat seltsame Dinge auf dem Camino erlebt.

Antje ist Mutter in einem SOS-Kinderdorf. Sie betreut mehrere Kid's unterschiedlichsten Alters. Jedes Kind bringt eine eigene Geschichte mit. Man merkt, dass sie ihren Job mit so viel Hingabe und Liebe macht, dass sie versucht, jedem einzelnen ihrer Schützlinge gerecht zu werden. Sie redet immer von „meinen Kindern". Doch dieser Job ist unheimlich stressig und sie sucht hier eine Auszeit. Möchte sich klar darüber werden, ob sie den Job so überhaupt noch lange machen kann, um nicht selbst dabei umzukommen.

Carla hatte ein Suchtproblem mit dem Essen. Der diesjährige Camino Primitivo war ihre 12. Jakobstour – sie erzählt, dass sie zehn Caminos gebraucht hat, um sich ihres Suchtproblems bewusst zu werden. Sie vergleicht den Jakobsweg mit dem „12 Schritte Programm der Anonymen Alkoholiker", die man auf jedes Suchtverhalten übertragen kann und zu einem neuen Lebensinhalt verhelfen soll.

Da ich diese Punkte sehr interessant finde, vor allem auch den Bezug auf den Camino, möchte ich sie gerne mit euch teilen.

Carla erzählt sie mit ihren eigenen Worten: „Es geht darum, zuzugeben, dass du gegenüber der Sucht machtlos bist und dass du eine größere Macht brauchst, die dir deine Gesundheit wieder geben kann und dass du dich Gott anvertrauen musst. Du musst dir deine Fehler eingestehen, diejenigen um Verzeihung bitten, denen du weh getan hast und versuchen, es wieder in Ordnung zu bringen. Du musst immer wieder reflektieren und im Gebet um Hilfe und Unterstützung bitten. Das ist verdammt hart. Und absolut schonungslos!" Carla ist sich sicher, dass diese 12 Schritte und jeder einzelne Schritt auf den 12 Caminos zu ihrer Heilung beigetragen haben. Wenn du dich näher informieren möchtest, findest du hier Unterstützung: www.anonyme-alkoholiker.de

Das ist sehr interessant und mir wird noch bewusster, dass sich auf dem Camino das eigene Leben widerspiegelt.

Jeder sieht die Dinge anders und kann komplett abweichende Geschichten erzählen, die alle richtig sind. Jeder erlebt diesen Weg auf seine Art und Weise.

\* \* \*

Du bekommst auf dem Camino die gleichen Themen, wie im „normalen" Leben auch. Nur bist du hier offener und durch den freien Kopf begreifst du eher, um was es eigentlich geht, was deine Themen sind. In welche Situationen du dich immer wieder hinein manövrierst, was dein „Hamsterrad" ist – aber auch, wie du aus diesem Kreislauf wieder herauskommst. Du lernst, zu reflektieren. Verstehst, wie wichtig es ist, achtsam zu sein.

Doch heißt das auch, dass du, wenn du deine Probleme auf dem Camino meistern kannst, auch deine Themen im Alltag meistern kannst?

Hier hast du Pfeile und Muscheln, die dir die Richtung weisen. Im „wirklichen" Leben und auf dem Yoga-Weg bekommst du ebenfalls Zeichen – immer wieder. Du kannst jedes Mal neu entscheiden, welchen Gefährten, welchem Schild du folgst.

Du kannst alleine auf dem Camino sein oder die Gesellschaft vorziehen. Man geht ein Stück zusammen, vielleicht auch eine ganze Strecke. Es findet ein Austausch statt, du bekommst Gefährten, vielleicht sogar neue Freunde.

Wie du magst, denn du hast es selbst in der Hand.

Kannst dir deine Route so gestalten, wie du es magst. Natürlich gibt es einen bestimmten Rahmen, die einzelnen Touren eben, aber du kannst entscheiden, wie und mit wem du die Reise erleben möchtest. Vielleicht willst du auch mal abseits laufen oder einen Umweg in Kauf nehmen.

Es lohnt sich auch auf dem Camino nett zu sein, denn manche Gefährten triffst du immer wieder.

Die Schmerzen, die du auf dem Camino hast, hast du in deinem „normalen" Leben auch. Du kannst dadurch reifen und dankbar werden für das, was du hast.

Hindernisse gibt es sowohl auf dem Jakobs-, als auch auf dem Lebens- und auf dem Yoga-Weg.

Hier brichst du jeden Tag von neuem auf. Auch in deinem alltäglichen Leben ist jeder Tag einzigartig. Hier kannst du selbst entscheiden, wie groß deine Etappen sein sollen, ob du „davonrennen" möchtest oder langsam gehst, dafür vielleicht etwas länger brauchst. Ob du die Begegnungen auf dem Camino bewusst erlebst oder dich auch hier nur abhetzt.

Du kannst jeden Tag wählen, ob du dich achtsam im Einklang mit der Natur bewegst, auch mal stillstehen magst, um die Zeichen zu erkennen und dich danach auszurichten.

Durch das Laufen erdest du dich, stehst fester im Leben und aktivierst dein Wurzelchakra. Du verbindest dich mit den Elementen, Erde, Wasser, Luft und Feuer. Bist in Einklang mit der Natur.

Die Lehren, die du von diesem großartigen Weg mitnimmst, sind universell – gelten sicherlich sowohl für den Yoga- als auch für den Lebensweg.

Ist denn nicht das ganze Leben ein Camino?
Ist denn nicht auch der Yoga-Weg ein Camino?

* * *

Nach dem Gruppengespräch schlendern wir gemeinsam ins Städtchen, denn Martina bietet später noch einen spirituellen Rundgang entlang der Kathedrale an. Gerne bin ich mit dabei!

Jakobus begrüßt die Wallfahrer von allen vier Portalen aus. Er trägt einen Mantel, einen großen Krempelhut und hat Muschel und Pilgerstab bei sich. Er heißt seine Gäste freundlich willkommen. Maria bindet sich die Schürze um und macht sich ebenfalls bereit, die Wanderer zu empfangen.

 Das Santiago-Kreuz ist allgegenwärtig. Ich habe es oft an Muscheln gesehen, die an den Rucksäcken baumeln. Jetzt kenne ich endlich die Bedeutung. Die oberen Enden des Kreuzes tragen Lilien, als Zeichen der Liebe Gottes zu den Menschen und als Erinnerung daran, dass wir es sind, die diese Liebe weitergeben sollen.

Das Symbol des Schwerts steht für den Kampf, sich für etwas zu entscheiden. In der Yogaphilosophie ist es „VIVECA – die Entscheidungskraft", also der Kampf, mit sich selbst. Das Schwert soll unser Bewusstsein wecken, dass wir jeden Tag viele Chancen haben, uns zu entscheiden.

An der Außenfassade sind mehrere Torbögen und Pfeiler. Dort sind die Propheten Jeremias, Jesaja, Moses und Daniel dargestellt. Eine Überlieferung finde ich besonders amüsant: Daniel –

so heißt übrigens mein Sohn – hat ein schelmisches Lächeln auf dem Gesicht. Nach Meinung des Volkes im Mittelalter schaut er auf eine barbusige Schönheit auf dem Pfeiler gegenüber. Die Kirchen-Oberhäupter ließen daraufhin die Brüste der Dame abflachen. Das Volk war sehr erzürnt und um den Herren eins auszuwischen, formten sie einen Käse nach Vorbild der Brüste. Diesen nannten sie „Tetilla", also Brüstchen. Der „Busenkäse" ist heute noch in vielen Läden zu finden (… und schmeckt wirklich lecker)! Nachdem ich diese herzige Geschichte gehört habe, werde ich natürlich an meinem letzten Tag hier für meinen Sohn Daniel einen „Tetilla" als Souvenir kaufen!

Die Kathedrale erzählt ganz viele Geschichten und wenn ihr mal nach Santiago kommt, solltet ihr unbedingt an einer Führung teilnehmen.

Abends treffe ich mich noch mit Brett und lasse bei einem kalten Weizenbier und einem Cocktail den Abend ausklingen.

Großartig, dass ich hier sein darf!

**28. Tag**     **Finisterre – das Ende der Welt**
              **Wie viel wiegt die Seele?**

Täglich finden in mehreren Kapellen der Kathedrale Gottesdienste in unterschiedlichen Sprachen statt. Der deutschsprachige Gottesdienst startet um 8 Uhr in der deutschen Kapelle. Ungefähr 30 Wallfahrer haben sich dort eingefunden. Ich setze mich zu Antje und Carla. Frank gesellt sich dazu und freut sich, uns wieder zu sehen.

Alle sind kaum wieder zu erkennen, frisch geduscht, ordentlich frisiert und sauber gekleidet. Ein junger, ich vermute koreanischer Mann mit Pfarrersrobe kommt herein. Gerade als ich mir überlegt habe, ob wir vielleicht in der asiatischen Kapelle sind, beginnt er, in einem vorbildlichen Deutsch zu reden.

Andächtig hören wir ihm zu. Er redet vom heiligen Jakobus, vom Camino und von den Begegnungen, die wir auf unserer Reise machen konnten. Und von der Begegnung mit Gott.

War die Suche nach Gott nicht auch einer meiner Gründe, hierher aufzubrechen?

Der Pfarrer lädt uns ein, aufzustehen und uns in einen Kreis zu stellen. Wir beten, er feiert die Eucharistie mit uns.
Es ist sehr ergreifend. Ich bin zutiefst gerührt.
Nach dem Gottesdienst bietet er jedem an, den Segen zu empfangen. Demütig und voller Dankbarkeit nehme ich seinen Segen an.

Nach der Messe muss ich leider gleich los, mein Bus nach Finisterre startet in einer halben Stunde. Ich verabschiede mich mit einem Augenzwinkern von meinen neuen Begegnungen und gehe beseelt zur Bushaltestelle.

Nach ungefähr zwei Stunden entspannter Fahrt mit faszinierenden Ausblicken über die Küste kommen wir im kleinen Fischerstädtchen an. Auch diese Strecke will ich unbedingt ein andermal wandern – so als krönenden Abschluss, aber jetzt reicht leider die Zeit nicht mehr ... schließlich will ich auch mal ein paar Tage Urlaub ...

\* \* \*

Unbedingt will ich zum Leuchtturm – der am Ende der Welt – am Punkt Zero, also am Nullpunkt stehen soll. Und natürlich an dem Strand relaxen, der Barbesuch mit Brett hängt mir noch etwas in den Knochen.

Gebucht habe ich nichts, ich hatte einfach keine Lust und wollte dem Leben die Gelegenheit geben, mich zu überraschen. Ich hätte gerne ein kleines, feines Einzelzimmer, am besten direkt am Wasser und trotzdem zentral.

Bin mal gespannt, ob das mit der Wünscherei nun am Ende des Caminos besser funktioniert als in La Isla, wo ich nach diesem Wunsch in der Bettwanzenherberge in Pontarrón gelandet bin.

Ich steige aus dem Bus, biege in ein Sträßchen ein und stehe direkt vor einer Herberge der galizischen Regierung. Da gibt es sicherlich kein Einzelzimmer, aber so richtig Lust, um mich auf Zimmersuche zu begeben, habe ich auch nicht, denn das Meer, der Strand und die Sonne ziehen mich magisch an. Die Dame an der Rezeption scheint sehr nett zu sein, viel freundlicher als der gelangweilte Beamte der letzten XH (Xuntial, Herberge der galicischen Landesregierung).

Es sind noch einige vor mir, trotzdem rufe ich über den Tisch „Perdone, tenemos Mantas?" Was so viel heißt, wie „haben Sie auch Zudecken?", nach meinem Erlebnis in Bamonde, als ich mich mit dem Handtuch zudecken musste, bin ich da vorsichtig, denn wenn es keine geben würde, könnte ich mir die Warterei schenken und gleich eine andere Unterkunft suchen. „Si, Si, claro" und lächelt mich an. Perfekt. Dann warte ich gerne geduldig, bis ich dran bin. Da meine Vorgänger alle ihr Credencial vorgelegt haben, krame ich meinen gleich heraus und gebe ihn der Dame samt Pass. „No. No ...*in Spanisch: Sie können hier nicht schlafen*". „Porque?".

Ganz einfach. Hier dürfen nur „richtige Pilger" schlafen, die nicht mit dem Bus gefahren sind. Autsch, das tut weh und erst jetzt wird mir klar, dass ich ab nun kein Pilger mehr bin, sondern nur ein etwas verwahrloster Tourist mit schmutzigen Schuhen, zerknitterten Klamotten und schlechter Frisur.
Aber dafür mit funkelnden Augen!

Egal. Hier scheint es genug Herbergen zu geben und so wie ich das einschätzen kann, gar nicht so viele Wandersleute, denn die meisten treten nach Santiago die Heimreise an.

Ich laufe zurück zur Bushaltestelle und möchte mich orientieren. Da quatscht mich eine ältere Dame an, ob ich ein Bett brauche. „Si!". Die Dame nimmt mich bei der Hand „Cinco minutos, es limpio, tenemos una Cucina, es cerca de Supermercado y el playa"- was so viel heißt wie fünf Minuten, von hier, gleich am Strand und Supermarkt. 12 Euro für die Nacht.

Wir spazieren tatsächlich nur ein paar Minuten durch das Örtchen, bis wir ankommen. Sie zeigt mir gleich das 4-Bett-Zimmer, Bad und WC. Alles sehr sauber, doch leider ohne Fenster. Im Flur steht die Tür zu einem Einzelzimmer auf. Ein französisches Bett mit weißer Tagesdecke und Spitzenkissen, eine kleine Kommode

und ein Tischchen. Über dem Bett hängt ein Gemälde einer spärlich bekleideten, dunkelhaarigen Schönheit. Als sich herausstellt,
dass dieses Zimmer auch noch frei ist und für 25 Euro zu haben
ist, schlage ich zu. Man muss dem Schicksal ja schließlich auch die
Gelegenheit geben, die Wünsche erfüllen zu können!

Die Señora nimmt die Formalitäten auf und erklärt mir ausführlich, was ich in Finisterre alles machen kann, wo der Strand
ist und wo ich lecker essen kann. Perfekt.
Die zweite Dame geht zurück zur Bushaltestelle und greift erneut
Herbergssuchende ab. Geschickt gemacht, denke ich noch.

Ich tausche meine Wanderklamotten gleich gegen Leggings
und Sandalen, schließlich habe ich ja seit heute „Urlaub" und da
passt der „Touristenlook" besser.

Auf geht's zum „Hippie-Strand", wie der „Playa Mar de Fora"
auch genannt wird, weil sich da abends die Hippies, also die
„Aussteiger" treffen. Den Pfad über die Dünen finde ich ausnahmsweise auch ohne Pfeile.

Ich bin begeistert! Die Wellen des Atlantiks sind so mächtig
und obwohl ich nur mit den Beinen ins Wasser gehe, werde ich
von den Wellen mitgerissen und lande im Wasser.

Kein Wunder, dass das Baden hier verboten ist. Ich genieße
trotzdem die Zeit am Meer und lasse mich von den Wellen umspülen. Erlebe eine unbeschwerte Zeit, tanze im Sand, lege mich
ins Wasser und lasse die Wellen kommen, bis ich ganz nass bin.
Zum Trocknen lege ich mich in den warmen Sand. Ist das herrlich
hier!

Ich mache einen ausgiebigen Strandspaziergang und begebe
mich auf die Suche nach meiner persönlichen Jakobsmuschel. Das
Tuch, das ich um die Hüften geschwungen habe, flattert im Wind,
der alles fortweht, was nicht ausreichend gesichert ist. Keine einzige Muschel ist zu finden – wo haben denn die Wallfahrer im
Mittelalter die Muscheln gesammelt? Ist das Meer denn wirklich
so leergefischt? Eine Deutsche, mit der ich mich kurz unterhalte,
klärt mich auf, dass es noch einen anderen Strand gibt. Den „Playa
Langusteriea" und da ist das Meer ruhiger, man kann dort baden
und viele Muscheln finden. Interessant, dass ich immer jemanden
treffe, der einen brauchbaren Tipp für mich parat hat.

Ich packe meine Habseligkeiten in einen kleinen Stoffbeutel und rolle meine Matte zusammen. Nach ca. 2,5 Kilometer Fußmarsch erreiche ich den Muschelstrand und tatsächlich ist das Wasser dort viel ruhiger und der Strand ist übersät mit kleinen und großen Muscheln. Für ein paar Minuten lege ich mich erschöpft in die Sonne. Dann geht es auf Muschelsuche! Die Flip-Flops nehme ich sicherheitshalber mit, denn ich weiß von meinen Wanderungen an der Nordsee, dass man sich an beschädigten Muscheln schlimm verletzen kann.

Ich schlendere im und am Wasser und bücke mich nach den Muscheln bis schließlich eine ganze Tüte voll ist. Der Strand ist sicherlich zwei Kilometer lang und ich genieße dieses entschleunigte Schlendern. Was für ein perfekter Tag. Am Ende des Strandes gönne ich mir ein Eis und laufe langsam durchs Wasser wieder zurück. Nach einer kleinen Plauderei mit einem Iren, der am 1. Juni von Irland aus aufgebrochen ist, gehe ich wieder zurück.

Vorher ist mir schon die kleine Bar am Straßenrand aufgefallen, jetzt habe ich Zeit und Lust, sie mir näher anzusehen.
Die Außenfassade ist bunt bemalt, die Musikbox spielt Reggae und vor der Kneipe halten sich ziemlich schräge Typen auf.

Weite „Aladin" Hosen, bunte Tücher, gefilzte Haare und ein Hauch Marihuana. Das muss die Hippie-Bude sein!

Die „PILGRIMS COMMUNITY" ist ein Zusammenschluss aus unterschiedlichen Leuten verschiedener Nationalitäten, die hier gestrandet und hängengeblieben sind. Gleich am Eingang begrüßt mich auf einem Bild „Ganesha", der Elefantengott, der die Hindernisse aus dem Weg schafft. Ich fühle mich gleich wohl.

Hinter der Theke steht ein zahnloser kleiner Mann mit grünem Hut, der mich auf Deutsch anspricht und mir die kreativ gestaltete Speisekarte überreicht, die ich gleich studiere und prompt über das „Community Beer" stolpere.

Die Community hat ein eigenes Bier brauen lassen, von dem es sogar drei Sorten gibt. Ich entscheide mich für ein dunkles Bier, ähnlich einem Guinness und für einen „Falafel-Teller". Perfekt. Das habe ich ja schon ewig nicht mehr gegessen. Ich genieße das Essen und die etwas andere Unterhaltung.

Hier wohnen und arbeiten 10 bis 15 Individualisten, die das Leben bunt zusammengewürfelt hat und die sich aus den unterschiedlichsten Gründen hier eingefunden haben.

Ihre Einnahmequelle ist die Bar und die selbstgemachten Gerichte. „Soul Kitchen", sagt Patrick, der hinter der Theke steht. Und das schmeckt man. Er hat heute Morgen höchstpersönlich den Falafel-Teig zubereitet, den er jetzt zusammen mit Kartoffeln ausbackt. Es gibt selbst hergestellte Mayonnaise, eine Chilisoße sowie einen kleinen Salat aus Spinat mit roten und grünen Tomaten dazu. Perfekt. So hätte das öfters sein können, dann wäre ich sicherlich nicht vom Vegetarier zum Flexitarier mutiert und hätte fünf Kilo abgenommen.

An der Wand hängt ein selbstgeschnitztes „Om" Zeichen, was mich so sehr fasziniert, dass ich ein Foto mache. Ein weißbärtiger Mann mit langen Haaren und Cowboyhut kommt zur Hintertüre herein und erklärt, dass er der Künstler ist, der dieses Zeichen gemacht hat. Cool. Wir unterhalten uns über das Om und ich freue mich, jemand gefunden zu haben, der sich ebenfalls mit dem Thema beschäftigt hat. Er ist weitaus nicht so fertig, wie er aussieht.

Ich kaufe ihm noch ein paar seiner hübschen, selbstgemalten Postkarten ab und verlasse die Community.

Bereits an der Außenfassade bleibe ich stehen, denn ich sehe in bunten Buchstaben geschrieben:

### „The Real Camino Starts At The End"

Der Satz, der mich seit der Gesprächsrunde in Laredo im Kloster nicht wieder losgelassen hat.

Startet jetzt mein eigentlicher Weg?

Ein junger Mann sieht mich andächtig vor der Fassade stehen und holt mich aus meinen Gedanken. Pierre ist aus der Schweiz, seit einem Jahr in der Community und letztes Jahr den Camino gegangen. Er erzählt von dem Leben hier und von einigen Situationen am Camino, in denen ihm das Universum aus verschiedensten Situationen geholfen hat.

„Du musst dich auf deinen Bauch konzentrieren. Dann ein Hub in der Magengrube, den höheren Kräften genau sagen, was du möchtest und brauchst und dann wird es in Erfüllung gehen."

Hört sich schon ziemlich schräg an, doch ganz so abwegig finde ich es nun doch nicht, denn wir Yogis kennen diesen Energiehub von Bhastrika oder auch vom Feueratem. Diese Atmung bringt ganz viel Energie, sie aktiviert das Nabelchakra und transformiert die Energie, die du dann durch deine Chakren die Wirbelsäule nach oben transportieren kannst.

Bhastrika in Verbindung mit einem Wunsch zu praktizieren, ist ein interessanter Gedanke.

Obwohl ich zugegeben doch sehr skeptisch bin, denn Pierre hat in der einen Hand ein Bier, in der anderen einen Joint und ein breites Grinsen im Gesicht, möchte ich mehr hören.

Er erzählt mir, dass er auf dem Camino unterwegs war und kaum mehr kriechen konnte, weil er so Schmerzen hatte und sein Bein nicht mehr richtig aus der Hüfte heraus bewegen konnte. Der Arzt meinte, er solle den Camino beenden. Am nächsten Tag geht er trotzdem los und schleppt sechs Stunden sein Bein hinter sich her, bis er sich erschöpft auf eine Bank setzt. Ein anderer Weltenbummler setzt sich dazu und erzählt von dieser Atmung mit Wunsch ans Göttliche. Da er offen ist für alles (vermutlich hat er den größten Teil seiner Leiden eh weggeraucht), macht er diesen Hub mit der Bestellung an den Kosmos. Nichts geschieht. Enttäuscht läuft er weiter. Kurze Zeit später jedoch stolpert er und durch den Ruck renkt er sich das Bein wieder ein und der Nerv, der eingeklemmt war, löst sich. Er kann seine Tour fortsetzen.

Ein anderes Mal hatte er kein Geld mehr, da er die Nacht zuvor in einem Hotel schlafen musste, weil die Herberge voll war. Er machte wieder diesen „Hub", bestellt ein Bett und etwas zu essen. Prompt geht die Tür an einem Haus auf und ein Mann lädt ihn zu sich ein, er kann dort schlafen und essen. Hirngespinst eines Junkies? Ich mag die Geschichte. Mir sind ja auf dem Camino auch sonderbare Dinge passiert, alles im Nachhinein mit Sinn. Er lächelt und fährt fort:

„Wir alle sind aus einem Universum und alle wiegen wir nur 21 Gramm". Ich werde stutzig. „Wie meinst du das?"

Er fährt fort „Die Seele eines jeden Menschen wiegt 21 Gramm. Das ist bewiesen, denn wenn man Personen wiegt, die im Sterben liegen, dann wiegen sie nach ihrem Tod 21 Gramm weniger. Und wenn Menschen, deren Seele, die z. B. bei einer Operation bereits den Körper verlassen und danach zurückgeholt wurden, wiegen 21 Gramm weniger, wenn sie die Seele den Körper verlassen hat und dann wieder gleichviel, wenn man sie wieder zurückholt. Das hat man untersucht." Auch das hört sich spannend an. Tatsache oder Hirngespinst eines Bekifften?

Das recherchiere ich natürlich – meinem Smartphone sei Dank – umgehend: *Tatsächlich hat 1902 Duncan Mac Dougall (US-Amerikanischer Arzt, 1866-1920) in einer bizarren Versuchsreihe sterbende Patienten gewogen. Er wollte beweisen, dass die Seele materiell messbar sei. Die Gewichtsdifferenz zwischen lebendigen und toten Patienten betrug nach seinen Angaben durchschnittlich 21 Gramm. Das Experiment wiederholt er an Hunden und Mäusen, ohne Ergebnis. Er meint deshalb, dass Hunde und Mäuse keine Seele haben. Obwohl dieses äußerst zweifelhafte Ergebnis nicht als wissenschaftlich gilt, wurde es doch als wichtige Vorlage für den 2003 entstandenen Film „21 Gramm" sowie für den 2014 gedrehten Film „1001 Gramm". Und auch aktuell beschäftigen sich Quantenphysiker mit Experimenten die beweisen sollen, dass die Seele messbare Materie aus Gas, Elektronen und Positronen ist.*

Nur hilft diese Erkenntnis bei der Überlegung über Tod und Auferstehung nicht wirklich weiter und wieder landen wir beim Glauben.

Irgendwie denke ich, alles ist möglich – immerhin glaube ich an Seelenwanderung und an ein Leben nach dem Tod, an die Reinkarnation, wie wir Yogis das nennen. Wenn große Yogis sterben, heißt es nicht „er ist am soundsovielten gestorben", sondern es wird gesagt, dass er „seinen irdischen Körper verlassen hat". Das geht ja dann wirklich in diese Richtung.

Ob das kompatibel ist mit der katholischen Kirche? Leben, Tod, Auferstehung, Neubeginn. Vermutlich nicht. Wenn du brav warst, kommst du in den Himmel und wenn nicht, dann in die Hölle? Auslegungssache?

Mit meinem Glauben, mit meiner Art von Spiritualismus kann ich es auch mit meinen katholischen Wurzeln vereinbaren.

Und je mehr ich darüber nachdenke, desto klarer wird mir, dass Gott für uns alle da ist. Für die Katholischen, die Evangelischen, Muslime und Hindus, denn in allen Religionen geht es doch um Wahrheit, Menschlichkeit, Freundlichkeit, um ein Miteinander, um Verständnis und Mitgefühl. Sollte es zumindest. Es sind die Menschen, die diese Botschaft anders interpretieren und ihre Art der Interpretation anderen aufzwingen möchten.

Ich verabschiede mich von Pierre, der mir zum Abschied noch einen Joint anbietet.

Heute Abend möchte ich mein Jakobsweg-Abenteuer mit einem Spaziergang zum „0.00" zum Punkt Zero, dem Ende der Welt am Leuchtturm „Faro" von Finisterre beenden.

Zur Feier des Tages kaufe ich mir ein Guinness und ein paar leckere Sachen für ein Picknick ein und starte dann frisch geduscht Richtung Faro. Die Strecke ist für jemanden wie mich, der über 600 Kilometer mit voll beladenem Rucksack durch Höhen und Tiefen gegangen ist, wie ein kleiner Sonntagsspaziergang.

Trotz der vielen Passanten schaffe ich es, diesen „finalen Weg" bei mir zu bleiben, bis ich oben angekommen bin.

Das Panorama ist gigantisch, andächtig schweift mein Blick über das Meer, den Leuchtturm und die schroffen Felsen. In der Ferne kann ich ein paar Boote entdecken. Atemberaubend schön!

Ich suche mir ein gemütliches Plätzchen gen Westen und warte bis die Sonne untergeht. Atme und schaue einfach nur in die Ferne. Die Sonnenstrahlen treffen direkt in mein Herz.

Und da sitze ich nun am Ende der Welt und sehe die Sonne im Meer versinken.

Ob ich Gott getroffen habe?

Jeden Tag!

 Fotos von
Sobrado dos Monxes – Finisterre

### * Danke * Danke * Danke *

**Marion, Anke und Manfred**
*und alle anderen, deren*
*Geschichten & Fotos dieses Buch bereichern*

**Finja, Marie und Tina**
*(die Namen wurden abgeändert – ihr habt euch sicherlich erkannt!?)*
*Leider habe ich von euch entweder nur alte Telefonnummern*
*oder nicht einmal das.*
*Bedauerlicherweise kenne ich auch eure Nachnamen nicht*
*(ihr wisst, Namen sind auf dem Camino nicht so wichtig).*
*Bitte meldet euch! Ich würde euch so gerne wieder sehen!*

**meinem Mann und meinem Sohn**
*die mir immer wieder die Freiheit geben, meinen Weg zu gehen*

**an meine großartigen Yogalehrerinnen im Yogalounge-Team**
*die mich während meiner Reisen immer großartig und*
*zuverlässig vertreten*

**meinen wunderbaren Yogaschülern**
*die ich auf „ihrem" Weg begleiten darf*

**an Sukadev Bretz**
*der in seiner kostbaren Zeit mein Buch gelesen und*
*mir das schöne und ausführliche Vorwort geschrieben hat*

**an Kerstin Kegreiß**
*die mich mit unermüdlichem Eifer unterstützt hat*

**all meinen Begleitern auf den unterschiedlichen Wegen**

**Anhang:**
**Das kannst du getrost zu Hause lassen – bzw. das brauchte ich nicht:**

- Turnschuhe
- Blasenpflaster
- Duschgel, Seife (Shampoo oder Haarseife reicht)
- Fußcreme (da Hirschtalg)

**Vollständige (für Yogis sinnvolle) Packliste**
immer nur kleine Mengen, du kannst überall etwas nachkaufen
**Das muss unbedingt mit:**

- kleine Rucksackapotheke (Jod, normale Pflaster, etwas Verbandsmaterial)
- Sicherheitsnadel (um die Socken an den Rucksack zu hängen)
- Nadel und Faden (zum Nähen und zur Behandlung von Blasen)
- Fußpuder
- Flip-Flops
- am besten nur eine kleine Seife, mit der du sowohl die Haare, als auch den Körper waschen kannst
- Kreditkarte
- Reiseführer
- Pilgerpass
- leichter Schlafsack oder Hüttenschlafsack aus Seide
- 1 Paar leichte klappbare Wanderstöcke (Achtung: dürfen oft nicht mit ins Handgepäck)
- 1 Paar Trekkingsandalen (die guten Wanderschuhe hast du an deinen Füßen)
- Je 1 lang- und ein kurzarmiges Shirt aus Merinoschafwolle
- 1 Slip und BH zum Wechseln (am besten in schwarz, sollte sich auch als Bikini eignen)
- 1 Paar Socken zum wechseln
- je nach Jahreszeit und für abends eine wärmende Jacke
- 1 – 2 Trinkflaschen
- Stirnlampe
- Franzbranntwein

- Hirschtalg
- Zahnbürste und -pasta
- kleine Sonnencreme, die sich auch als Gesichtscreme eignet
- Regencape
  (je nach Jahreszeit, den Schirm kannst du auch noch kaufen, wenn längerer Regen vorausgesagt wird)
- Magnesium und Kalzium-Pulver
- Studentenfutter und drei Müsliriegel für den Härtefall
- benötigte Medikamente
- evtl. Nagelschere (mit der du auch Pflaster, Verband oder auch einen Faden abschneiden kannst)
- Handy mit GPS / Jakobsweg-App / Gronze-App

**Wichtige Tipps für Pilger auf dem Jakobsweg
(ersparen Kummer und Sorgen)**

- wenn Blasenpflaster, dann lass dir vorher die richtige Anwendung erklären
- nimm nur kleine Einheiten (Seife, Zahnpasta, Cremes, …) mit, du kannst überall Nachschub kaufen
- hab deine Passwörter (z. B. für PayPal, deine Kreditkarte, Booking.com, …) und wichtige Telefonnummern im Kopf
- unbedingt Impfungen überprüfen!
- Foto des Impfpasses auf dem Handy oder digitaler Impfausweis
- auf den letzten 100 Kilometern zwei Stempel pro Tag holen
- lerne ein paar Brocken Spanisch für die Zimmersuche

**Must have´le**

- Zeit einplanen, um Stadtbesichtigungen zu machen
- ein paar Stunden in Santillana
- Zeit nehmen Yogasessions und Pausen am Meer
- auch mal was anderes essen als Pilgermenüs – die spanische Küche ist so lecker
- unbedingt in die Kathedrale von Santiago, dir für die Besichtigung Zeit lassen und einen Gottesdienst in deiner Heimatsprache besuchen
- Sidra trinken
- Kirchen besichtigen und dir dort die schönen Stempel holen
- dir „Raum" lassen für Begegnungen
- einen Besuch in der Hippie-Bar in Finisterre

**Hier die Kontaktdaten meiner Lieblings-Herbergen!**
**Bitte unbedingt Grüße von mir ausrichten!**
**Kloster Llaredo**
Monjas Trinitarias de Laredo
San Francisco 22
trinicom@telefonica.net
+34 942 60 66 00

**Surfhouse Gerra**
Barrio La revilla 11, Gerra, San Vicente de la Barquera, Cantabira
surfhousegerra@hotmail.com, http://www.surfhousegerra.com
+34 627 94 45 23

**Casa Belen**
Manfred und Brigitte
Lugar Cuerres, 25F, 33568, Asturias, Spanien

**Hostel San Roque Navia**
Herberge von Aurelio
Av. Manuel Suárez, 3, 33710 Navia, Asturias, Spanien
+34 691 90 42 42

**Kloster Sobrado**
Sobrado dox Monxes
Praza Portal, s/n, 15813 Sobrado dos Monxes, A Coruña, Spanien
**Telefon :** +34 981 78 75 09
**Website: :** http://www.monasteriodesobrado.org

Ich hoffe, sie sind noch so toll, wie zu meiner Reisezeit!

**Haftungsausschuss:**
Natürlich übernehmen wir (Autor und Verlag) keinerlei Haftung für die Durchführung von Yogaübungen, Meditationen, Atemübungen, für etwaige, sehr unwahrscheinliche Verletzungen, die durch das Praktizieren der im Buch beschriebenen Übungen entstehen könnten.

Yogaübungen sind immer unter qualifizierter Anleitung zu erlernen.

Am besten in einer Yogaschule!

**Buchcover:**
Beratung und Gestaltung: Daniel Kneißler

Sollte mal ein QR-Code nicht funktionieren, findest du die Fotos (und noch viele andere) auch auf meiner Homepage:
www.yogalounge-herrenberg.de
bei „Ich bin dann mal weg"

**Zur Autorin:**

Ute Elisabeth Kneißler, ist Yogalehrerin aus Leidenschaft. Nachdem sie viele Jahre im Management der Automobilindustrie tätig war, begann sie 2008 ihre Ausbildung bei Yoga Vidya zur Yogalehrerin.

Weitere Ausbildungen wie z. B. zur Ayurveda Gesundheitsberaterin, Pilates-Trainerin, Fachkraft für betriebliches Gesundheitsmanagement, ... reihten sich dazu.

Seit 2010 ist sie „Yogalehrerin aus Leidenschaft", hat ihre Berufung zum Beruf gemacht und unterrichtet hauptberuflich.

In Herrenberg führt sie ein großes Yogastudio mit mehreren Yogalehrern und unterrichtet vor Ort und online.

Sie nimmt dich gerne zu einem ihrer Yoga-Retreats an die schönsten Orte mit – alle inkl. Outdoor-Yoga und teilweise auch (größere) Wanderungen.

Ihre Yoga-Freizeiten führen u.a.
- ins schöne Montafon zum Yoga und Bergwandern
- ins Donautal
- an den Bodensee
- ins Kloster
- ins Allgäu zum Yoga und Genusswandern
- nach Mallorca
- in den Schwarzwald
- nach Italien ins Piemont in ein buddhistisches Bergdorf
- nach Tirol
- nach Teneriffa zum Yoga, Wandern und Reiten
- ...

Mehr dazu unter
www.yogalounge-herrenberg.de

Noch Fragen?
info@yogalounge-herrenberg.de

Wann machst du dich auf den Weg?